한국산업인력공단의
기능장시험 대비 문제집

공업경영

공학박사 나 승 권 저

- 품질관리
- 생산관리
- 작업관리

예 상 문 제

기 출 문 제

도서출판 상 학 당

欲爲大者 當爲人役

크고자 하거든 남을 섬기라

머리말

현대화 사회는 AI 기술시대이며, AI의 빅데이터 학습이 점점 늘어나고 AI가 인간보다 더 공감능력이 앞서갈 수 있는 날도 멀지 않으며, 이는 메타러닝에 기반을 두고 있기 때문이다.

메타러닝(Meta Learning)은 학습 위의 학습으로 나를 알고 타인을 이해하는 경험학습이다. 얼마나 많은 경험을 했는지를 결정하는 것이고, 경험을 근거로 한 공감차원에서 AI는 너무나도 쉽게 경험치를 쌓을 수 있기 때문이다.

앞으로 인간과 대화하는 것보다 예측이 가능한 AI와 대화하는 것이 오히려 더 편한 시대가 오고는 있지만, 사람이 타인의 감정을 인식하고 이해하며 공감하는 복잡한 과정을 포함해서 사람처럼 감정을 느끼지는 못하는 시대에 AI를 설계, 제작, 운영하여야 하는 기능의 최고봉인 기능장 시험을 대비하는 수험생을 위하여 자격증을 보다 쉽게 이해하여 취득할 수 있도록 길잡이 역할을 하고, 공업경영은 모든 기능장 시험에 공통으로 출제하는 과목이기에 좋은 결과가 있기를 바라는 마음으로 이 책을 출간하였다.

Chapter 1 **품질관리**는 현대 용어로 이론과 문제를 쉽게 간추려 정리하였으며, 1장 품질관리의 기초, 2장 품질 코스트, 3장 통계적 방법의 기초, 4장 표준화, 5장 확률분포, 6장 샘플링 검사, 7장 관리도, 8장 기타 품질관리, 9장 예상 및 기출문제를 수록하였다.

Chapter 2 **생산관리**는 현대 용어로 이론과 문제를 쉽게 간추려 정리하였으며, 1장 생산관리의 유형, 2장 수요예측과 제품조합, 3장 재고관리, 4장 생산계획, 5장 생산관리, 6장 생산통제, 7장 작업분배, 8장 설비보전, 9장 예상 및 기출문제를 수록하였다.

Chapter 3 **작업관리**는 현대 용어로 이론과 문제를 쉽게 간추려 정리하였으며, 1장 작업방법연구, 2장 작업시간연구, 3장 설비보전, 4장 예상 및 기출문제를 수록하였다.

특히 지난 25여 년간 기능장 시험에 출제되었던 기출문제 중에서 중요한 문제를 분석하여

머리말

쉽고 자세한 해설을 추가하였고, 중복된 문제는 통합하여 기본 개념을 다시 한번 복습하기 위해 문제를 추가하였다.

공업경영은 모든 기능장 시험에서 출제되며, 특히 전기분야의 기능장을 2개를 취득한 저자로서는 점수를 받을 수 있는 과목으로 포기하지 않고 기본기를 탄탄하게 하면 취득하고자 하는 기능장 시험에서 높은 점수를 얻을 수 있는 과목이다.

기능장 1차 이론시험은 60문제 중 60점인 36문제 이상을 맞아야 하기에 공업경영 6문제는 과년도 문제 위주로 출제되어 무조건 맞아야 한다는 각오로 시험에 임하고, 특히 문제의 부족 부분은 이론 부분을 요약해서 내용을 정리하였기에, 마지막까지 한 번 더 읽어보고 수험생들의 이해를 돕기 위해 예상문제로써 개념을 익히도록 하였다. 이론과 예상문제 및 기출문제를 수록하여 수험생의 수험 준비가 가능하도록 집필하였다.

끝으로 이 책이 출판되도록 도움을 주신 도서출판 상학당의 남승우 사장님께 감사의 인사를 드린다.

저 자 씀

차 례

CHAPTER 01 품질관리

CHAPTER 03 작업관리

CHAPTER

01

품질관리

제1장 품질관리의 기초

품질관리(品質管理)는 수요자가 요구하는 서비스 및 제품을 생산하기 위한 수단의 체계이며, 소비자가 만족하고 안전하게 이용할 수 있는 수준을 기준으로 설정하는 등 품질을 개선하기 위한 모든 활동이다.

01 | 품질관리의 정의

품질경영학자들은 〈표 1-1〉과 같이 정의하고 있다.

〈표 1-1〉 품질경영학자들의 정의

데밍	품질관리는 서비스가 고객의 요구사항을 만족하도록 제조공정을 통제하고, 제조공정에서 발생하는 불량률을 최소화하며, 제품의 품질을 지속적으로 개선하는 것이다.
주란	품질관리는 기업이 고객의 요구사항을 정확히 파악한 후, 제품과 서비스를 제공하는 것이다.
파이겐바움	품질관리는 제조기술을 통해 제품의 품질을 개선하고, 제조공정에서의 변동성을 최소화하는 것이다.

일상 속에서 사용하는 제품과 서비스 모두가 품질관리가 이루어지며 모두가 양품, 양질의 제품과 서비스를 받기 원하고, 〈표 1-2〉와 같이 만들기 위해 최선을 다하고 있다.

〈표 1-2〉 품질관리의 목적과 품질관리의 기초

<table>
<tr><td>품질관리의 목적</td><td>제품을 설계하는 과정이나 사용시 일정한 표준이 유지되도록 하는 데 있으며, 최근의 품질관리는 통계적 수단을 밑바탕으로 하기에 통계적 품질관리라고도 한다</td></tr>
<tr><td>통계적 품질관리의 기초</td><td>• 일정한 생산 조건하에 만들어진 제품의 품질 특성치 산포상태를 미리 알고, 이 산포상태가 변화하면 생산조건 또는 환경에는 변화가 있다.
• 통계적 품질관리를 위해서는 생산조건과 환경의 표준화가 선행되어야 한다.
• 샘플링 검사로 생산조건, 환경이 유지되는지 확인, 이때 편차가 허용범위 밖으로 나가면 원인을 규명하여 제거한다.</td></tr>
<tr><td>DATA의 처리 과정</td><td>집단화 → 등질화 → 수량화 → 확률화</td></tr>
<tr><td>품질관리의 효과</td><td>과거와는 달리 근대에서는 품질을 향상시키고 기업의 이익을 위하여 통계적이고 합리적인 시스템과 표준을 적용하고 있으며, 품질에 영향을 주는 모든 요인에 종합적으로 품질관리를 적용하여 효과를 얻기 위하여 실시하고 있다.
<table>
<tr><td>지연없는 납기</td><td>불량에 의한 생산지연 방지, 오차없는 생산계획</td></tr>
<tr><td>원가의 절감</td><td>재료비, 검사비용, 불량처리비용의 삭감 및 생산시간의 단축</td></tr>
<tr><td>표준화</td><td>규격화되고 검증된 표준화를 적용하여 신뢰성 및 생산성의 향상</td></tr>
<tr><td>손실의 방지</td><td>생산에 투입되는 자원과 설비의 손실예방</td></tr>
<tr><td>작업능률 향상</td><td>안정된 작업환경, 교육과 훈련을 통한 작업자의 전문성 향상</td></tr>
</table></td></tr>
<tr><td>품질의 상호관계</td><td>품질계획 → 품질설계
↑ ↓
품질보증 ← 공정관리</td></tr>
</table>

02 | 품질과 관련된 용어정리

품질관리에 사용하는 용어는 기본적으로 〈표 1-3〉과 같이 품질관리에서 자주 정의되고 품질관리가 어떠한 것인지 간단하게 정리하였다.

〈표 1-3〉 품질관리 용어정리

용 어	용어해설
품질(Quality)	대상의 고유 특성의 집합이 요구사항을 충족시키는 정도이다.
품질관리 (Quality Contrl)	품질 요구사항을 충족하는데 중점을 둔 품질경영의 일부이다.
품질경영(Quality Management)	품질에 관하여 조직을 지휘하고 관리하는 조정활동이다.
품질보증(Quality Assurance)	품질 요구사항이 충족될 것이라는 신뢰를 제공하는데 중점을 둔 품질경영의 일부이다.
품질방침 (Quality Policy)	최고경영자에 의해 공식적으로 표명된 품질 관련 조직의 전반적인 의도 및 방향이다.
전사적 품질관리, 종합적 품질관리(TQC : Total Quality Control)	소비자가 만족할 수 있는 품질의 제품을 가장 경제적으로 생산 또는 서비스할 수 있도록 사내 각 부문의 품질개발, 유지, 개선의 노력을 종합하기 위한 효과적인 품질 시스템이다.
종합적 품질경영 (TQM : Total Quality Management)	기업의 경영에 있어 품질을 중심으로 하고, 모든 구성원의 참여와 고객만족을 통한 장기적 성공지향을 기본으로 하여 조직의 구성원과 사회에 이익을 제공하고자 하는 조직의 관리방법이다.
품질관리수준 (Level of Quality Management)	무기체계, 체계개발사업 착수 시점의 사업적 · 기술적 위험도 평가결과에 따라 정한 정부의 품질관리 수준이다.
품질통제점 (Quality Control Gate)	체계개발 주요 단계에서 개발대상 무기체계의 종합적인 품질 성숙 수준을 평가하여, 후속 개발과정에서 품질을 확보할 수 있도록 관리하는 프로세스이다.
품질특성	성능, 기능, 물리적 특성, 관능적 특성, 인간 공학적 특성, 신뢰성, 내구성, 정비성, 운용성, 생산성 등 군수품에 요구되는 고유한 특성이다.

용 어	용어해설
기술성숙도 평가 (TRA : Technology Readiness Assessment)	무기체계에 적용되는 핵심기술 요소(CTES)들이 어느 정도 성숙되어 있는지 정량적인 지표로 평가하는 공식적인 프로세스이다.
작전운용성능 (Required Operational Capability)	군사전략 목표달성을 위해 획득이 요구되는 무기체계의 운용 개념을 충족시킬 수 있는 성능수준과 무기체계 능력을 제시한 것이다.
제안요청서 (Request For Proposal)	개발 및 생산자가 품질과 관련된 방침과 목표를 수립하고, 품질의 기획, 보증과 개선을 통하여 품질목표를 달성하기 위한 체제를 수립하고, 이를 이행하는 활동이다.
7가지 도구 (Seven Tools)	• 품질관리, 품질개선, 품질계획에 사용되는 기초적인 통계와 논리적 기법이다. • 품질 관련 저서마다 7가지 도구의 선택에 대한 정의를 조금씩 다르게 내리고 있지만, 가장 일반적으로 특성요인도(이시가와 다이어그램, 생선뼈형 다이어그램), 체크시트, 층별, 그래프, 히스토그램, 파레토, 산점도가 있다.

[참고] 기타 용어정리

- 4M : 작업자(Man), 기계설비(Machine), 원재료(Material), 작업방법(Method)
- 7M : 4M+경영(Management), 돈(Money), 시장(Market)
- 5M 1E : 5M(4M+측정(Measurement), 환경(Environment)

03 | 관리 사이클(PDCA 사이클)/Deming 사이클

일본의 생산방식을 개선하고 품질관리를 제창한 데밍(Edwards Deming)은 단순한 개선을 넘어 품질에 '불량률'이라는 개념을 도입하며 품질경영 철학을 제시하였으며, 품질관리는 과거와 달리 품질을 통제하기보다는 관리와 협의하는 방식으로 바뀌었다. 그런 데밍의 품질관리철학이 바로 품질경영 싸이클 중에서 〈표 1-4〉와 같이 대표적인 PDCA 싸이클이라 한다.

〈표 1-4〉 관리 사이클(PDCA Cycle)

<table>
<tr><td>관리사이클
(PDCA
Cycle)</td><td colspan="2">• PDCA는 계획(Plane), 실시(Do), 검토(Check) 조치(Action)의 4단계이며 그 첫 글자를 따서 PDCA라고 한다.
• 품질관리를 PDCA 사이클에 따라 구분하여 적용한다.
계획 P(Plan) → 실행 D(Do) → 검토 C(Check) → 조치 A(Action)</td></tr>
<tr><td rowspan="2">PDCA &
품질관리</td><td>품질관리</td><td>• 품질에 대한 표준 및 활동의 적용과 설계
• 공정에 적용및 관리
• 적용된 표준 및 활동에 대한 적합도 평가시행을 통한 품질 보증
• 품질조사 후 개선사항 및 표준 적합계획 입안작성</td></tr>
<tr><td colspan="2">반복하여 PDCA 사이클을 적용하여 지속해서 품질을 개선하는 것이며, 행동과 행동의 결과인 피드백을 통해 이를 수정하여 목표에 접근하는 방식으로 이해할 수 있다.
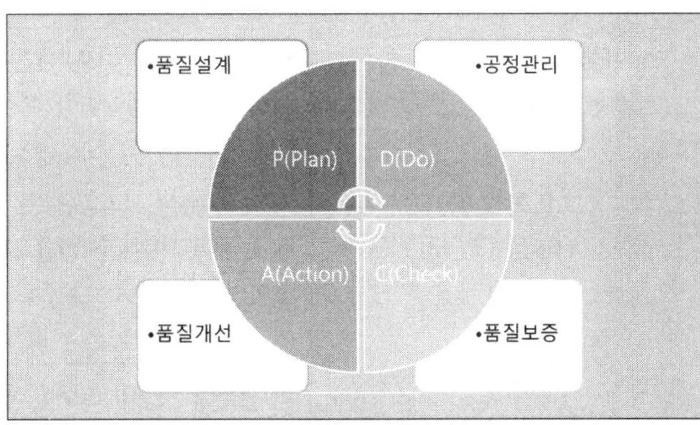
</td></tr>
</table>

04 | 품질관리의 종류

제품이 가지는 품질은 단순히 특성에 따라 결정되지 않고 품질의 적용과 기준 그리고 상황에 따라서 요구되는 품질의 척도와 특성이 달라지며, 품질관리의 종류는 〈표 1-5〉와 같다.

〈표 1-5〉 품질관리의 종류

종 류	종류 해설
목표품질(시장품질) (Quality of Goal)	제조품질과 설계품질의 합격품이 출하되어 소비자의 사용상태에 있는 동안 만족을 주는 품질이다.
설계품질 (Quality of Design)	시장조사로 확보한 데이터를 기반으로 설정된 제품의 품질특성(Quality Specification)으로 정리하여 설계 도면에 넣은 품질이다.
요구품질(시장품질) (Requirement of Quality)	시장조사, 클레임(Claim) 등을 통해 파악한 소비자의 요구조건 등이며, 사용품질, 실용품질 또는 고객의 필요(Needs)와 직결된 품질이다.
사용품질 (Quality of Use)	제품이 판매되어 사용될 때 사용목적에 부합하는 기능을 수행하는지에 대한 품질이다.
제조품질(적합품질) (Quality of Manufacture or Quality of Conformance)	실제로 공장에서 생산 또는 제작시에 이루어지는 품질로서 설계품질이 완성되면 이것을 제조공정을 통해서 실물로 실현한다.
제품 이외의 서비스 품질 (Service Quality, Other than)	제품을 직접 취급하지 않는 기업도, 자사가 제공하는 서비스 등을 품질이라 생각하는 것이다.
종합적 품질 (Total Quality)	단순히 소비자가 요구하는 품질뿐 아니라 시장과 가격 대비 품질 그리고 납기, 즉 QCD(Quality, Cost, Delivery)의 모든 사항을 고려하였을 때 결정되는 품질이다.
통계적 품질 (Statistical Quality)	요구되는 모든 품질을 확보하고, 경제적으로 확보하기 위하여 기업이 확보한 통계적 데이터를 통해 결정된 품질이다.

품질이 결정되는 기준 대상은 기본적으로 제품의 특성에 따르겠지만, 제품이 제작되어 소비자가 직접 사용시까지의 제품 품질기준은 결과적으로 소비자의 요구와 부합하여야 하며, 품질결정 방침에 따라 사용품질 또는 요구품질이 1순위가 될 수 있다.

제2장 품질 코스트

품질 코스트(Quality Cost)는 품질과 관련하여 발생하는 모든 비용이다. 품질은 단순하게 실현되는 것이 아니다. 설정한 목표 품질에 도달하기 위해서는 비용이 발생하기 마련이며, 〈표 1-6〉과 같이 품질원가와 내부적·외부적 품질결함과 품질예방비용의 총액이다.

〈표 1-6〉 품질 코스트

<table>
<tr><td rowspan="2">품질 코스트 활용
(일반적으로
내부적인 비용과
외부적인 비용으로
구분)</td><td>내부적인
비용</td><td>제품이나 서비스를 생산하고 유지·보수하기 위해 내부적으로 발생하는 비용으로, 인력비용, 재료비용, 설비비용 등이 있다.</td></tr>
<tr><td>외부적인
비용</td><td>제품이나 서비스를 제공하는 과정에서 발생하는 고객 불만, 리콜 등으로 인한 손실 등을 포함하고 있다.</td></tr>
<tr><td>품질 코스트 핵심</td><td colspan="2">제품이나 서비스의 품질을 개선하고 유지하는데 필요한 지출이므로 기업이나 조직에서는 이를 효과적으로 관리하여 비용을 절감하고 제품이나 서비스의 경쟁력을 높이는 것이 중요하다.</td></tr>
</table>

01 | 품질 코스트의 종류

품질은 단순히 제품의 제조, 검사 등으로 결정되는 코스트가 아니다. 품질 코스트도 내부적으로 포함하고 있는 코스트가 다양하며 코스트 서로가 가지는 관계에 따른 결정 내용이 따로 존재하여 다양한 형태로 존재하며, 종류는 〈표 1-7〉과 같다.

〈표 1-7〉 품질 코스트의 분류표

<table>
<tr><th>구 분</th><th colspan="2">분류내용</th></tr>
<tr><td>품질 코스트
(Quality Cost : Q-cost)</td><td colspan="2">제품이나 서비스의 제조, 검사, 유지보수, 고객서비스 등 다양한 단계에서 발생하는 비용의 총량이다.</td></tr>
<tr><td>예방 코스트
(Prevention Cost : P-Cost) : 불량 발생을 예방하기 위한 코스트</td><td colspan="2">• QC 계획 코스트
• QC 기술 코스트
• QC 교육 코스트
• QC 사무 코스트</td></tr>
<tr><td>평가 코스트
(Appraisal Cost : A-Cost) : 시험 · 검사 등의 품질 수준을 유지하기 위해 소비되는 코스트</td><td colspan="2">• 수입검사 코스트
• 공정검사 코스트
• 완성품검사 코스트
• 시험/실험 코스트
• PM 코스트</td></tr>
<tr><td rowspan="3">실패 코스트
(Failure Cost : F-cost) : 규격에서 벗어난 불량품, 원재료, 제품에 의해 발생하는 여러 가지 손실 코스트</td><td>납품 전의 불량 코스트</td><td>• 폐기
• 재가공
• 외주 불량
• 설계변경</td></tr>
<tr><td>무상서비스 코스트</td><td>• 현지 서비스
• 지참(Bring Into)
• 서비스
• 대품서비스</td></tr>
<tr><td colspan="2">불량대책 코스트(재심 코스트를 포함)</td></tr>
<tr><td>사내 코스트
(Interior Failure)</td><td colspan="2">제품을 출하하기 전 사내에서 발견된 품질문제로 인한 손실 코스트이다.</td></tr>
<tr><td>사외 코스트
(Exterior Failure)</td><td colspan="2">제품을 출하한 후 사외에서 발견된 품질문제로 인하여 발생한 손실 코스트이다.</td></tr>
<tr><td>저품질에 기인한 코스트(COPQ)</td><td colspan="2">평가 코스트와 실패 코스트를 통합하고, 예방 코스트도 절감이 가능한 경우에는 포함되는 것으로 한다.</td></tr>
</table>

02 | 품질 코스트의 관계곡선

품질 코스트는 각각의 유기적인 관계에 의해서 결정된다. 그 중 비중이 크고 관계가 확실한 예방, 평가, 실패 코스트는 서로의 값에 따라 관계곡선을 가지며, 가장 중요하게 다루어지는 품질 코스트는 〈표 1-8〉과 같다.

〈표 1-8〉 주요 품질 코스트

품질 코스트	예방 코스트(Prevention Cost : P-Cost)	
	평가 코스트(Appraisal cost : A-Cost)	
	실패 코스트 (Failure cost : F-cost)	사외실패 코스트(External Failure Cost)
		사내실패 코스트(Internal Failure Cost)

① 코스트들은 관계성을 가지고 총 품질 코스트에 큰 영향을 준다. 경제적으로 품질 코스트를 지급하기 위해서는 품질수준과 품질 코스트의 균형을 맞추어 품질 코스트의 합의점을 찾아야 한다.

㉠ PC(예방 코스트)를 증가시키면 AC(평가 코스트)와 FC(실패 코스트)는 감소하는 [그림 1-1]과 같이 반비례 관계를 가지고 있다.

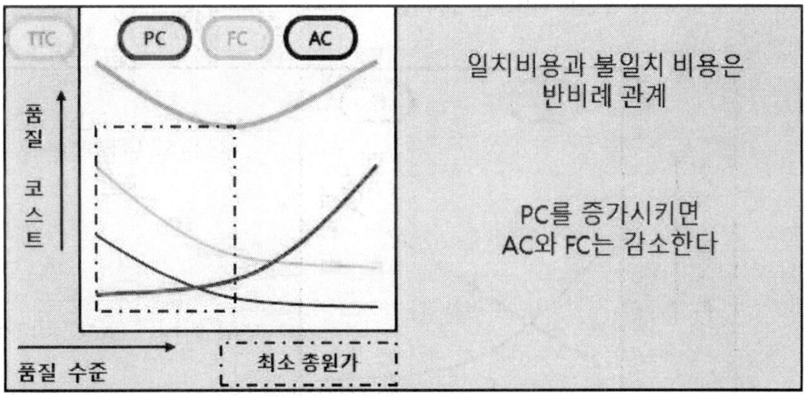

[그림 1-1] 예방 코스트를 증가시키면 평가 코스트와 실패 코스트는 감소

ⓛ IF 코스트(내적 실패 코스트)는 [그림 1-2]와 같이 PC(예방 코스트)에 반비례, AC(평가 코스트)에 비례한다.

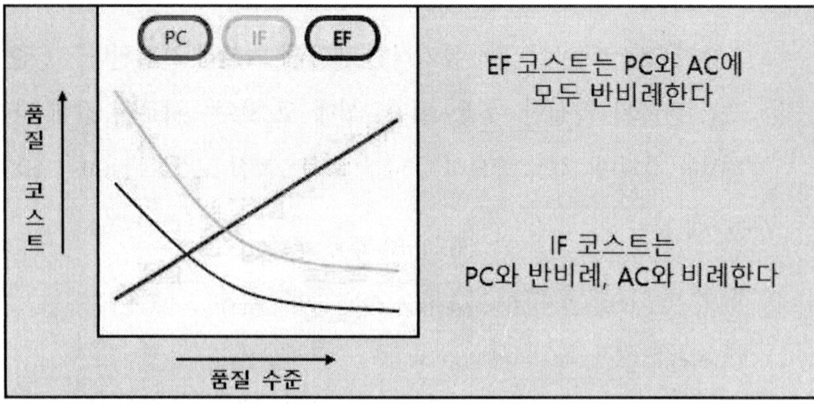

[그림 1-2] 내적 실패 코스트는 예방 코스트에 반비례, 평가 코스트에 비례

ⓒ 관계곡선은 [그림 1-3]과 같이 설명할 수 있다.

C는 코스트이며 P(Prevention), F(Failure), A(Appraisal)이다.

- [예방 코스트]와 [실패 코스트, 평가 코스트]는 반비례의 관계를 가진다.
- [외부 실패 코스트]는 [예방 코스트, 평가 코스트]와 모두 반비례한다.
- [내부 실패 코스트]는 [예방 코스트]와는 반비례하지만 [평가 코스트]와 비례한 관계를 가진다.

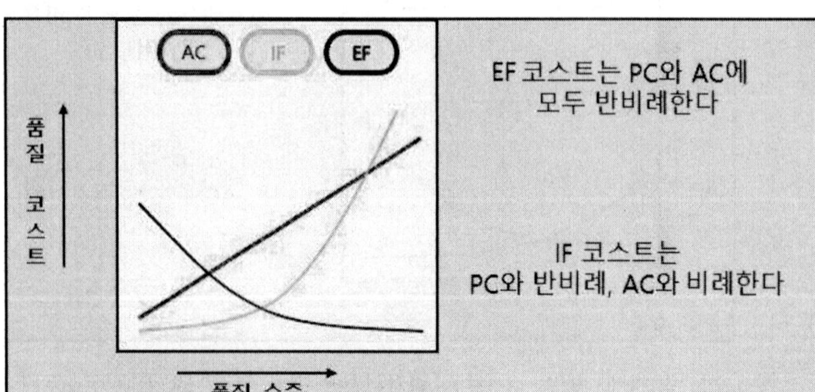

[그림 1-3] C는 코스트이며 P(Prevention), F(Failure), A(Appraisal)

② 총 품질 코스트(Total Quality Cost)를 최소 최적으로 경제성을 확보하기 위해서는 위 세가지 코스트의 균형을 고려하여 경영하여야 한다.

㉠ 회사에 따라 비율의 차이는 있지만 Feignbaum과 Kirkpatrik에 의하면 일반적으로 미국은 〈표 1-9〉와 같이 비율로 코스트가 적용되고 있다.

〈표 1-9〉 평균적 품질 코스트 적용 비율(미국)

	예방 코스트 (P-Cost)	평가 코스트 (A-Cost)	실패 코스트 (F-Cost)
Feigenbaum	5[%]	25[%]	70[%]
Kirkpatrik	10[%]	약 25[%]	50~75[%]

제3장 통계적 방법의 기초

품질목표를 경제적이고 효율적으로 달성할 수 있도록 수행하는 모든 통계적 수법이다. 매우 다양한 통계적인 방법을 통해 품질이 관리되고 있으며, 이를 응용하여 수요자가 요구하는 품질수준에 합리적으로 다가가고 있다. 또한 통계적인 방법을 활용하여 품질관리에 있어서 필요한 데이터와 기준값을 얻고, 이를 통해 우리가 원하는 정보를 예측하고 판단하고 그에 대한 조처하는 것이 통계적 방법의 활용이다.

01 데이터의 정리방법

통계적 방법을 통해 원하는 정보를 추정하고 판단하기 위해서는 기본적으로 데이터가 필요하다. 일반적으로 제품의 품질관리가 이루어지는 과정에서 제품에서 얻을 수 있는 시료 데이터의 종류는 〈표 1-10〉과 같다.

〈표 1-10〉 계량치와 계수치의 이해

데이터	데이터 해설	데이터의 예
계량치	• 데이터가 연속량으로서 셀 수가 없는 형태로 존재하며 측정을 통해 얻을 수 있는 데이터이다. • 정규분포, 통계분포 등에서 품질 특성치로서 활용한다.	• 길이 • 무게 • 강도 • 온도 • 시간 등
계수치	• 데이터가 비연속량으로서 셀 수 있는 형태로 존재하며, 측정을 통해 얻을 수 없는 수 있는 데이터이다. • 초기하분포, 이항분포, 포아송분포 등에서 품질 특성치로서 활용한다.	• 부적합품수(불량품수) • 부적합수(결점수, 사고건수, 흠의 수 등)

계량치와 계수치의 형태로 얻어낸 시료 데이터로 제품의 품질 특성치를 얻을 수 있으며, 수량화되고 통계화된 통계량(Statistic)을 얻을 수 있다. 통계량을 함수와 공식을 통해 다양한 형태로 얻을 수 있으며 일반적으로 사용되는 통계량은 〈표 1-11〉과 같다.

〈표 1-11〉 시료평균의 통계량

평균	분포의 중심위치를 표시한다.	$\cdot \bar{x} = E(X)$
분산	산포(흩어짐)를 표시한다.	$\cdot s^2 = V(X)$
표준편차	산포(흩어짐)를 표시한다(분산의 제곱근 개념, 즉 분산에 루트($\sqrt{\ }$)를 한 값이다).	$\cdot s = D(X)$

02 | 모집단

분석대상이 되는 전체 원집단(原集團)이다. 모집단은 분석하고자 하는 모든 대상을 포괄적으로 한다. 〈표 1-12〉와 같이 품질관리가 이루어지는 공정품과 로트이다.

〈표 1-12〉 모집단(母集團, Population)

모집단과 품질관리	모집단을 전수검사 하여 순수한 모수를 구하기는 불가능하기에 경제적이고 효율적인 품질관리를 위해 샘플링이 이루어진다. 모집단에서 추출된 샘플에서 얻은 데이터를 통해서 모집단의 통계량인 모수를 추정하여 통계적 데이터를 토대로 품질관리를 실행한다. 제시되는 모집단, 샘플, 데이터의 관계자료와 추정된 모집단에 대한 통계량을 정리하였다. 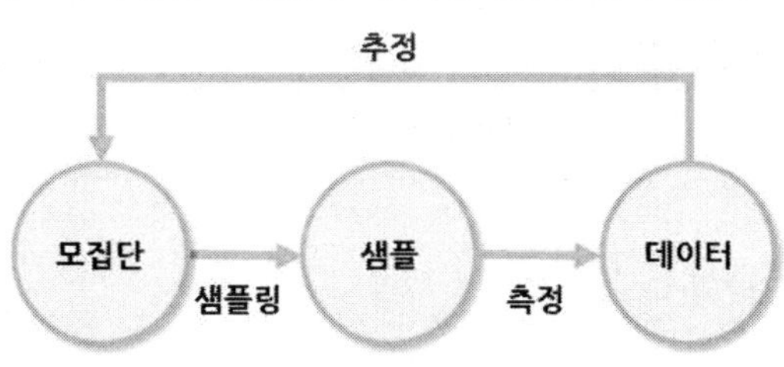 [모집단, 샘플, 데이터의 관계]

구분	내용		
모수의 종류	모집단에서 샘플링을 통해 추출된 샘플을 측정하여 얻은 데이터를 토대로 모집단의 모집단의 모수를 추정하는 프로세스이다.		
	모평균	모집단 분포의 중심위치를 표시한다.	$\mu = E(X)$
	모분산	모집단의 산포(흩어짐)를 표시한다.	$\sigma^2 = V(X)$
	모표준편차	모집단의 산포(흩어짐)를 표시한다(분산의 제곱근 개념, 즉 분산에 Root를 한 값이 된다.)	$\sigma = D(X)$

03 | 시 료

모집단인 로트에서 데이터를 샘플링하여 만들어진 집단으로 표본, 샘플이라고도 한다. 이러한 시료(Sample)의 특성은 수량화할 수 있으며, 통계량이라고 한다. 시료에서 추출하는 통계량은 일반적으로 평균, 분산, 표준편차를 통해 시료와 모집단의 비율만큼 증산하여 모집단을 예측하고 판단하여 품질관리가 이루어지고, 이외에도 다양하게 활용되는 통계량이 존재하며 그 종류와 구하는 식은 〈표 1-13〉과 같다.

〈표 1-13〉 중심적 경향과 산포(흩어짐)

구분	종류	
중심적 경향	• 산술평균($\bar{x}$) • 범위중앙치(M)	• 중앙치($\tilde{x}$ 또는 Me) • 최빈값(M_0)
산포(흩어짐)	• 제곱합(S) • 표준편차(s 또는 $\sqrt{V}$) • 변동계수(CV)	• 분산(s^2 또는 V) • 범위(R)

1. 중심위치를 나타내는 통계량

시료의 중앙값을 나타내는 방법은 기준에 따라 다양하다. 다음은 시료값에 대한 다른 기준이 적용된 통계량의 〈표 1-14〉와 같은 공식들이다. 각각의 통계량들은 다른 이유로 다양하게 사용되고 있다.

〈표 1-14〉 중심위치를 나타내는 통계량

평균(Mean, $\bar{x}$)	자료의 총합($\sum x_i$)을 자료의 전체개수(n)로 나눈 것이다. $\bar{x} = \frac{x_1 + x_2 + \cdots + x_{n-1} + x_n}{n} = \frac{\sum x_i}{n} = \bar{x}$ ※ [$\bar{x}$]는 공학용 계산기에서 단축키를 사용하여 쉽게 계산하는 방법이다.
중앙값(중위수, Median, $\tilde{x}$ 또는 Me)	자료를 크기의 순서대로 나열했을 때 중앙에 해당한다. • 자료의 수가 홀수인 경우 : $\tilde{x} = \frac{n+1}{2}$번째 값 • 자료의 수가 짝수인 경우 : $\tilde{x} = \frac{n}{2}$번째 값과 $(\frac{n}{2})$+1번째 값의 평
최빈값(최빈수, Mode, M_0)	자료 중에서 가장 많이 나타나는 값으로 도수분포표에서 일반적으로 나타내는 값이다.
범위 중앙값(Mid-Range, M)	자료 중에서 가장 큰 값과 가장 작은 값은 평균이다. $M = \frac{x_{\min} + x_{\max}}{2}$

2. 산포의 구분과 산포를 발생시키는 원인

산포의 구분과 산포를 발생시키는 원인은 〈표 1-15〉와 같다.

〈표 1-15〉 산포의 구분과 산포를 발생시키는 원인

산포의 구분	• 우연원인(피할 수 없는 원인) • 이상원인(피할 수 있는 원인)
산포를 발생시키는 원인	• 작업표준대로 작업을 실시하지 않았기 때문 • 표준에서 정한 허용범위 안에서 변동 발생시 • 작업표준을 지켰지만 허용범위 안에서 조건 변동시 • 측정 또는 시험의 오차 • 작업표준의 표준화가 부정확하여 품질변동의 원인을 억제할 수 없었기 때문

3. 산포(흩어짐)을 나타내는 통계량

시료의 중앙값과 같이 산포 또한 그 기준에 따라 다양하고, 시료값에 대한 다른 기준이 적용된 〈표 1-16〉과 같이 산포의 통계량의 공식들이다.

〈표 1-16〉 산포(흩어짐)을 나타내는 통계량

편차	각각의 데이터(x_i)에서 중심치($\bar{x}$)를 뺀 값으로, 즉 $(x_i - \bar{x})$로 표시한다.
제곱합 (S, SS)	편차$(x_i - \bar{x})$를 제곱하여 모두 합한 값이다. $s = \sum(x_i - \bar{x})^2 = \sum x_{i^2} - \frac{(\sum x_i)^2}{n}$ $= (n-1) \times (s_x)^2 = (n-1) \times ({}_x\sigma_{n-1})^2$ ※ $[(s_x)^2, ({}_x a_{n-1})^2]$는 공학용 계산기에서 단축키를 사용하여 쉽게 계산하는 방법이다.
범위 (Range, R)	데이터 중에서 최댓값과 최솟값의 차이다. $R = x_{\max} - x_{\min}$
변동계수 (Coefficient of Variation)	측정 단위가 서로 다른 두 자료나 평균의 차이가 큰 두 로트의 상대적 산포를 비교한다.

<table>
<tr><td></td><td>

$$CV = \frac{s}{\bar{x}} \times 100[\%] = s_x \sqrt{x} \times 100[\%]$$
$$= {}_x\sigma_{n-1} \sqrt{x} \times 100[\%]$$

※ $[(s_x, {}_xa_{n-1}, \bar{x}]$는 공학용 계산기에서 단축키를 사용하여 쉽게 계산하는 방법이다.
</td></tr>
<tr><td>시료의
표준편차
(s 또는 $\sqrt{V}$)</td><td>

해당 시료의 데이터 값들이 평균값으로부터 얼마나 퍼져 있는지를 나타내는 통계적 측도이다.

$$s = \sqrt{V} = \sqrt{\frac{\sum(x_i - \bar{x})^2}{n-1}} = \sqrt{\frac{S}{n-1}} = s_x = {}_x\sigma_{n-1}$$

※ $[s_x, {}_xa_{n-1,}]$는 공학용 계산기에서 단축키를 사용하여 쉽게 계산하는 방법이다.
</td></tr>
<tr><td>Reference
모수와
통계량의
비교</td><td>

모수와 통계량은 통계학에서 데이터를 요약하고 분석하는데 사용하는 두 가지 주요한 개념이며, 기호와 각각의 기능을 이해하자.

명 칭	모 수	통계량
평균	μ	$\bar{x}$
분산	σ^2	s^2
표준편차	σ	s
범위	-	R
비율	P	p(소문자) 또는 $\hat{p}$

</td></tr>
</table>

[참고] 모수와 통계량

- 모수 : 시료가 취하여진 모집단에 대한 것이다.
- 통계량 : 통계적 추론에서 소수의 시료로부터 측정치를 적당히 집계하여 평균치 · 분산 · 표준편차 등을 계산한 것이다.

04 | 관광교통 시스템의 기능

관광교통 서비스를 제공하기 위해 사용하는 시스템의 기능은 [그림 1-4]와 같다.

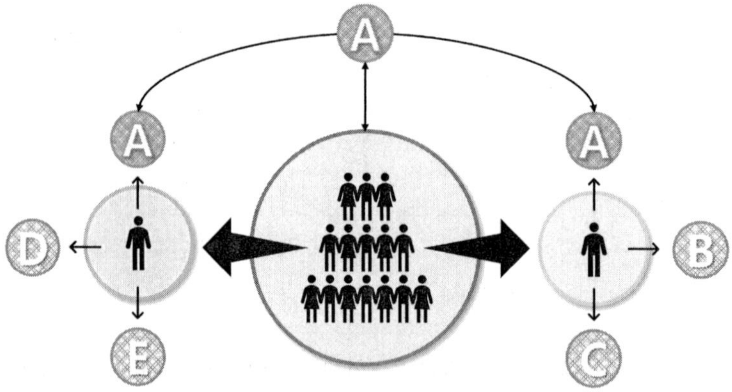

[그림 1-4] 관광교통 시스템의 이해

관광교통 시스템의 서비스 기능 중 통계적 방법의 활용으로 관광교통 서비스를 제공하기 위해 사용하는 시스템은 〈표 1-17〉과 같다.

〈표 1-17〉 관광교통 시스템의 서비스 기능

관광교통 시스템의 모집단	관광서비스를 제공하는 경우 모든 관광객을 통제하는 것은 불가능하지만, 일부 관광객을 무작위로 추출하여 표본으로 삼으면 그들의 특성을 파악할 수 있으며, 추출된 표본을 통해 모집단의 특성을 측정하고 예측할 수 있다.
계수적인 데이터의 수집	관광교통 시스템에서는 GPS, 카메라, 센서 등의 기술을 활용하여 관광객의 이동경로와 행동패턴 등을 수집하고 분석함으로써 관광객의 특성을 파악하고, 이를 기반으로 최적의 관광교통 서비스를 제공할 수 있다.
서비스의 품질을 높이기	• 관광객의 만족도 조사 등을 통해 피드백을 수집하여 서비스의 개선을 이룰 수 있다. • 이러한 방식들을 종합적으로 활용하여 관광 교통시스템을 운영하면 더욱 효율적인 서비스를 제공할 수 있다.

제4장 표준화

근대 공업의 발전은 많은 종류와 형태의 상품을 시장에 공급 하였지만 제품의 종류와 형태는 필요 이상으로 다양한 경우가 많다. 제품 또는 서비스를 일정한 기준을 두고 평가하고 측정하여 품질과 성능을 [그림 1-5]와 같이 일정한 기준을 맞추어 통일하거나 검증하여 종류를 줄이고 다양한 이점을 얻고 있는데, 기준과 표준품을 정하는 일을 표준화라고 한다.

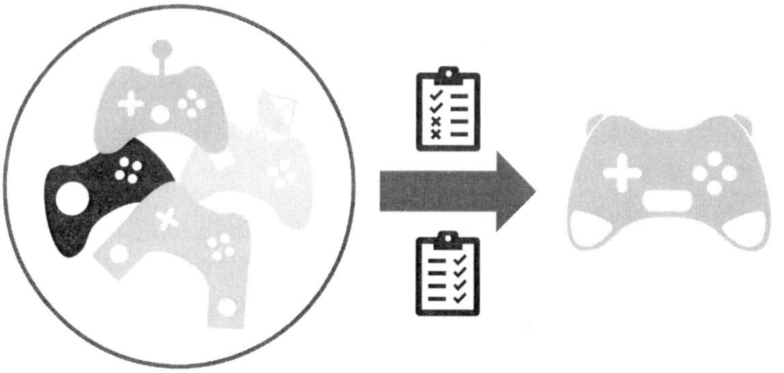

[그림 1-5] 표준화의 이해

광 · 공업품을 제조하거나 사용할 때 모양, 치수, 품질 또는 시험, 검사방법 등을 전국적으로 통일 · 단순화시킨 국가규격을 제정하고, 이를 조직적으로 보급 · 활용케하는 의식적인 노력으로 단순화 · 전문화 · 표준화(3S)를 통하여 거래 쌍방 간의 문제에 대하여 규격, 포장, 시방 등을 규정하는 것이다.

01 | 생산관리의 원칙

생산관리의 원칙은 단순화 · 전문화 · 표준화(3S) 등 〈표 1-18〉과 같다.

〈표 1-18〉 표준화 3S

단순화 (Simplification) : 제품이나 공정에서 일관된 표준화를 적용	• 생산기간 단축 • 관리활동 용이 • 품질향상 증대 • 생산성 증대 • 간접경비 절약 • 구매업무 간소화
전문화 (Specialization)	• 제품이나 공정을 최대한 단순화하고, 불필요한 요소를 제거
표준화 (Standardization) : 제품이나 공정을 상세하게 규정	• 안정화 : 일정기간 일정한 수준을 정하여 고정시키는 것 • 조정 : 수준을 정하기 위해서는 요구조건을 만족시키기 위해 필요한 여러 원인 사이의 이해득실을 조정하여 최적화 • 사내표준 - 내용이 구체적이고 객관적일 것 - 당사자에게 의견을 말하는 기회를 부여하는 절차 - 장기적 방침 및 체계하에서 추진 - 수단 및 행동을 직접 제시할 것 - 제품의 품질은 공정과정에서 결정됨 - 품질에 크게 영향을 미치는 4M ◦ 재료(Material) ◦ 설비(Machine) ◦ 가공방법(Method) ◦ 작업자(Man) • 포드 시스템의 생산표준화 - 제품의 단순화 - 부품의 표준화 - 공장의 전문화 - 기계 및 공구의 전문화 - 작업의 단순화

02 | 표준(규격)기능에 따른 분류

표준은 규정에 따라 분류하거나 표준의 강제력과 적용범위에 따라 표준은 다양하게 존재한다. 〈표 1-19〉와 같이 어떠한 표준이 존재하는지 확인할 수 있다.

〈표 1-19〉 표준의 종류와 해설

규정에 따른분류	기본규격	제품 또는 공정에서 필요한 기본적인 규격을 규정한 것 예 원자재의 규격, 가공방법, 테스트 방법 등
	전달규격	물질과 행위에 관한 기초적인 규격을 규정한 것 예 계량단위, 제품의 용어, 기호 및 단위 등
	제품규격	제품의 기능, 성능, 품질, 디자인, 안전 등을 규정한 것 예 외형, 크기, 무게, 재질 등
강제력에 따른 표준분류	강제규격	국가나 기업의 요구에 따라 강제로 규정되어 준수해야 하는 규격 예 법률, 규정, 표준 등
	임의규격	기업이나 단체에서 자체적으로 결정한 규격 예 제품의 품질, 성능, 안전 등
	방법규격	제품을 제조하거나 검사하는 방법에 대한 규격 예 성분분석, 시험방법, 제품검사방법, 사용방법 등
적용범위에 따른 표준분류	국제표준	다수의 국가가 각국의 이해관계를 회의 형식으로 조정하여 국제적으로 적용되도록 제정한 표준
	지역표준	복수의 국가 또는 지역 단체에 의해서, 공통의 이익을 위해 일정한 지역 내에서 적용되는 표준을 제정하고 그것을 관계자가 사용하는 것
	단체표준	특정 전문분야에 적용되는 기호, 용어, 기술, 절차 및 시험방법에 대해 전문기관 또는 단체가 제정한 표준
	사내표준	어떤 기업이나 회사가 사업상 필요에 의해서 임의로 또는 독자적으로 규정한 표준 규격

03 | 사내표준화

기업에서 품질수준을 유지하여 안정적으로 제품의 품질을 확보하여 품질에 대한 경제력을 얻기 위해서는 규격 표준규정을 합리적으로 적용하고, 이를 양식화하고 준수하도록 교육과 체제를 도입해야 한다. 〈표 1-20〉과 같이 경제력 있는 품질을 확보하기 위해 기업 내에서 시행되는 모든 표준화를 사내표준화라고 한다.

〈표 1-20〉 사내표준화의 필요성

<table>
<tr><td>일반적으로 기업에서 이루어지는 사내표준화</td><td colspan="2">• 회사 · 공장 등에서 재료, 부품, 제품, 구매, 제조, 검사, 관리 등에 적용할 것을 목적으로 정한 표준이다.
• 기업활동을 적절하고도 합리적으로 운영하기 위해서는 효율적이고 경제적인 표준을 정립하는 것도 중요하지만 양식과 교육을 통해 종업원이 올바르게 활용할 수 있도록 하는 것 또한 중요하다.</td></tr>
<tr><td rowspan="4">사내표준화의 필요성</td><td colspan="2">사내표준화가 올바르지 않는 기업은 직원들의 업무의 능력을 효과적으로 사용할 수 없을 뿐 아니라 오히려 저해하는데도 상당수의 중소기업들 사내표준화의 중요성을 모르고 사내환경과 표준화를 하지 않는다.</td></tr>
<tr><td>기업체의 구성원들</td><td>육하원칙에 따라 자신이 어떠한 업무를 수행해야 하는지 지시되고 정해져 있어야 한다.</td></tr>
<tr><td>규정</td><td>• 기업이 의식적이고 적극적으로 설정하지 않는다면 안된다.
• 언제나 명확한 목표를 세워 빠짐없이 정해진 순서에 따라 행동하도록 규정하지 않는다면 실패하기 쉽다.</td></tr>
<tr><td>품질적인 측면</td><td>표준화의 필요성은 일관성 있는 양질의 품질을 얻어야 소비자에게 신뢰를 얻고 변동과 변수를 제거하기 위해서이다.</td></tr>
</table>

04 | 사내표준화의 요건

사내표준화는 기업의 번영에 요소가 되지만 무분별한 표준화는 오히려 표준화의 역효과를 초래하게 된다. 〈표 1-21〉과 같이 사내표준화의 역할과 요건을 토대로 표준화의 3S의 효과를 얻을 수 있어야 한다.

〈표 1-21〉 사내표준화의 요건

<table>
<tr><td>사내표준화의 기능</td><td colspan="2">조직의 필요와 목표에 맞게 일관성 있게 정의하고, 일하는 방법을 일정하게 하려는 노력이다. 이것은 조직 내에서 일어나는 다양한 활동과 작업의 품질과 효율성을 향상시키기 위한 중요한 단계이다.</td></tr>
<tr><td rowspan="5">사내표준화는 표준화를 통해 기능이 실현</td><td colspan="2">계획을 실천하고 목적을 이루기 위한 이정표가 되어야 한다.</td></tr>
<tr><td colspan="2">기술의 문서화 및 인계를 통해 기업의 기술을 보존하여 진보를 위한 발돋움의 역할을 해야 한다.</td></tr>
<tr><td colspan="2">품질관리의 다양한 기법이 적용되고 활용될 수 있는 기반이 되어야 한다.</td></tr>
<tr><td colspan="2">물품 및 업무가 단순화 정형화되어 호환성 및 업무의 능률이 향상되어야 한다.</td></tr>
<tr><td colspan="2">경영방침을 철저히 하며 책임과 권한을 명확히 하여 업무처리 기능을 확실하게 한다.</td></tr>
<tr><td rowspan="6">사내 표준화의 구성요소</td><td colspan="2">사내표준화의 주요 목적은 조직 내에서의 작업을 효율적으로 관리하고 품질을 유지하기 위해 구성요소를 제공하고 준수를 유도하는 것이다.</td></tr>
<tr><td>목적설정</td><td>표준화의 목적과 범위를 정확히 설정해야 한다.</td></tr>
<tr><td>조직구성</td><td>표준화를 위한 조직을 구성하고, 책임과 권한을 명확히 분담해야 한다.</td></tr>
<tr><td>표준화 프로세스</td><td>표준화 작업의 프로세스를 정의하고, 이를 실행할 수 있는 체계와 절차를 갖추어야 한다.</td></tr>
<tr><td>표준화 문서</td><td>표준화 작업을 위한 문서화 작업이 필요하다. 이를 위해 표준화 프로세스와 산출물에 대한 표준화 문서를 작성해야 한다.</td></tr>
<tr><td>표준화 검토</td><td>표준화 작업의 결과물을 검토하고, 피드백을 받아 지속적으로 개선해야 한다.</td></tr>
</table>

	교육 및 훈련	표준화된 작업을 수행할 수 있는 능력을 갖춘 인력을 육성하기 위해 교육 및 훈련을 제공해야 한다.
	평가 및 개선	표준화 작업의 효과를 평가하고, 문제점이나 개선점을 파악하여 지속적으로 개선해야 한다.
사내표준 문서의 요건	사내표준화 문서는 조직 내에서 일관성있고 효율적으로 업무를 처리하기 위하여 만들어진 일련의 양식으로써 조직이 업무를 수행하는 과정에서 필요한 지침과 절차를 알려준다.	
사내표준 문서에 필요한 구성요소 및 요건	실천할 수 있는 내용인가?	실험과 임시도입 후 분석을 통해 실험, 실천가능한지 검증된 내용이어야 한다.
	모두가 동의하는 내용인가?	최소한 표준화 내용과 관련되는 직원들이 투표를 통해 적용여부를 결정할 수 있어야 한다.
	내용이 구체적이고 객관적인 내용인가?	읽는 사람 모두가 동일하게 내용을 이해하고, 목적과 방향성을 인지할 수 있어야 한다.
	실용적이고 효과적인 내용만을 채택하였는가?	효과적이지 않고 사소한 부분까지 채택된다면 내용이 번잡할 뿐 아니라 감당하기 힘들 수 있다.
	신속하고 지속하여 개선되고 있는가?	현대의 기술 및 방침 등이 빠르게 변하는 만큼 효율적이고 개선된 방향으로 개정해야 한다.
	장기적인 측면에서 고려된 방침이 있는가?	단기적으로 볼 수 있는 효과도 중요하지만, 기업이 기술을 축적하고 개선할 수 있는 체계와 양식 그리고 표준이 존재하여 계속하여 성장할 수 있어야 한다.

05 | 국제표준화

국가적 표준을 기초로 성립하고, 국가적 표준은 국내의 단체표준 및 사내표준을 기초로 하게 된다. 〈표 1-22〉와 같이 국제표준을 정점으로 하여 그 아래에 국가표준, 단체, 사내표준의 순서로 표준화가 형성된다.

〈표 1-22〉 국제표준화의 의의와 장점

국제표준화의 의의	• 각국 규격의 국제성 증대 및 상호이익 도모 • 국제간의 산업기술 교류 및 경제거래의 활성화(무역장벽 제거) • 각국의 기술이 국제수준에 이르도록 조장 • 국제분업의 확립, 개발도상국에 대한 기술개발의 촉진
국제표준화의 장점	• 제품의 품질을 위한 표준화된 기준을 적용하는 것이 중요하듯이 제품의 품질과 성능을 확실히 검증할 수 있는 효과적이고 검증된 기준을 적용하는 것도 매우 중요하다. • 좋은 표준을 적용하는 방법은 다양하지만 국제적으로 결정된 표준을 적용하여 인증을 얻는 것은 현대 사회에서 소비자에게 제품에 대한 믿음을 줄 수 있는 가장 효과적인 방법이다.
근대의 국제표준화	• 제품의 품질을 위한 표준화된 기준을 적용하는 것이 중요하듯이 제품의 품질과 성능을 확실히 검증할 수 있는 효과적이고 검증된 기준을 적용하는 것도 매우 중요하다. • 좋은 표준을 적용하는 방법은 다양 하지만 국제적으로 결정된 표준을 적용하여 인증을 얻는 것은 현대사회에서 소비자에게 제품에 대한 믿음을 줄 수 있는 가장 효과적인 방법이다.

제5장 확률분포

확률변수들이 어떠한 형태로, 어떻게 분포되어있는지를 나타내어 주는 함수로, 모집단을 유추하고 예측할 때 기존 데이터를 토대로 고려하여 조금 더 정확히 예측하고 유추할 수 있다.

01 | 확률변수(Random Variable)

확률실험의 결과에 대한 숫자적 표현으로 어떠한 사건의 결과의 경우의 수에 대한 〈표 1-23〉과 같이 숫자적 표현이다.

〈표 1-23〉 이산형 확률변수와 연속형 확률변수

이산형 확률변수 (Discrete Random Variable)	확률변수는 그것이 취할 수 있는 값들이 한개, 두개와 같이 셀 수 있으면 이산형 확률변수라고 한다.
연속형 확률변수 (Continuous Random Variable)	취할 수 있는 값들이 너무 다양하여 셀 수 없으면 연속형 확률변수라고 한다.

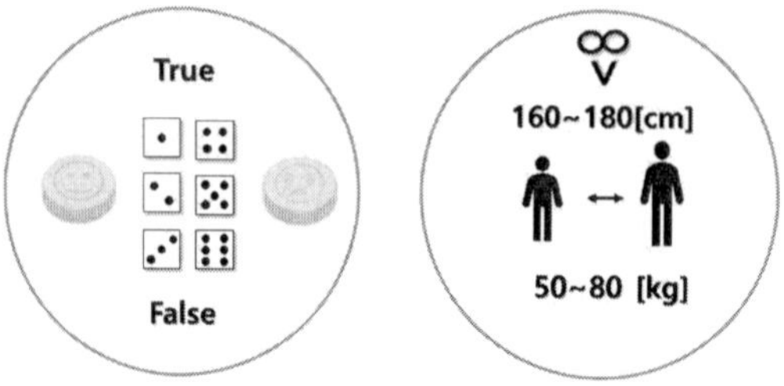

[그림 1-6] 이산형 변수와 연속형 변수

㉮ [그림 1-6]과 같이 동전처럼 앞과 뒤 참과 거짓 1과 0처럼 제한적으로 존재하는 경우 '이산형 확률변수', 사람의 키처럼 제한없이 무한한 경우 '연속형 확률변수'이다.

02 | 이항분포(Binomial Distribution)

n번의 독립 베르누이 시행(이산형 확률변수와 같이 성공 또는 실패로 결정되는 시행)에서 성공확률이 p, 실패확률이 1-p일 때의 확률분포이다. 즉 n번의 독립시행을 하고 각각의 시행마다 p로 일정하게 발생할 때의 확률분포이다. n번의 시행 중 성공횟수(사건이 일어난 횟수)가 x회 일 때 (식 1-1)과 같다.

$$B(x;n,p) = {}_nC_x\, p^z(1-p)^{n-z}$$
$${}_nC_z = \frac{n!}{x!(n-x)!} \qquad (1\text{-}1)$$

n이 커지면 이항분포는 폭이 점점 좁아지며 정규분포에 근접해 간다. p가 0.5에 근접해 가도 마찬가지이다. 보통 np≥10, n(1－p)≥10이면 이항분포 대신 정규분포로 가정하고 확률을 계산해도 무방하다. 〈표 1-24〉와 같이 이항분포를 이루는 각 값의 평균, 표준편차를 구하는 값은 (q = 1 - p)과 같다.

〈표 1-24〉 이항분포와 품질관리

<table>
<tr><td rowspan="4">이항분포와 품질관리</td><td colspan="2">품질관리를 하는 과정에서 이항분포가 가장 많이 적용되고 활용되는 부분은 샘플링 검사이다. 샘플링 이외에도 어떻게 품질관리에 적용되고 활용되는지 확인한다.</td></tr>
<tr><td>불량률 검사</td><td>제품 일부를 샘플링하여 불량품의 비율을 검사할 때 이항분포를 사용하여 불량률을 추정하거나, 품질수준에 대한 신뢰도를 분석한다.</td></tr>
<tr><td>샘플링 검사</td><td>모집단 부적합품률 P의 로트로부터 n개의 샘플을 뽑을 때 샘플 중에 발견되는 부적합품 수 x의 확률이다.</td></tr>
<tr><td>생산라인 검사</td><td>생산라인에서 제품에 대한 검사를 수행할 때 불량품이 발생할 확률을 예측하기 위해 이항분포를 사용한다.</td></tr>
</table>

<table>
<tr><td></td><td><table><tr><td>고객
만족도
조사</td><td>고객만족도 조사에서는 만족/불만족 등의 이진형 데이터를 수집하고, 이를 기반으로 불만족 고객의 비율을 추정할 때 이항분포를 적용한다.</td></tr></table></td></tr>
<tr><td>부적합품률
계산식</td><td>샘플링 검사에 이항분포를 적용하여 부적합품률은 식과 같다.
$P_r(x) = \binom{n}{x} P^x (1-P)^{n-x} = {}_nC_x P^x (1-P)^{n-x}$
(P : 부적합품률, n : 샘플수, x : 샘플 부적합품 확률)</td></tr>
<tr><td>기댓값과
산포값</td><td>기댓값은 데이터 집합의 평균값이며, 산포값은 데이터의 분포나 퍼짐 정도의 지표이다.<table><tr><td>기댓값</td><td>$E(x) = n \cdot P$</td></tr><tr><td>분산</td><td>$V(x) = n \cdot P(1-P)$</td></tr><tr><td>표준편차</td><td>$D(x) = \sqrt{nP(1-p)}$</td></tr></table></td></tr>
<tr><td>이항분포
값(P)에
따른 특성</td><td>이항분포 값(P)이 가지는 값에 따라 그래프가 가지는 특징이다.<table><tr><td>P = 0.5일 때</td><td>분포의 형태는 기대치 nP에 대하여 좌우대칭이 된다.</td></tr><tr><td>$nP \geq 5$, $n(1-P) \geq 5$일 때</td><td>정규분포에 근사한다.</td></tr><tr><td>$P \leq 0.1$이고, nP=0.1~10일 때</td><td>포아송 분포에 근사한다.</td></tr></table></td></tr>
</table>

03 | 초기하분포(Hypergeometric Distribution)

표본이 추출된 모집단에서 특수한 특성(불량)을 가진 항목의 수량을 알고 있을 때 고정 표본크기에서 특성을 가진 항목을 모형화하는 이산형 분포이다. 〈표 1-25〉와 같이 표본항목의 가능한 결과가 2개(사건 또는 비사건)일 때 표본의 사건을 모집단의 사건을 통해 추정해내는 것이다.

〈표 1-25〉 이항분포와 품질관리

Purpose	• 이항분포와 유사한 면이 있으나 이항분포는 모집단의 크기가 무한대인 경우를 다루는 반면, 초기하분포는 모집단의 크기가 유한한 경우를 다룬다. • 초기하분포는 표본 크기가 모집단 크기에 비해 작은 경우에 유용하게 사용된다. • 초기하분포는 3가지 변수인 모집단 크기(N), 모집단 내 사건(K) 카운트 및 표본 크기(n)로 정의된 표본이 가지는 사건(k)이다. ㉑ 레이블 500개(N)가 배송이 왔다. 레이블의 2[%]가 불량이라고 가정한다. 모집단의 사건 카운트는 10(K=0.02 × 500)이다. • 레이블 40개(n)를 표본으로 추출하여 표본 내에 불량 레이블이 3개 이상일 확률(P)을 구하려고 한다. 표본에서 불량 레이블이 3개 이상일 확률은 0.0384이다. 이항분포에서 N이 시료의 크기 n에 비해 상대적으로 적은 경우($\frac{N}{n} \leq 10$)또는 데이터의 비복원 추출에서 사용한다($N \leq 50$). [참고] [P(X=k) = (K choose k) × (N-K choose n-k) / (N choose n)]
초기하분포 (Hypergeometric Distribution) 측정자료	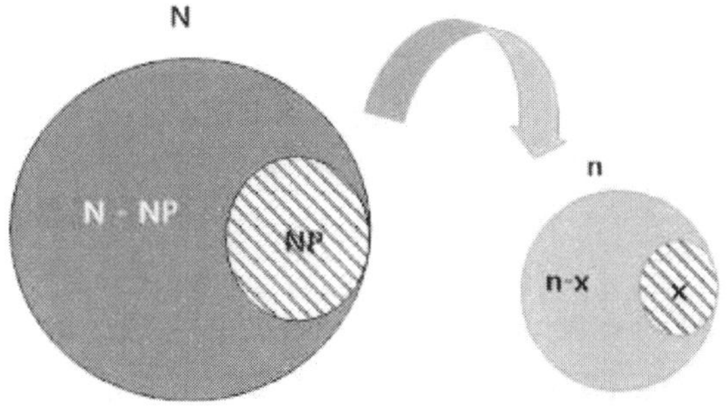
초기하분포 계산식	$P_r(x) = \frac{\binom{NP}{x}\binom{N(1-P)}{n-x}}{\binom{N}{n}}$

04 | 포아송분포(Possion Distribution)

람다(λ)라는 하나의 모수로 지정된다. 이 모수는 평균과 분산이 같다. 람다가 충분히 큰 값으로 증가하면 정규분포(λ, λ)가 포아송 분포를 근사시키기 위해 사용될 수 있다. 〈표 1-26〉과 같이 한정된 관측공간에서 사건이 발생하는 횟수를 설명하기 위해 사용한다.

㉮ 포아송분포는 비행기 기계 시스템의 결점 수나 콜 센터에 대한 시간당 통화 수이며, 품질관리, 신뢰성/생존 연구 및 보험에 포아송 분포가 자주 사용된다.

〈표 1-26〉 포아송분포

포아송분포	다음과 같은 조건을 충족하는 경우 변수가 포아송분포를 따른다. - 데이터는 사건횟수(상한이 없는 음수가 아닌 정수)이다. - 모든 사건은 독립적이다. - 해당 기간동안 평균비율은 변경되지 않다. - 다음 그래프는 람다가 서로 다른 포아송분포를 나타낸다.
포아송분포의 공식	• 단위시간, 단위공간, 단위면적에서 그 사건의 발생횟수를 측정하는 확률변수의 분포, 즉 부적합수, 부적합률, 사고건수 등의 계수치에 사용한다. • 포아송분포의 공식은 모집단으로부터의 사건개수인 x의 값을 구하는 것으로 부적합수(c)와 파라미터[m]을 이용하는 것과 같다. $P_r(x) = \frac{e^{-m} \times m^x}{x!}$ (단, m>0)

05 | 정규분포(Normal Distribution)

대표적인 연속확률분포로서 좌우대칭과 종형의 산포를 갖는 계량품질 특성값 x에 관심이 있는 경우에 사용한다. 평균 μ에 대해 좌우대칭(Symmetric)이며, 〈표 1-27〉과 같이 퍼진 정도가 표준편차(σ)인 종형(Bell-Shaped)의 모양을 갖는다. 따라서 이 분포는 μ와 σ값에 의해 특징이 나타나며, $x \sim N(\mu, \sigma^2)$로 표기한다.

㉮ 정규분포 그래프에서 대략 68[%]의 관측치가 평균으로부터 +/- 1 표준편차의 거리 내에 있고, 95[%]는 평균으로부터 +/- 2 표준 편차의 거리 내에 있으며(음영 영역으로 표시됨), 99.7[%]는 평균으로부터 +/- 3 표준 편차의 거리 내에 있다.

물리학, 생물학 및 사회적인 측정상황에서 자연스럽게 대략적인 정규성이 발생하기 때문에 정규분포는 가장 일반적인 통계분포이다. 많은 통계분석의 경우 데이터가 대략적으로 정규분포를 따르는 모집단에서 추출된다고 가정한다.

〈표 1-27〉 정규분포

<table>
<tr><td>정규분포
(종모양과 값을 가진다)</td><td>• 평균(μ)과 표준편차(σ)에 의해 지정되는 계량형 분포이다.
• 평균은 종모양 곡선의 정점 또는 중심이다.
• 표준편차는 분포의 산포정도를 나타낸다.
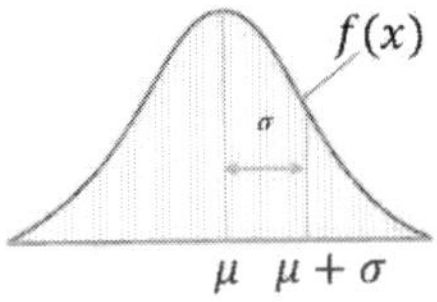

[정규분포의 형태]</td></tr>
<tr><td>정규분포의 특징
(정규분포의 그래프)</td><td>평균과 표준편차에 의해 특성치의 분포를 유추하는 정규분포의 그래프는 일반적으로 종모양 성질을 가진다.
- 평균을 중심으로 좌우대칭인 종모양이다.
- 평균치(x), 중앙치($\tilde{x}$), 최빈수(M_0) 모두가 같다.
- 정규분포의 확률밀도함수곡선과 수평축 사이에 전체 면적은 1이다.
- $u_i \sim N(0,1^2)$을 표준정규분포라 한다.</td></tr>
</table>

제6장 샘플링 검사

생산품의 품질을 측정한 결과와 검사표준을 비교하여 합격・불합격의 판정을 내리는 것이다. 대상 제품의 모든 제품을 검사하는 것이 어려울 때 일부 제품을 무작위로 추출하여(로트) 그 일부를 〈표 1-28〉과 같이 검사하여 제품의 품질을 파악하는 방법이다.

〈표 1-28〉 전수검사와 샘플링 검사

<table>
<tr><td>전수검사와 샘플링 검사</td><td colspan="2">• 모든 제품은 하나하나 검사하여 그 품질이 완전히 보증되면 전수검사를 하는 것이 옳다고 하겠으나, 검사의 성질에 따라서 전수검사를 할 수 없는 경우 또는 전수검사가 경제적으로 불리한 경우에는 샘플링검사를 적용한다.
• 샘플링검사는 하나하나 제품의 품질을 보증할 수 없으나, 어떤 활률로 로트 마다의 품질을 보증할 수가 있고, 또 검사의 수고와 시간의 절약 등 경제적으로 유리한 경우가 많다.</td></tr>
<tr><td rowspan="3">샘플링 검사가 필요한 경우</td><td>전수검사가 불가능한 경우</td><td>㉮ 파괴검사</td></tr>
<tr><td>기술적으로 개별검사가 무의미한 경우</td><td>㉮ 금형으로 가공된 물품</td></tr>
<tr><td>연속체나 대량품의 경우</td><td>㉮ 전선, 가솔린, 면사, 약품, 석탄 등</td></tr>
</table>

01 | 샘플링 검사

KS기준 물품을 어떤 방법으로 측정한 결과를 판정기준과 비교하여 개개 물품에 양호, 불량 또는 로트의 합격, 불합격의 판정을 〈표 1-29〉와 같이 내리는 것이다.

〈표 1-29〉 샘플링(Sampling) 검사(Inspection)

<table>
<tr><td>Purpose of Inspection
(검사의 목적은 크게 9가지)</td><td colspan="2">• 적합품 · 부적합품을 구별하기 위하여
• 좋은 로트와 나쁜 로트의 구별
• 양호품과 불량품의 구별
• 공정의 변화 여부를 판단
• 공정이 규격한계에 가까워졌는지를 판단
• 제품의 결점의 정도를 평가
• 검사원의 정확도를 평가
• 측정기기의 정밀도를 측정
• 제품설계에 필요한 정보의 획득</td></tr>
<tr><td rowspan="5">공정능력의 측정</td><td colspan="2">• 다양한 분야에서 다양한 목적을 가지고 검사가 시행되는 만큼 검사의 종류 또한 굉장히 다양하다.</td></tr>
<tr><td>검사가 행해지는 공정(목적)에 의한 분류</td><td>• 수입(구입)검사
• 공정(중간)검사
• 최종(완성)검사
• 출하검사</td></tr>
<tr><td>검사가 행해지는 장소에 의한분류</td><td>• 정위치검사
• 순회검사
• 출장(외주)검사</td></tr>
<tr><td>검사의 성질에 의한 분류</td><td>• 파괴검사
• 비파괴검사
• 관능검사</td></tr>
<tr><td>검사방법(판정대상)에 의한 분류</td><td>• 전수검사
• 무검사
• 로트별 샘플링 검사
• 관리 샘플링 검사(체크 검사)
• 자주검사</td></tr>
</table>

<table>
<tr><td></td><td><table><tr><td>검사항목에 의한 분류</td><td>• 전수검사
• 중량검사
• 치수검사
• 외관검사
• 성능검사</td></tr></table></td></tr>
<tr><td>검사물품</td><td>• 어떤 물품을 검사할 것인가를 결정한다.
• 검사의 경제성 문제를 고려해서 그대로 검사를 할 것인지 아니면 무검사로 할 것인지도 결정해야 한다.

- 검사 비용 a와 검사를 하지 않음으로써 입게 되는 손해 b를 비교했을 때
- a 〉 b 이면 검사를 안한다.
- b 〉 a 이면 검사를 한다.</td></tr>
<tr><td>검사항목</td><td>• 제품에는 계량적 품질특성이 문제가 있는 경우와 계수적 품질특성이 문제가 있는 경우가 있는데, 이들 품질특성 중에서 어떤 특성을 검사할 것인가를 결정하지 않으면 안된다.
• 기술, 제조, 검사의 3개 부문이 충분히 상의하고 협의하여 검사항목을 결정해야 한다.
• 출하검사의 경우에는 판매부품의 의견을 충분히 참작해서 검사항목을 결재해야 한다.</td></tr>
<tr><td>검사방식</td><td>전수검사를 적용할 것인지 샘플링검사를 적용할 것인지를 결정하고, 샘플링 검사를 적용할 경우에는 규준형, 조정형, 선별형, 연속생산형 중 어떤 형태를 적용할 것인가를 결정해야 한다.</td></tr>
<tr><td>검사시기와 장소</td><td>• 언제 어느 곳에서 검사를 할 것인가를 결정한다.
• 불량품의 발생을 미연에 방지하기 위해 검사는 공정의 초기 쪽에서 하는 편이 좋다.</td></tr>
</table>

02 | 샘플링 검사의 개념

로트의 샘플을 추출하여 측정한 결과를 로트의 합격 판정기준과 비교하여 〈표 1-30〉과 같이 로트의 합격/불합격을 판정하는 검사이다. 로트의 크기와 시료의 크기와의 관계, 시료의 샘플링 방법, 판정기준 등은 경제성을 고려하여 통계적 방법에 의하여 결정한다.

〈표 1-30〉 샘플링 검사(Inspection)

<table>
<tr><td>Standard of Sampling</td><td>KS Q ISO 2859-1을 통해서 국제적인 표준이 존재하고 로트별로 시료를 샘플링하고, 샘플링한 물품을 조사하여 로트의 합격 · 불합격을 결정하는 검사이다.</td></tr>
<tr><td>전수검사와 샘플링 검사의 비교</td><td>전수검사와 샘플링 검사의 가장 중요한 차이는 비용과 시간 그리고 정확성에서 차이가 나는데, 비교표를 보고 전수검사와 샘플링 검사의 장점과 단점을 파악하고 목적을 알아보자
<table>
<tr><th>전수검사</th><th>샘플링 검사</th></tr>
<tr><td>- 부적합품이 1개라도 혼입되면 경제적으로 큰 영향을 미치는 경우
- 안전에 중대한 영향을 미치는 경우
- 검사비용에 비해 얻는 효과가 큰 경우
- 귀금속과 같은 고가품의 경우</td><td>- 파괴검사인 경우
- 검사항목이 많은 경우
- 다수・다량의 것으로 어느 정도 부적합품의 혼입이 허용되는 경우
- 생산자에게 품질 향상의 자극을 주고 싶은 경우</td></tr>
</table></td></tr>
<tr><td>샘플링 검사의 분류</td><td>샘플링 검사 또한 다양한 종류가 존재하며, 대표적으로 계수 샘플링과 계량 샘플링으로 나뉜다.
<table>
<tr><th>구분 / 내용</th><th>계수 샘플링 검사</th><th>계량 샘플링 검사</th></tr>
<tr><td>검사방법</td><td>- 숙련을 요하지 않는다.
- 검사 소요 시간이 짧다.
- 검사설비가 간단하다.
- 검사기록이 간단하다.</td><td>- 숙련을 요한다.
- 검사 소요 시간이 길다.
- 검사설비가 복잡하다.
- 검사기록이 복잡하다.</td></tr>
</table></td></tr>
</table>

구분 내용	계수 샘플링 검사	계량 샘플링 검사
검사기록의 이용	검사기록이 다른 목적에 이용되는 정도 가 낮다.	검사기록이 다른 목적에 이용 되는 정도가 높다.
적용이 유리한 경우	- 검사비용이 적은 경우 - 검사의 시간, 설비, 인원이 많이 필요 없는 경우	- 검사비용이 많은 경우 - 검사의 시간, 설비, 인원이 많이 필요한 경우

샘플링 검사의 용어정리

샘플링 검사 관련 용어는 오차, 신뢰도(성), 정(밀)도, 치우침(정확도) 등 어떠한 부분을 파악하는지, 중요한 요소이다.

용어	설명
오차(Error)	모집단의 참값(μ)과 시료의 측정치(x_i)와의 차, 즉 (x_i,$-\mu$)로 정의된다.
신뢰도(성) (Reliability)	시료에서 측정한 데이터로서 모집단을 추정하는데, 이 데이터를 얼마나 신뢰할 수 있는가를 표현한 값이다.
정(밀)도 (Precision)	동일시료를 무한히 측정하면 어떤 산포를 갖게 되는데 이 산포의 크기이다.
치우침(정확도) (Accuracy)	동일시료를 무한히 측정할 때 얻는 데이터 분포의 평균치와 모집단의 참값과의 차이다($\bar{x}-\mu$).

샘플링 검사의 종류

층별 샘플링 (Stratified Sampling)	모집단을 몇 개의 층($M \neq m$)으로 나누어서 각 층으로부터 각각 랜덤하게 시료(n)를 뽑는 방법이다.	㉮ 부품이 30(N')개씩 든 상자, 20($M=m$)상자가 로트로 구성되어 있는 로트의 각 상자에서 랜덤하게 20개(n)씩 뽑는다.
집락(취락) 샘플링 (Cluster Sampling)	모집단을 몇 개의 층($M \neq m$)으로 나누어 그 층 중에서 몇 개의 층(m)을 랜덤샘플링 하여 그 취한 층 안을 모두 조사하는 방법이다.	㉮ 부품이 30(N')개씩 든 상자, 20(M)상자가 로트로 구성되어 있다. 20개(M)의 상자 중 2개(m)의 상자를 랜덤하게 샘플링한 후, 각 상자의 부품을 전부 검사한다.

	2단계 샘플링 (Two Stage Sampling)	모집단을 몇 개의 층 ($M > m$)으로 나누어 그 층 중에서 몇 개의 층(m)을 랜덤샘플링 하고, 그 층(m)에서 n개를 뽑아 조사하는 방법이다.	㉵ 부품이 30(N')개씩 든 상자, 20(M)상자가 로트로 구성되어 있다. 20개(M)의 각자로부터 우선 10개(m)의 상자를 랜덤하게 취하고, 그 취해진 각 상자로부터 랜덤하게 20개(n)씩 뽑는다.
샘플링 검사의 종류와 분류	• 검사가 행해지는 공정에 의한 분류 • 검사가 행해지는 장소에 의한 분류 • 검사의 성질에 의한 분류 • 판정대상에 의한 분류 • 검사항목에 의한 분류		

03 | 샘플링 검사의 분류

샘플링 검사는 대표적으로 〈표 1-31〉과 같이 계수와 계량에 따라 분류된 샘플링이 가장 일반적으로 보편화 되어 사용되고 있다.

〈표 1-31〉 샘플링 검사의 분류

계수 · 계량 규준형 샘플링 검사 (KS Q 0001)	원칙적으로 목전의 로트 자체의 합격 · 불합격을 결정하는 것으로 생산하는 쪽에 대한 보호와 구매하는 쪽에 대한 보호의 두 가지를 규정해서 생산하는 쪽의 요구와 구매하는 쪽의 요구를 모두 만족하도록 하고 있다.	
	계수규준형 샘플링 검사	• 로트에서 샘플링한 시료를 분석한 후 부적합품의 수가 합격판정개수(c) 이하이면 로트를 합격, 초과하면 불합격으로 처리한다. • 특징 - 1회만의 거래시에 좋다.

		- 로트에 관한 사전정보를 필요로 하지 않는다. - 파괴검사와 같은 전수검사가 불가능할 때 사용한다. - 생산자와 구매자 양쪽이 만족하도록 설계되어 있다.
	계량규준형 샘플링 검사	로트에서 샘플링한 시료특성치의 평균치 $\overline{x}$를 기지의 표준편차로서 계산한 합격판정치 $\overline{X_U}$ 또는 $\overline{X_L}$과 비교하여 로트의 합격 · 불합격을 판정하는 것이다.
계수값 합부판정 샘플링 검사(KS Q ISO 28590)		연속의 로트로 제출된 제품의 검사인 AQL지표형 샘플링 검사(KS Q ISO 28590), 지정된 AQL보다 품질이 우수한 로트인 경우 검사개수를 줄이는 방법인 스킵로트 샘플링 검사(KS Q ISO 2859-3), 고립로트의 검사인 LQ지표형 샘플링 검사(KS Q ISO 2859-2)가 있다.
	AQL지표형 샘플링 검사 (KS Q ISO 2859-1)	• 공급자가 제출하는 로트 자체의 품질보다 프로세스 품질에 관심이 있는 경우에 적용하는 샘플링 검사방식으로 제출되는 로트가 연속로트인 경우 구입자 측에서 합격으로 할 최소한 로트의 품질(AQL)을 정하고, 이 수준보다 좋은 품질의 로트를 제출 한 것이 다 합격$(1-\alpha)$시킬 것을 공급하는 쪽에 보증한다. • 샘플링 검사 : 검사의 엄격도 즉, 까다로운 검사, 보통검사, 수월한 검사가 존재한다.
	LQ지표형 샘플링 검사 (KS QISO2859-2)	합격시키고 싶지 않은 로트의 품질수준인 LQ에 따른 계수값 합부판정 샘플링 검사의 샘플링 방식 및 샘플링 검사 절차에 대하여 규정 한다.
	스킵로트 (Skip-Lot) 샘플링 검사 (KS ISO2859-3)	공급자가 모든 면에서 그 품질을 효과적으로 관리하는 능력이 있는 것을 실증하고, 요구조건에 합치하는 로트를 계속적으로 생산하는 연속로트에 적용할 수 있다.

<table>
<tr><td rowspan="2">계수 샘플링 검사와 계량 샘플링 검사</td><td colspan="2">검사방식에 따른 분류</td><td>• 규준형
• 조정형
• 선별형
• 연속생간형</td></tr>
<tr><td colspan="2">검사형식에 따른 분류</td><td>• 1회 검사
• 2회 검사
• 다회 검사</td></tr>
<tr><td rowspan="15">계수값 축차 샘플링 검사 (KS Q ISO 8422)</td><td colspan="3">• 모집단을 여러 개의 집단으로 나누고, 각 집단에서 일정한 비율로 표본을 추출하는 방법이다.
• 이 방법은 모집단의 구조나 분포에 따라서 대표성을 갖는 표본을 얻을 수 있지만, 집단을 나누는 기준이 모호하거나, 집단 간 차이가 큰 경우에는 대표성을 갖지 못할 수 있다.</td></tr>
<tr><td rowspan="4">검사의 종류</td><td>방법에 의한 분류</td><td>• 전수검사
• 샘플링 검사</td></tr>
<tr><td>장소에 의한 분류</td><td>• 현장검사
• 순회검사</td></tr>
<tr><td>공정에 의한 분류</td><td>• 수입검사
• 공정검사
• 최종검사
• 출하검사</td></tr>
<tr><td>검사성질에 의한 분류</td><td>• 파괴검사
• 비파괴검사</td></tr>
<tr><td rowspan="10">전수검사와 샘플링 검사</td><td rowspan="6">전수검사</td><td>• 검사항목이 적고 간단히 검사할 수 있을 때</td></tr>
<tr><td>• 전체 검사를 쉽게 할 수 있을 때</td></tr>
<tr><td>• 로트의 크기가 작을 때</td></tr>
<tr><td>• 불량품이 조금이라도 있으면 안 될 때</td></tr>
<tr><td>• 검사비용이 많이 소요</td></tr>
<tr><td>• 치명적인 결함을 포함하고 있을 때</td></tr>
<tr><td rowspan="4">샘플링 검사</td><td>• 로트의 크기가 클 때(다량품)</td></tr>
<tr><td>• 검사항목이 많을 때</td></tr>
<tr><td>• 검사비용이 저렴</td></tr>
<tr><td>• 생산자의 품질향상에 자극의 정도가 클 때</td></tr>
</table>

04 | OC 곡선

샘플링 검사에서의 OC(Operating Characteristic, 검사특성 곡선) 곡선은 부적합품률 또는 특성치(평균치)의 값에 따라 로트 자체가 얼마나 합격이 될 것인가를 예측하는 그래프이다. 즉 로트의 부적합품률 p[%](계수치), 특성치 m(계량치)를 가로축에, 로트가 합격하는 확률 $L(p)$(계수치), $L(m)$(계량치)를 세로축에 잡아 양자의 관계를 〈표 1-32〉와 같이 나타낸 그래프이다.

〈표 1-32〉 OC 곡선(Operation Characteristic Curve)

<table>
<tr><td rowspan="3">OC
(Operating
Characteristic,
검사특성)
곡선의 성질</td><td colspan="2">• 보통 곡선으로 나타내며 제품의 적합품률과 부적합품률의 관계이다.
• 1개의 샘플방식에 의해서 반드시 하나의 곡선으로 나타나며, 임의의 품질을 갖는 로트가 합격, 불합격의 판단이 되는 확률을 OC 곡선에 의해서 알 수 있다.
• A, B형의 2가지 유형이 있다. [p0 = a, p1 = b]</td></tr>
<tr><td>생산자
위험</td><td>부적합품률이 낮고 좋은 로트가 샘플링의 우연성으로 인하여 불합격될 수 있다.</td></tr>
<tr><td>소비자
위험</td><td>부적합품률이 높은 좋지 못한 로트가 샘플링의 우연성으로 인하여 합격이 될 수 있다</td></tr>
<tr><td>샘플링 검사</td><td colspan="2">• 샘플링 검사의 오차로 인한 양질의 물품에 대한 불합격으로 인한 생산자 위험의 위험도와 불량의 물품에 대한 합격으로 인한 소비자의 위험도를 나타내는 곡선을 통계적으로 확인하여 가파른 보통 곡선의 합의점을 찾아야 한다.
• 샘플수가 많아지고 허용 불량개수가 적어짐에 따라 가파른 OC 곡선을 얻을 수 있다.
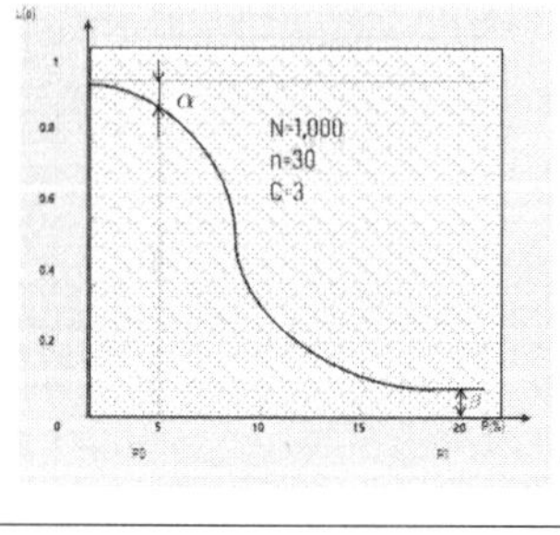
P_0 : 가급적 합격시키고 싶은 로트 부적합품률의 상한
P_1 : 가급적 불합격시키고 싶은 로트 부적합품률의 하한
α : 좋은 로트가 합격될 확률
β : 나쁜 로트가 합격될 확률</td></tr>
</table>

<table>
<tr><td rowspan="5">OC 곡선 상황에 따른 해석</td><td colspan="2">• OC곡선 상황에 따른 해석은 N이 변하는 경우(c, n 일정)
• % 샘플링 검사 ($\frac{c/n}{N}$ =일정)
• n이 증가하는 경우(N, c 일정)
• c가 증가하는 경우(N, n 일정) 등이다.</td></tr>
<tr><td>N이 변하는 경우
(c, n 일정)
로트크기(N)의
변화(n, c 일정))</td><td>• OC곡선에 큰 영향을 미치지 않는다.
• N이 클 때는 N의 크기가 작을 때보다 다소 시료의 크기를 크게 해서 좋은 로트가 불합격되는 위험을 적게 하는 편이 경제적인 경우가 많다.
• N이 커질수록 소비자 위험과 생산자 위험은 증가한다.</td></tr>
<tr><td>% 샘플링 검사
($\frac{c/n}{N}$ =일정)</td><td>• 부적절한 샘플링 검사 방법이다.
• 좋은 로트 또는 나쁜 로트의 합격률에 영향을 많이 준다.
• 품질보증의 정도가 달라지므로 일정한 품질을 보증하기가 곤란하다.</td></tr>
<tr><td>n이 증가하는
경우(N, c 일정)
[샘플크기(n)의
변화(N, c 일정)]</td><td>• OC곡선의 기울기가 급해진다.
• 생산자 위험(α)은 커지고 소비자 위험(β)은 감소한다.
• n이 커질수록 소비자 위험은 감소하며, 생산자 위험은 증가한다.</td></tr>
<tr><td>c가 증가하는
경우(N, n 일정)
[허용불량개수(c)의
변화(N, n 일정)]</td><td>• OC곡선의 기울기가 완만해진다.
• α는 감소하고 β는 증가한다.
• c가 커질수록 소비자 위험은 증가하며, 생산자 위험은 감소한다.</td></tr>
</table>

제7장 관리도

생산과정에서 생산 및 제조되는 부품, 재료 등의 불량을 사전에 예방하기 위한 통계적인 방법으로 목표가 되는 품질을 정하고 제조공정을 표준화하여도 제조된 제품의 품질에는 반드시 산포가 생기기 마련이다. 관리도(Control Chart)는 품질관리에서 사용되는 통계적인 도구 중 하나로, 제조공정에서 생산되는 제품의 품질 특성값을 추적하여 그래프로 〈표 1-33〉과 같이 나타낸다.

〈표 1-33〉 관리도의 개념

관리도 활용	품질의 산포(변동)가 우연 원인에 의한 것인지 또는 이상 원인에 의한 것인지를 판별하고, 공정이 안정상태(또는 관리상태)에 있는지의 여부를 판별하며 공정을 안정상태로 유지함으로써 제품의 품질을 균일화하기 위한 수법이다.
일반적인 관리도	• 공정의 평균치와 변동성을 추적하며, 이를 통해 품질 특성이 어떻게 변화하고 있는지를 모니터링한다. • 제조 공정에서 발생하는 품질이슈를 신속하게 파악하고, 개선할 수 있는 방향을 찾을 수 있다.
관리도	• 품질특성이 정규분포를 따른다는 가정 하에 사용된다. • 그래프를 통해 평균치와 표준편차를 계산하고, 이를 기준으로 제조 공정에서 발생하는 변동성의 범위를 설정한다. • 설정된 범위를 초과하는 경우에는 해당 제품의 품질문제가 발생할 가능성이 높은 문제를 신속하게 파악하여 조치를 취함으로써 제품의 품질을 개선할 수 있다.
관리도를 통해 생산한 그래프	• 제조공정에서 발생하는 품질 특성의 산포도를 시각화하여 보여준다. • 공정에서 발생하는 변동성의 크기와 양을 파악할 수 있으며, 이를 개선하는 방향을 찾을 수 있는 방법을 통해 공정에서 발생하는 불량률을 줄이고, 고품질의 제품을 생산할 수 있다.

01 | 관리도의 종류

제조공정에서 발생하는 변동성의 크기와 양을 시각적으로 보여주어 〈표 1-34〉와 같이 제품의 품질에 대한 정보를 제공한다.

〈표 1-34〉 계수값 축차 샘플링 검사(KS Q ISO 8422)

<table>
<tr><td rowspan="5">관리도의 종류</td><td rowspan="3">수치표현에 따른 관리도의 분류</td><td>계량치 관리도</td><td>수치화된 값으로 측정할 수 있는 공정의 품질 특성치에 대한 관리도</td></tr>
<tr><td>계수값 관리도</td><td>공정의 품질 특성치가 불량 발생 횟수, 불량률, 불합격률과 같이 계수화된 값으로 나타내는 경우에 사용되는 관리도</td></tr>
<tr><td>특수 관리도</td><td>통계적 공정관리의 일종으로, 공정의 안정성과 일관성을 평가하고 개선하기 위한 관리도 또한 목적에 따른 관리도의 종류 또한 존재</td></tr>
<tr><td rowspan="2">목적에 따른 관리도의 분류</td><td>해석용 관리도</td><td>공정의 상태가 관리상태에 있는지 아니면 공정에 이상원인이 존재 하는지에 대한 조사하기 위해 사용되는 관리도</td></tr>
<tr><td>관리용 관리도</td><td>고정을 관리상태로 유지하기 위해서 공정의 이상원인을 찾아내서 그 원인을 제거하고 조치를 취하기 위해 사용되는 관리도</td></tr>
<tr><td rowspan="3">품질변동 원인의 종류</td><td>변동원인</td><td colspan="2">발생이유</td></tr>
<tr><td>우연원인
(Chance Causes)</td><td colspan="2">• 생산조건이 엄격하게 관리된 상태에서도 발생하는 어느 정도의 불가피한 변동을 주는 원인이다(확률적으로 나타난다).
• 숙련도 차이, 작업환경의 차이, 식별되지 않을 정도의 원자재 및 생산설비등 제반 특성의 차이 등이다.
• 불가피원인 또는 만성적 원인이라고도 한다.</td></tr>
<tr><td>이상원인
(Assignable Causes)</td><td colspan="2">• 작업자의 부주의, 불량자재의 사용, 생산 설비상의 이상으로 발생하는 원인으로 사전예방으로 충분히 제거가 가능한 원인이다(비확률적으로 나타난다).
• 이상원인에 의한 변동은 산발적이며, 그 변동 폭이 크고 그 요인이 무엇인지 밝혀낼 수 있다.
• 불가피원인, 우발적 원인, 보아 넘기기 어려운 원인이라고도 한다.</td></tr>
</table>

<table>
<tr>
<td rowspan="2">관리도의
3σ법</td>
<td>관
리
한
계
선</td>
<td>

• 우연원인에 의한 변동과 이상원인에 의한 변동을 합리적으로 구별하기 위한 한계로선 중심선(Center Line : C_L)의 상하에 긋는다.
• 위에 긋는 선을 관리상한선(Upper Control Limit : U_{CL})이라고 한다.
• 밑에 긋는 선을 관리하한선(Lower Control Limit : L_{CL})이라고 한다.
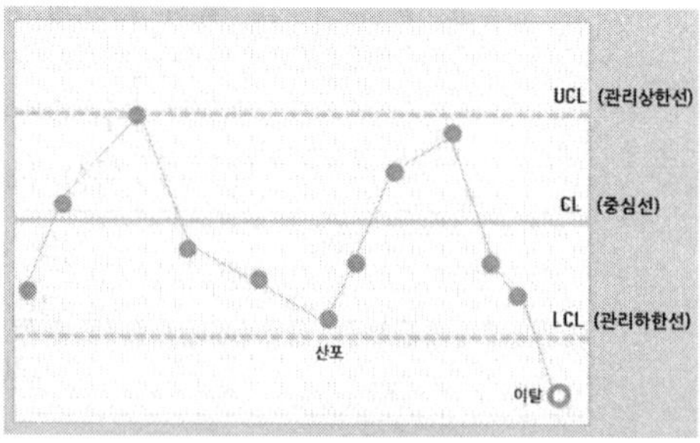

</td>
</tr>
<tr>
<td>관
리
도</td>
<td>

• $C_L \pm 2\sigma$를 경고선(Warning Limit)이라 한다.
• $C_L \pm 3\sigma$를 조치선(Action Limit)이라 한다.
• 시료에서 얻어진 데이터가 평균치를 중심으로 $\pm 3\sigma$ 안에 포함될 확률은 정규분포에서 평균을 중심으로 해서 표준편차의 3배까지와 같은 99.73[%]가 되므로, 만약 공정의 산포가 우연 원인으로만 존재한다면 관리도의 3σ법을 벗어날 확률은 0.27[%]밖에 되지 않게 된다.

</td>
</tr>
<tr>
<td>관리도의
작성순서</td>
<td colspan="2">

• 관리하려는 제품이나 종류를 선정한다.
• 관리하여야 할 항목을 선정한다.
• 관리도를 선정한다.
• 시료를 채취하고 측정하여 관리도를 작성한다.

</td>
</tr>
<tr>
<td>관리도의
종류</td>
<td colspan="2">

• 계량형 관리도(데이터의 길이, 무게, 강도, 등)
• 계수형 관리도(결점 수, 불량률 등)
• 실제로는 이보다 훨씬 많은 관리도의 종류가 있는데 많은 대기업에서 계량형 관리도, 계수형 관리도를 활용하고 있다.

<table>
<tr><th>계량치 관리도</th><th>계수치 관리도</th></tr>
<tr>
<td>• $\bar{x}-R$(평균치와 범위) 관리도
• $\bar{x}-s$(평균치와 표준편차) 관리도
• $\tilde{x}-R$(중앙치와 범위) 관리도
• $x-R_m$(개개의 측정치와 이동범위) 관리도</td>
<td>• np(부적합품수) 관리도
• p(부적합품률) 관리도
• c(부적합수) 관리도
• u(단위당 부적합수) 관리도</td>
</tr>
</table>

</td>
</tr>
</table>

02 | 계량값 관리도

길이, 무게, 시간, 강도, 등과 같이 데이터가 연속적인 계량치의 경우에 사용하는 관리도로 시료확보가 용이한 경우 사용하는 계량형 관리도의 대표적인 관리도이다.

$\bar{x}$ - R 관리도 이외에도 많은 관리도가 존재한다. 관리도를 활용하여 공정의 품질 특성치를 모니터링하고 분석하여 품질개선을 위한 조치를 함으로써 품질향상을 달성할 수 있다.

계량값 관리도는 공정에서 발생하는 품질 특성치의 변화를 추적하고 분석하여 공정 안정성과 일관성을 평가하는데 사용한다. 공정의 이상 원인을 파악하고 개선하기 위한 조치를 취할 수 있으며, 불량률과 불량품 수를 줄이고 생산성을 향상 시킬 수 있다.

1. 계량형 관리도($\bar{x} - R$ 관리도)

공정에서 생성되는 제품의 품질을 향상시키기 위해 사용되는 관리도 중 $\bar{x}$ - R 관리도의 관리 대상과 목적은 〈표 1-35〉와 같다.

〈표 1-35〉 계량형 관리도($\bar{x} - R$ 관리도)

관리대상	• 공정에서 품질특성이 길이, 무게, 시간, 강도, 성분 등과 같이 데이터가 연속적인 계량치의 경우에 사용되는 대표적인 관리도이다. • 완성축의 지름, 실의 인장강도, 아스피린 순도, 전구의 소비전력, 바이트의 소입온도 등의 계량치에 주로 사용된다. • 데이터의 수집은 군의 수(k) 20~25, 시료의 크기(n)는 4~5개를 사용하고, 군내에는 이질적인 데이터가 포함되지 않도록 한다.
관리한계선	• 관리도에서 관리범위와 영역을 확인하고, 시각적으로 확인하는데 필수적인 관리한계선은 공식으로 결정된다.

통계량	중심선	U_{CL}	L_{CL}
$\overline{x}$	$\overline{\overline{x}} = \dfrac{\sum \overline{x}}{k}$	$\overline{\overline{x}} + A_2\overline{R}$	$\overline{\overline{x}} - A_2\overline{R}$
R	$\overline{R}= \dfrac{\sum R}{k}$	$D_4\overline{R}$	$D_3\overline{R}$
참고 사항	$n \leq 6$ 일 때 D_3의 값은 음(-)의 값이므로 "L_{CL}은 고려하지 않는다."는 의미로 표기는 '-'로 한다.		

<table>
<tr><td rowspan="2">계량형
관리도 절차</td><td colspan="2">정규분포에 근거</td></tr>
<tr><td>절차</td><td>• 데이터 수집
• $\overline{x}$의 계산
• $R = X$최대치 $- X$최소치 R의 계산
• 관리도 용지에 점을 기입
• 관리선의 계산
• 관리선의 기입
• 관리상태의 판단</td></tr>
</table>

2. $\overline{x}$ - R_m 관리도

공정에서 생성되는 제품의 품질을 향상시키기 위해 사용되는 관리도 중 $\overline{x}$ - R_m 관리도의 관리대상과 목적은 〈표 1-36〉과 같다.

〈표 1-36〉 $\overline{x}$ - R_m 관리도

구분	내용
관리 대상	• 데이터를 군으로 나누지 않고 개개의 측정치를 그대로 사용하여 공정을 관리할 경우에 사용한다. • 1로트 또는 배치로부터 1개의 측정치밖에 얻을 수 없는 경우에 사용한다.
관리한계선	$\overline{x}$ - R_m의 관리한계선은 통계량들과 변수를 활용하고 공식을 적용하여 결정되어 사용된다.

통계량	중심선	U_{CL}	L_{CL}
개개의 값x	$\overline{\overline{x}} = \frac{\sum x}{k}$	$\overline{x} + 2.66\overline{R_m}$	$\overline{x} - 2.66\overline{R_m}$
이동범위 R_m	$\overline{R_m}$	$3.267\overline{R_m}$	-
참고사항	$\overline{R_m} = \frac{\sum R_{m_i}}{(k-1)}$ $R_{m_i} = \mid$ i번째 측정치-$(i+1)$ 번째 측정치 $n = 2$일 때 $E_2 = 2.66$, $D_4 = 3.267$, $D_3 =$ "-"		

03 | 계수값 관리도

공정에서 발생하는 불량 발생 횟수, 불량률, 불합격률 등과 같이 계수화된 값으로 품질 특성치를 표현하는 경우에 사용되는 관리도이다. 일반적으로 로트의 크기와 그에 따른 부적합의 총수량에 대하여 Centerline 및 상향과 하향 관리한계선(UCL, LCL)을 구하는 방식으로 공식을 적용하여 그래프로 모니터링하는 방식으로 활용되고 있다.

[참고] 활용

- 계수값 관리도를 활용하여 불량 발생 횟수나 불량률을 줄이는데 초점을 맞추면서 품질개선을 위한 다양한 방안을 모색할 수 있다. 또한 불량률과 불량품 수를 줄이고, 생산성을 향상시킬 수 있으며, 이로 인해 고객 만족도를 높이고, 경쟁력을 강화할 수 있다.
- 공정의 품질 특성치가 계수화된 값으로 표현되는 경우에는 계수값 관리도를 활용하여 품질향상을 위한 다양한 방안을 모색한다. 또한 이를 통해 불량률과 불량품 수를 줄이고, 생산성을 향상시키는데 기여할 수 있다

1. np 관리도

부적합품수(np)에 의해 관리할 때 사용하는 〈표 1-37〉과 같은 관리도이다.

〈표 1-37〉 np 관리도

<table>
<tr><td>관리
대상</td><td colspan="4">• 이항분포를 근거로 하여 공정의 부적합품수 np를 관리할 때 사용하므로 군의 크기 n은 반드시 일정하여야 한다.
• 전구의 부적합품수, 나사치수의 부적합품수 등의 관리에 이용된다.</td></tr>
<tr><td rowspan="4">관리
한계선</td><td colspan="4">• 차트는 생산된 제품 중 부적합한 제품의 개수를 모니터링하여 그 수가 안정적으로 유지되는지를 알 수 있다.
• p 차트는 생산된 제품 중 부적합한 제품의 비율을 모니터링 하여 그 비율이 안정적으로 유지되는지를 확인할 수 있는데 확인 및 판단에 근거가 되는 차트의 관리한계선을 구할 수 있다.</td></tr>
<tr><td>통계량</td><td>중심선</td><td>U_{CL}</td><td>L_{CL}</td></tr>
<tr><td>np</td><td>$n\bar{p}$</td><td>$n\bar{p}+3\sqrt{n\bar{p}(1-\bar{p})}$</td><td>$n\bar{p}+3\sqrt{n\bar{p}(1-\bar{p})}$</td></tr>
<tr><td>참고
사항</td><td colspan="3">$n\bar{p}=\dfrac{\sum np}{k}$, $\bar{p}=\dfrac{\sum np}{\sum n}=\dfrac{\sum np}{k\times n}$, L_{CL}이 음(-)인 경우, 고려하지 않음</td></tr>
<tr><td></td><td colspan="4">• pn관리도는 공정을 불량계수 pn에 의거하여 관리하고자 할 경우에 사용한다.
• 관리한계선을 구하는 방법만 다르고 나머지는 p관리도와 같다.
• 이항분포에 근거를 두고 있다.</td></tr>
<tr><td>작성
절차도</td><td colspan="4">• 데이터의 수집 : 불량률 p로 예측시 $n=\dfrac{1}{p}\sim\dfrac{5}{p}$
• 관리도 용지에 기입
• 관리선의 기입
• 관리상태의 판단</td></tr>
<tr><td>관리
한계선 식</td><td colspan="4">• $CL=\bar{p}n=\dfrac{\Sigma pn}{k}$, $UCL=\bar{p}n+3\sqrt{\bar{p}n(1-\bar{p})}$
• $LCL=\bar{p}n-3\sqrt{\bar{p}n(1-\bar{p})}$, $\bar{p}=\dfrac{\Sigma pn}{\Sigma n}=\dfrac{\Sigma pn}{kn}$
CL : 중심선</td></tr>
</table>

	UCL : 관리상한선 LCL :관리하한선 $\bar{p}$: 샘플의 평균 불량률

2. p 관리도(불량률 관리도)

P(p)관리도는 제조공정에서 발생하는 불량품의 비율을 모니터링하기 위한 통계적 관리방법이다. P는 'Proportion'의 약자로 〈표 1-38〉과 같이 불량품의 비율을 모니터링하기 위한 관리도이다.

〈표 1-38〉 p 관리도(불량률 관리도)

<table>
<tr><td>관리
대상</td><td>• 이항분포를 근거로 하여 공정의 부적합품률을 관리하는 것으로, n이 일정하지 않은 경우 관리한계선이 계단식으로 형성된다.
• 전구의 부적합품률, 나사치수의 부적합품률 등의 관리에 이용된다.</td></tr>
<tr><td>관리
한계선</td><td>• P 관리도를 사용하면 제시되는 한계선을 통해 제조공정에서 발생하는 불량품의 상태를 실시간으로 파악하고, 이를 통해 불량품의 발생원인을 분석하여 품질개선에 도움을 줄 수 있다.
<table>
<tr><td>통계량</td><td>중심선</td><td>U_{CL}</td><td>L_{CL}</td></tr>
<tr><td>p</td><td>$\bar{p}$</td><td>$\bar{p}+3\sqrt{\frac{\bar{p}(1-\bar{p})}{n}}$</td><td>$\bar{p}-3\sqrt{\frac{\bar{p}(1-\bar{p})}{n}}$</td></tr>
<tr><td>참고
사항</td><td colspan="3">$\bar{p}=\frac{\sum np}{\sum n}$, L_{CL}이 음(-)인 경우, 고려하지 않음</td></tr>
</table>

- $p=\frac{pn}{n}$ - p : 불량률 - pn : 불량개수 - n : 검사개수
• 보통 $p \le 0.15$이다.
• 이항분포에 근거를 둔다.</td></tr>
</table>

<table>
<tr><td></td><td>• 목적
- 불량률의 변화를 탐지하기 위해서 이다.
- 품질수준의 변화에 대한 보고서 작성을 위해서 이다.
- 샘플링 검사의 기준을 정하기 위해서 이다.
- $\bar{x}-R$ 관리도 적용을 정하기 위한 예비조사분석을 위해서 이다.
• 장점
- 백분율로서 이해가 쉽다.
- 중심선이 변하지 않고 관리한계선만 변한다.</td></tr>
<tr><td>관리 한계선 식</td><td>- $CL = \bar{p} = \frac{\Sigma pn}{\Sigma n}$
- $UCL = \bar{p} + 3\sqrt{\frac{\bar{p}(1-\bar{p})}{n}}$
- $LCL = \bar{p} - 3\sqrt{\frac{\bar{p}(1-\bar{p})}{n}}$
CL : 중심선
UCL : 관리상한선
LCL : 관리하한선
$\bar{p}$: 샘플의 평균 불량률</td></tr>
</table>

3. C 관리도(결점수 관리도)

일정 단위 중 나타나는 흠의 수, 부적합수를 취급할 때 사용하는 〈표 1-39〉와 같은 관리도이다.

〈표 1-39〉 C 관리도(결점수 관리도)

관리 대상	• 포아송 분포를 근거로 하여 공정의 일정 단위 중 부적합수를 관리하는데 사용한다. • 흠의 수, TV 또는 라디오의 납땜 부적합수 등을 관리하는데 사용한다. • 부적합수에 대해 n이 일정할 때 사용한다.

<table>
<tr><td>관리
한계선</td><td>

• UCL, LCL은 정수(整數)밖에 취할 수 없기 때문에 UCL은 이상의 최소의 정수, LCL은 이하의 최대 정수로 한다.

<table>
<tr><th>통계량</th><th>중심선</th><th>U_{CL}</th><th>L_{CL}</th></tr>
<tr><td>c</td><td>$\bar{c}$</td><td>$\bar{c}+3\sqrt{\bar{c}}$</td><td>$\bar{c}-3\sqrt{\bar{c}}$</td></tr>
<tr><td>참고사항</td><td colspan="3">L_{CL}이 음(-)인 경우, 고려하지 않음</td></tr>
</table>

• 포아송의 분포에 근거를 두고 있다.
• 검사하는 시료의 면적이나 길이 등이 일정한 경우에 사용한다.
• 평균 결점수 ≪ 총결점수
• 결점이 나타날 영역은 일정하다.
• 용도

- 공정관리
- 결점수에 대한 샘플링 검사과정

</td></tr>
<tr><td>관리
한계선 식</td><td>

$$CL = \bar{c} = \frac{\Sigma c}{k},\ UCL = \bar{c} + 3\sqrt{\bar{c}},\ LCL = \bar{u} - 3\sqrt{\bar{c}}$$

CL : 중심선
UCL : 관리상한선
LCL : 관리하한선

</td></tr>
</table>

4. u 관리도(단위당 결점수 관리도)

에나멜 선의 핀홀(Pin Hole)이나 길고 가는 판재의 흠 등의 결점을 관리할 때처럼 〈표 1-40〉과 같이 구조대상의 시료 길이나 면적이 일정하지 않은 경우에 사용하는 관리도이다.

〈표 1-40〉 u 관리도(단위당 결점수 관리도)

관리 대상	• 포아송분포를 근거로 하여 공정에서 n이 일정하지 않은 경우 부적합수를 관리하는데 사용하므로 관리한계선이 계단식으로 나타난다. • 단위당 직물의 얼룩, 에나멜동선의 핀홀 등과 같은 부적합수 등을 관리하는데 사용한다.

<table>
<tr><td>관리
한계선</td><td>• UCL과 LCL이 CL(중심선)을 중심으로 대칭적이고 관리한계선에 따른 통계량 공식(u)이다.
<table><tr><td>통계량</td><td>중심선</td><td>U_{CL}</td><td>L_{CL}</td></tr><tr><td>u</td><td>$\overline{u}$</td><td>$\overline{u}+3\sqrt{\frac{\overline{u}}{n}}$</td><td>$\overline{u}-3\sqrt{\frac{\overline{u}}{n}}$</td></tr><tr><td>참고
사항</td><td colspan="3">$\overline{u}=\frac{\sum c}{\sum n}$, L_{CL}이 음(-)인 경우, 고려하지 않음</td></tr></table>• 검사하는 시료의 면적이나 길이 등이 일정하지 않은 경우에 사용한다.</td></tr>
<tr><td>관리
한계선 식</td><td>$CL=\overline{u}=\frac{\Sigma c}{\Sigma n}$, $UCL=\overline{u}+3\sqrt{\frac{\overline{u}}{n}}$, $LCL=\overline{u}-3\sqrt{\frac{\overline{u}}{n}}$

c : 샘플 중의 결점수 n : 샘플의 크기
u : 단위당 결점수
$\overline{u}$: 여러 개 샘플의 단위당 평균 결점수
CL : 중심선 UCL : 관리상한선
LCL : 관리하한선</td></tr>
</table>

04 | 관리도의 판정 및 공정해석

중심선과 관리한계선을 구한 이유는 그래프를 통한 모니터링을 통해서 〈표 1-41〉과 같은 산포값을 발견하고 처리하기 위해서이다.

〈표 1-41〉 관리한계선에 따른 통계량 공식(u)

• 관리상태의 판정 기준 - 점이 관리한계선을 벗어나지 않는다. - 점의 배열이 아무런 습관성이 없다. - 연속 35점 중 관리한계선을 벗어나는 점이 1점 일 때 연속 100점 중 관리한계선을 벗어나는 점이 2점 일 때 : 원인을 규명하여 반드시 제거하는 조치를 취해야한다.

- 이상 상태의 판정 기준
  - 3σ 이탈점이 1점 이상이 나타난다.
  - 9점이 중심선에 대하여 같은 쪽에 있다.
  - 6점이 연속적으로 증가 또는 감소하고 있다.
  - 14점이 교대로 증가하고 있다.
  - 연속하는 3점 중 2점이 중심선 한쪽으로 2σ를 넘는 영역에 있다.
  - 연속하는 5점 중 4점이 중심선 한쪽으로 1σ를 넘는 영역에 있다.
  - 연속하는 15점이 $\pm 1\sigma$ 영역 내에 있다.
  - 연속하는 8점이 $\pm 1\sigma$ 한계를 넘는 영역에 있다.

1. 관리도의 상태 및 관리도

관리도의 상태 및 관리도의 상태판정은 〈표 1-42〉와 같이 판정한다.

〈표 1-42〉 관리도의 상태판정

구분	내용
관리도의 상태	• 안정상태 판정 : 관리도에 찍은 점이 거의 중심선 근처에 있을 때 • 안정상태가 아닌 경우 - 한 개의 점이라도 관리 한계를 벗어나는 경우 - 찍은 점이 중심선 한쪽에 많이 연속될 때
관리도의 상태판정	품질을 효과적으로 관리하기 위해 활용되고 있는 관리도는 쉽게 품질의 상태를 파악하고 조취하는데 효과적이지만 관리도를 보고 품질의 상태를 올바르게 조치를 하기 위해서는 올바른 관리도의 상태 파악 판정이 선행되어야 한다.

2. 관리도의 습관성

관리도의 습관성은 런(Run), 경향(Tendency, Trend), 주기성(Cycle, Period), 산포(Dispersion) 등으로 〈표 1-43〉과 같다.

〈표 1-43〉 관리도의 습관성

<table>
<tr><td>런(Run)</td><td>• 중심선의 한쪽으로 연속해서 나타난 점의 배열이다.
• 런의 길이는 그 중심선의 한쪽에 연속되는 점의 수(일반적으로 런의 길이가 7 이상은 이상이 있는 것으로 판단하고 그 원인을 파악해 볼 것)이다.
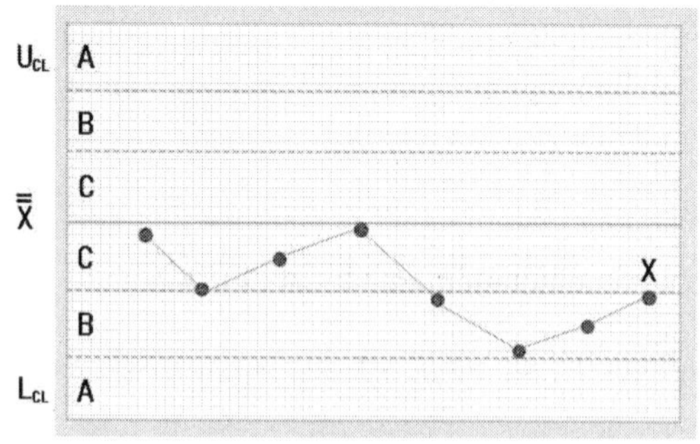

[관리도의 습관성]</td></tr>
<tr><td>경향(Tendency, Trend)</td><td>• 점이 점점 올라가거나, 내려가는 상태이다.
• 점이 연속적으로 상승 또는 하강을 하는 경우이며, 길이 6 이상이 나타나면 비관리 상태로 판정한다.
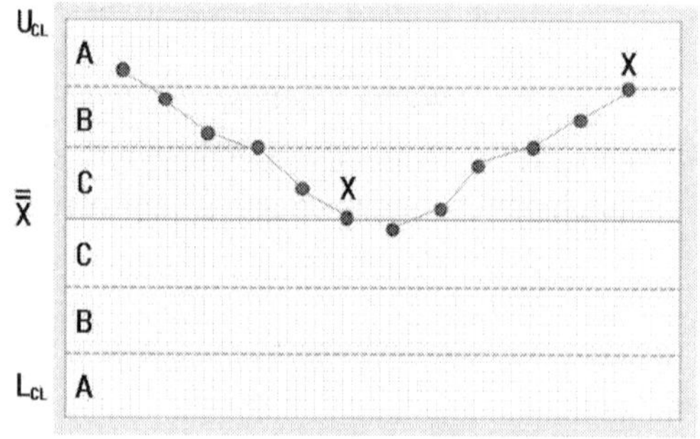

[관리도의 경향]</td></tr>
<tr><td>주기성(Cycle, Period)</td><td>점이 상하로 변동하여 주기적인 파형이 나타나는 경우이며, 연속 14점 이상이 교대로 증감한다면 비관리 상태로 판정한다.</td></tr>
</table>

<table>
<tr><td></td><td>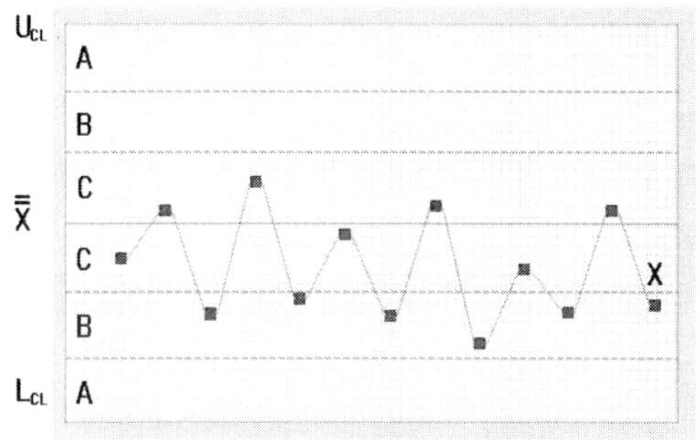

[관리도의 주기성]</td></tr>
<tr><td>산포
(Dispersion)</td><td>측정값의 크기가 고르지 않을 때이며, 표준편차를 이용하여 표시한다.

점이 중심선 한쪽에 치우쳐 나타날 때의 의미 : 중심선의 한쪽으로 많은 점이 나타날 때에도 공정이 관리상태에 있지 않다고 판단한다.</td></tr>
</table>

3. 관리도의 공정

관리도에서 공정이 관리상태에 있음을 점과 한계선의 관계와 흐름을 통해 알 수 있다. 대표적으로 관리상태를 파악하는 중요한 기준이 2가지가와 관리도를 사용하여 공정관리, 순서관리도 파악(관리상태의 판정기준)은 〈표 1-44〉와 같다.

〈표 1-44〉 관리상태 유무 판정기준

점이 관리 한계선을 벗어나지 않을것(공정관리 상태에 있다고 판단할 경우)	• 연속 25점 모두가 관리한계 안이다. • 연속 35점 중 관리 한계를 벗어나는 점이 1점 이내이다. • 연속 100점 중 관리 한계를 벗어나는 점이 2점 이내이다.
점이 배열에 아무런 습관성이 없을 것	• 런이 출현한다 : 7점 이상이면 이상, 5~6점이면 유의 • 경향이 있다. • 주기가 있다. • 중심선 한쪽에 잇다라 여러개 있다. • 점이 관리한계선 근처(2~3)에 있다.

	- 연속된 3점 중 2점 이상 - 연속된 7점 중 3점 이상 - 연속된 10점 중 4점 이상
관리도를 사용한 공정관리 순서	• 공정의 결정 • 공정에 대한 관리항목 결정 • 관리항목에 대한 시료채취 방법 • 관리도의 결정 • 관리도의 작성, 해석, 판정 • 필요한 조치 • 관리도 관리항목, 관리선 등 개정
관리도 파악 (관리상태의 판정기준)	• 점이 관리한계선을 벗어나지 않는다. • 점의 배열에 아무런 규칙이 없다. • 우연의 산포만이 존재한다.

제8장 기타 품질관리

01 | 품질관리의 기본도구

품질개선과 관리를 위해 사용되는 다양한 도구와 방법론이다. 〈표 1-45〉와 같이 도구들은 품질문제의 분석, 데이터 수집 및 분석, 문제해결, 품질향상 등의 다양한 작업에 활용되고 있다.

〈표 1-45〉 품질관리의 기본 도구

<table>
<tr><td>파레토 그림(Pareto Diagram)</td><td>가로축에는 부적합 항목, 세로축에는 부적합수 또는 손실 금액을 표시하는 그래프로서 항상 가장 많은 항목을 왼쪽부터 크기순으로 그리게 되며, 기타 항목은 크기에 상관없이 제일 오른쪽에 배치한다. 파레토도라고도 한다.
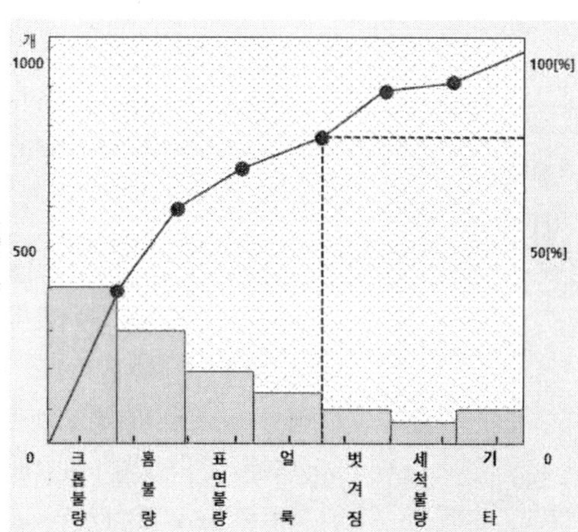
</td></tr>
<tr><td>파레토도의 특징</td><td>• 현재의 중요 문제점을 객관적으로 발견할 수 있다.
• 제일 많은 1~2개 부적합품 항목만 없애면 부적합품은 크게 감소한다.</td></tr>
</table>

<table>
<tr><td></td><td>• 도수분포의 응용수법으로 중요한 문제점을 찾아내는 것으로서 현장에서 널리 사용된다.</td></tr>
<tr><td>특성요인도
(Characteristic Diagram)</td><td>• Ishikawa 박사가 어떤 결과에 요인이 어떻게 관련되어 있는가를 잘 알 수 있도록 작성하고, 어떤 결과물(특성) 이 나온 원인(요인)들의 구성형태를 브레인스토밍법을 사용하여 원인과 특성을 찾을 수 있도록 표현한 것이다.
• 일반적 요인은 4M(Man, Machine, Material, Method)을 사용하고, 형태가 생선뼈 모양을 한다고 해서 어골도(魚骨圖, Fish-Bone Chart)라고도 한다.
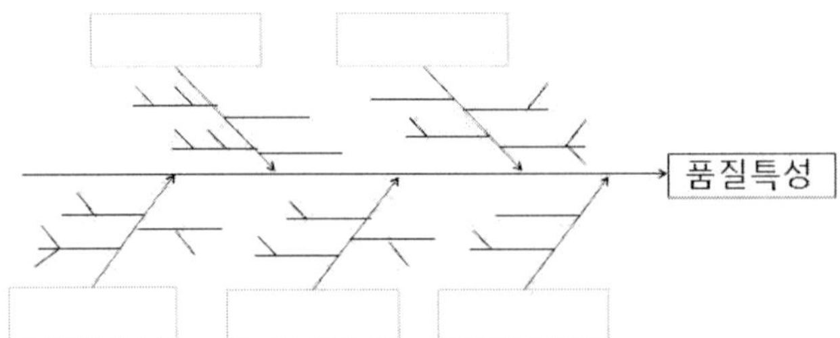
</td></tr>
<tr><td>히스토그램
(Histogram)</td><td>길이, 질량, 강도, 압력 등과 같은 계량치의 데이터가 어떤 분포를 하고 있는지를 알아보기 위하여 도수분포표를 작성하고, 이를 토대로 일종의 막대그래프 개념으로 보다 구체적인 형태로 나타낸 것이다.
<table>
<tr><td>작성목적</td><td>• 데이터의 분포 모양을 알고 싶을 때
• 원 데이터를 규격과 대조하고 싶을 때
• 데이터의 집단으로부터 정보수집을 하기 위하여
• 데이터의 평균과 표준편차를 파악하기 위하여
• 주어진 데이터와 규격을 비교하여 공정의 현황 파악을 하기 위하여
• 공정능력을 파악하기 위하여</td></tr>
<tr><td>히스토그램에서 사용되는 용어</td><td>• 최빈수(최빈값, M_0) : 도수분포표에서 도수가 최대인 곳의 대표치로 모드(Mode)이다.
• 비대칭도(왜도(歪度), τ_1) : 비대칭의 방향 및 정도를 나타낸다.
• 첨도(β_2) : 분포곡선에서 정점의 뾰족한 정도를 나타내는 측도이다.</td></tr>
</table></td></tr>
</table>

02 | 품질혁신 활동

제품 또는 서비스의 품질을 개선하기 위해 조직 내에서 수행되는 다양한 활동들이다. 〈표 1-46〉과 같이 활동들은 품질관리의 일환으로 이루어지며, 제품 불량률 감소, 고객 만족도 향상, 공정의 안정성 확보 등을 목표로 한다.

〈표 1-46〉 품질혁신 활동

<table>
<tr><td rowspan="4">6시그마</td><td colspan="2">• 공정의 품질을 향상시키기 위한 품질관리 및 개선 방법론이다.
• 주로 제조업뿐만 아니라 서비스 업계에서도 널리 사용되며, 고객 만족도 향상과 비용절감을 목표로 있다.
• 통계학적인 도구와 기법을 활용하여 공정의 문제를 분석하고, 데이터 기반으로 품질개선 프로젝트를 수행한다.
• DMAIC라는 프로세스를 따르는데, Define(정의), Measure(측정), Analyze(분석), Improve(개선), Control(통제)의 다섯 단계이다.</td></tr>
<tr><td>6시그마 경영</td><td>조직으로 하여금 자원의 낭비를 최소화하는 동시에 고객 만족을 최대화하는 방법이다.</td></tr>
<tr><td>6시그마 수준</td><td>공정의 중심에서 규격한계까지의 거리가 표준편차의 6배이다.</td></tr>
<tr><td>6시그마의 추진</td><td>최고경영자의 강력한 의지를 바탕으로 경영자가 주도적으로 추진하여야 하며, 명확한 방침과 고객만족을 위한 목표를 설정하고, 올바른 6시그마 기법의 적용과 이해를 바탕으로 실행단계에서 구체적인 CTQ(Critical To Quality)를 도출하게 된다.</td></tr>
<tr><td>브레인스토밍법 (Brainstorming)</td><td colspan="2">Alex Osborn이 고안한 방법은 회합 인원 6~12명으로 된 회합 멤버들이 자유분방하게 사고할 수 있는 분위기 속에서 그룹 토의방식으로 주어진 문제에 대한 해결책으로 스스로 아이디어를 만들거나 다른 구성원이 내놓은 아이디어로부터 새로운 아이디어를 만들어 내게 하며, 아이디어 창출과 아이디어 평가를 분리함으로써 문제에 대한 가능한 한 많은 해결책을 표출해 내는 기법이다.</td></tr>
</table>

브레인스토밍법의 4가지 법칙	Alex Osborn이 고안한 브레인스토밍을 위한 4가지의 기본 법칙 - '좋다', '나쁘다'라는 비판을 하지 않는다(비판금지). - 자유분방한 분위기 및 의견을 환영한다(자유분방). - 다량의 아이디어를 구한다(다량의 아이디어). - 다른 사람의 아이디어와 결합하여 개선, 편승, 비약을 추구한다(아이디어 편승).
Z.D (Zero Defect)	• 무결점 운동으로 1961년 미국의 항공회사인 Martin 社에서 로켓 생산의 무결점을 목표로 시작되어 1963년 G.E社가 전 부문을 대상으로 모든 업무를 무결점으로 하자는 운동으로 확대되었다. • Z.D운동은 종업원 각자의 노력과 연구에 의해서 작업의 결함을 제로(Zero)로 하여 고도의 제품 품질성, 보다 낮은 코스트, 납기 엄수에 의해서 고객의 만족을 높이기 위해 종업원에게 계속적으로 동기를 부여하는 운동이다.
품질관리 분임조	• 회사 전체의 품질관리 활동의 일환으로 전원 참여를 통하여 자기계발 및 상호 개발을 하고, QC수법을 활용하여 직장의 관리, 개선을 지속적으로 행하는 것이다. • 분임조의 기본이념 : 품질은 제품을 만드는 공정에서 관리하고 개선하는 것이다. 이를 위해 팀원들은 품질에 대한 책임을 공유하며, 품질을 실질적으로 개선하기 위해 협력해야 한다. - 인간성을 존중하고 활력있고 명랑한 직장을 만든다. - 인간의 능력을 발휘하여 무한한 가능성을 창출한다. - 기업의 체질개선과 발전에 기여한다.

제9장 예상 및 기출문제

01. 다음 중 대상의 고유 특성의 집합이 요구사항을 충족시키는 정도의 품질 관련 용어는? [기능장 03년]

① 품질 ② 경영
③ 방침 ④ 보증

풀이 품질(Quality)의 정의
㉠ 대상의 고유특성의 집합이 요구사항을 충족시키는 정도이다.
㉡ 어떤 실체가 지니고 있는 명시적이고 묵시적인 요구를 만족시키는 능력에 관계되는 특성의 전체이다.
㉢ 물품 또는 서비스가 사용 목적을 만족시키고 있는지의 여부를 결정하기 위한 평가의 대상이 되는 고유의 성질 또는 전체이다.

02. 다음 중 TQC(Total Quality Control)란? [기능장 04년]

① 시스템적 사고방법을 사용하지 않는 품질관리기법이다.
② 에프터 서비스를 통한 품질을 보증하는 방법이다.
③ 전사적인 품질정보의 교환으로 품질향상을 기도하는 기법이다.
④ QC부의 정보분석 결과를 생산부에 피드백하는 것이다.

풀이 TQC(Total Quality Control) : 소비자가 만족할 수 있는 품질의 제품을 가장 경제적으로 생산 또는 서비스할 수 있도록 사내 각 부문의 품질개발, 유지, 개선의 노력을 종합하기 위한 효과적인 품질 시스템이며, 전사적 품질관리도를 종합적 품질관리라 한다.

03. 다음 중 품질관리 시스템에 있어서 4M에 해당하지 않는 것은? [기능장 08년, 21년]

① Main ② Machine
③ Material ④ Money

정답 ‖ 1.① 2.③ 3.④

풀이 품질관리 시스템의 4M
㉠ 작업자(Man)
㉡ 기계설비(설비, Machine)
㉢ 원재료(재료, Material)
㉣ 작업방법(가공방법, Method)

04. 다음 중 관리 사이클의 순서를 가장 적절하게 표시한 것은? (단, A는 조치(Act), C는 체크(Check), D는 실시(Do), P는 계획(Plan)이다.) [기능장 07년, 12년, 19년, 20년]

① P → D → C → A ② A → D → C → P
③ P → A → C → D ④ P → C → A → D

풀이 관리사이클(PDCA 사이클)
계획(Plan) → 실행(Do) → 검토(Check) → 조처(Action)

05. 다음 중 품질관리 기능의 사이클을 표현한 것은? [기능장 09년, 21년]

① 품질개선 - 품질설계 - 품질보증 - 공정관리
② 품질설계 - 공정관리 - 품질보증 - 품질개선
③ 품질개선 - 품질보증 - 품질설계 - 공정관리
④ 품질설계 - 품질개선 - 공정관리 - 품질보증

풀이 품질관리 4대 기능(Deming 사이클)

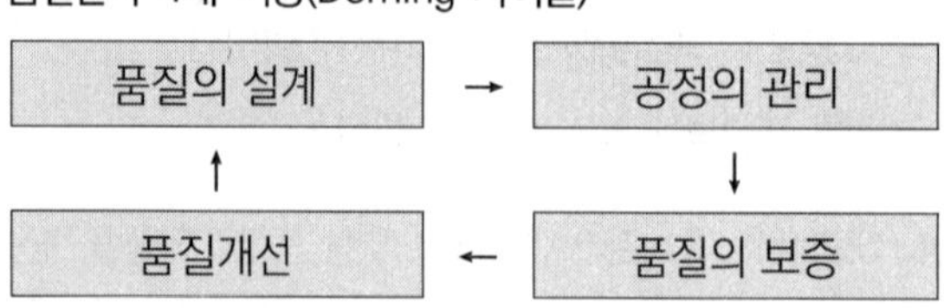

06. 다음 중 소비자가 요구하는 품질로 설계와 판매 정책에 반영되는 품질은? [기능장 12년, 21년]

① 시장품질 ② 설계품질
③ 제조품질 ④ 규격품질

정답 ‖ 4.① 5.② 6.①

풀이 요구품질(Requirement of Quality)

㉠ 소비자가 요구하는 설계와 판매정책에 반영되는 품질은 시장품질이다.

㉡ 시장조사, 클레임에서 시장품질이라고도 한다.

07. 다음 중 일반적으로 품질 코스트 가운데 가장 큰 비율을 차지하는 것은?

[기능장 08년, 16년, 18년]

① 평가 코스트 ② 실패 코스트

③ 예방 코스트 ④ 검사 코스트

풀이 품질 코스트 중에서 데이터 마다 약간의 [%] 가 차이가 있으나 가장 큰 비율을 차지(비용이 가장 많이 드는 것) 하는 코스트는 실패 코스트(Failure Cost : F-Cost)이다.

	종류	비율 [%]	
		A사	B사
품질 코스트	예방 코스트(Prevention Cost : P-Cost)	약 5	약 10
	평가 코스트(Appraisal Cost : A-Cost)	약 25	약 25
	실패 코스트(Failure Cost : F-Cost)	약 70	약 50

08. 다음 중 품질관리 활동의 초기 단계에서 가장 큰 비율로 들어가는 코스트는?

[기능장 03년, 08년]

① 평가 코스트 ② 실패 코스트

③ 예방 코스트 ④ 검사 코스트

풀이 품질 코스트 : 데이터 마다 약간의 [%]가 차이가 있다

㉠ 실패 코스트(Failure Cost : F-Cost)(약 50[%]) 정도이다.

㉡ 평가 코스트(Appraisal Cost : A-Cost)(약 25[%]) 정도이다.

㉢ 예방 코스트(Prevention Cost : P-Cost)(약 10[%]) 정도로 나누어진다.

㉣ 실패 코스트 비율이 가장 많이 차지한다.

정답 | 7.② 8.②

09. 다음 중 품질 코스트(Quality Cost)를 예방 코스트, 실패 코스트, 평가 코스트로 분류할 때 실패 코스트(Failure Cost)에 속하는 것이 아닌 것은? [기능장 11년]

① 시험 코스트 ② 불량대책 코스트
③ 재가공 코스트 ④ 설계변경 코스트

풀이 ㉠ 품질 코스트(Quality Cost) : 예방 코스트, 실패 코스트, 평가 코스트
㉡ 실패 코스트(Failure Cost) : 불량대책 코스트, 재가공 코스트, 설계변경 코스트
㉢ 시험 코스트 : 평가 코스트

10. 다음 중 실패 코스트에 해당하지 않는 것은? [기능장 11년, 19년]

① 실패 코스트는 일정 수준의 품질이 미달되어 야기되는 손실로 소요되는 비용이다.
② 실패 코스트는 내부실패 코스트와 외부실패 코스트가 있다.
③ 외부실패 코스트는 제품을 생산하여 판매를 한 후 발생하는 손실로서 반품, 클레임 등이 있다.
④ 수입검사, 공정검사, 완성검사 등 품질에 관한 시험을 평가하여 실패하는데 드는 비용이다.

풀이 **평가 코스트** : 수입검사, 공정검사, 완성검사 등 품질에 관한 시험을 평가하여 실패하는데 드는 비용이다.

11. 다음 중 사내표준을 작성할 때 갖추어야 할 요건이 아닌 것은? [기능장 09년, 19년]

① 내용이 구체적이고 주관적일 것
② 장기적 방침 및 체계하에서 추진할 것
③ 작업표준에는 수단 및 행동을 직접 제시할 것
④ 당사자에게 의견을 제시하는 기회를 부여하는 절차로 정할 것

풀이 사내표준화의 요건
㉠ 기록내용이 구체적이고 객관적일 것
㉡ 장기적 방침 및 체계하에 추진할 것
㉢ 실행 가능성이 있는 내용일 것
㉣ 작업표준에는 수단 및 행동을 직접 제시할 것
㉤ 당사자에게 의견을 말할 기회를 주는 방식으로 할 것

정답 ▎9.① 10.④ 11.①

ⓑ 기여도가 큰 것을 채택할 것
ⓢ 직감적으로 보기 쉬운 표현으로 할 것
ⓞ 제품의 품질을 공정과정에서 결정

12. 다음 중 국제표준화의 의의를 지적한 설명 중 직접적인 효과가 아닌 것은?

[기능장 10년, 18년]

① 국제 간 규격 통일로 상호 이익 도모
② KS 표시품 수출시 상대국에서 품질인증
③ 개발도상국에 대한 기술개발의 촉진을 유도
④ 국가 간의 규격상이로 인한 무역장벽의 제거

풀이 국제표준화의 의의
㉠ 각국 규격의 국제성 증대 및 상호이익 도모
㉡ 국제 간의 산업기술 교류 및 경제거래의 활성화(무역장벽 제거)
㉢ 각국의 기술이 국제수준에 이르도록 조장
㉣ 국제분업의 확립, 개발도상국에 대한 기술개발의 촉진

13. 다음 중 데이터를 그 내용이나 원인 등 분류 항목별로 나누어 크기의 순서대로 나열하여 나타낸 그림은? [기능장 08년]

① 히스토그램(Histogram)
② 파레토도(Pareto Diagram)
③ 특성요인도(Causes and Effects Diagram)
④ 체크시트(Check Sheet)

풀이 파레토그림(Pareto Diagram) : 데이터를 그 내용이나 원인 등 분류 항목별로 나누어 크기의 순서대로 나열하여 나타낸 그림이며, 가로축에는 부적합 항목, 세로축에는 부적합 수 또는 손실 금액을 표시하는 그래프로서 항상 가장 많은 항목을 왼쪽부터 크기순으로 그리게 되며, 기타 항목은 크기에 상관없이 제일 오른쪽에 배치하도록 한다.

정답 | 12.② 13.②

14. 다음 중 파레토그림에 대한 설명이 아닌 것은? [기능장 05년]

① 부적합품(불량), 클레임 등의 손실 금액이나 퍼센트를 그 원인별, 상황별로 취해 그림의 왼쪽에서부터 오른쪽으로 비중이 작은 항목부터 큰 항목순서로 나열한 그림이다.

② 현재의 중요 문제점을 객관적으로 발견할 수 있으므로 관리방침을 수립할 수 있다.

③ 도수분포의 응용수법으로 중요한 문제점을 찾아내는 것으로서 현장에서 널리 사용된다.

④ 파레트 그림에서 나타난 1~2개 부적합품(불량) 항목만 없애면 부적합품(불량)률은 크게 감소한다.

풀이 **파레토그림(Pareto Diagram : 파레토도)** : 가로축에는 부적합 항목, 세로축에는 부적합 수 또는 손실 금액을 표시하는 그래프로서 항상 가장 많은 항목을 왼쪽부터 크기 순으로 그리게 되며, 기타 항목은 크기에 상관없이 제일 오른쪽에 배치하도록 한다.

15. 다음 중 문제가 되는 결과와 이에 대응하면 원인과의 관계를 알기 쉽게 도표로 나타낸 것은? [기능장 06년]

① 산포도 ② 파레토도

③ 히스토그램 ④ 특성요인도

풀이 **특성 요인도(Characteristic Diagram)**

㉠ Ishikawa 박사가 어떤 결과에 요인이 어떻게 관련되어 있는가를 잘 알 수 있도록 작성한 그림으로, 어떤 결과물(특성)이 나온 원인(요인)들의 구성 형태를 브레인스토밍법을 사용하여 원인과 특성을 찾을 수 있다.

㉡ 일반적 요인은 4M(Man, Machine, Material, Method)을 사용하고, 그림의 형태가 생선뼈 모양을 한다고 해서 어골도(魚骨圖, Fish-Bone Chart)라고도 한다.

16. 다음 중 브레인스토밍(Brainstorming)과 가장 관계가 있는 것은? [기능장 10년, 11년, 13년, 17년, 19년]

① 특성요인도 ② 파레토도

③ 히스토그램 ④ 회귀분석

풀이 **브레인스토밍(Brainstorming), 특성요인도(Characteristic Diagram)법**

㉠ 품질의 어떤 요인을 파악하고자 할 때는 한 사람 보다는 관련된 여러 사람이 브레인스토밍을 이용하여 특성 요인도를 작성하면 중요한 요인들을 미리 파악할

정답 ‖ 14.① 15.④ 16.①

수 있다.
㉡ 어떤 결과물(특성)이 나온 원인(요인)들의 구성 형태를 브레인스토밍법을 사용하여 원인과 특성을 찾을 수 있다.
㉢ 어떤 요인이 어떤 특성에 대해서 어떻게 영향을 미치는지를 원인 규명을 하여 쉽게 파악할수 있도록 하는 기법이다.
㉣ 다수의 여러 요인과 아이디어등을 참고하여 발생한 원인을 분석하고자 한다.

17. 다음 중 도수분포표에서 알 수 있는 정보가 아닌 것은? [기능장 15년]

① 로트 분포의 모양
② 100단위당 부적합 수
③ 로트의 평균 및 표준편차
④ 규격과의 비교를 통한 부적합품률의 추정

풀이 도수분포표 에서 알 수 있는 정보 : 측정값을 몇 개의 계급으로 나누고 각각의 출현 도수를 나타낸 통계자료이다.
㉠ 로트 분포의 모양
㉡ 로트의 중심(평균) 및 산포(표준편차)
㉢ 로트의 품질상태(부적합품률의 정도)

18. 다음 중 도수분포표를 작성하는 목적이 아닌 것은? [기능장 02년, 09년, 11년]

① 로트 분포를 알고 싶을 때
② 로트의 평균치와 표준편차를 알고 싶을 때
③ 규격과 비교하여 부적합품률을 알고 싶을 때
④ 주요 품질항목 중 개선의 우선순위를 알고 싶을 때

풀이 도수분포표의 작성 목적
㉠ 데이터의 분포를 알고 싶을 때(로트의 분포를 알고 싶을 때)
㉡ 원 데이터를 규격과 대조하고 싶을 때(규격과 비교하여 부적합품률을 알고 싶을 때)
㉢ 데이터의 집단으로부터 정보수집을 하기 위하여
㉣ 데이터의 평균과 표준편차를 파악하기 위하여(로트의 평균치와 표준편차를 알고 싶을 때)

정답 ‖ 17.② 18.④

ⓜ 주어진 데이터와 규격을 비교하여 공정의 현황파악을 하기 위하여

※ 파레토그림을 작성하는 목적 : 주요 품질항목 중 개선의 우선순위를 알고 싶을 때이다.

19. 다음 중 도수분포표를 만드는 목적이 아닌 것은? [기능장 02년]

① 데이터의 흩어진 모양을 알고 싶을 때

② 많은 데이터로부터 평균치와 표준편차를 구할 때

③ 원 데이터를 규격과 대조하고 싶을 때

④ 결과나 문제점에 대한 계통적 특성치를 구할 때

풀이 도수분포표의 작성목적

㉠ 데이터의 분포를 알고 싶을 때

㉡ 원 데이터를 규격과 대조하고 싶을 때

㉢ 데이터의 집단으로부터 정보수집을 하기 위하여

㉣ 데이터의 평균과 표준편차를 파악하기 위하여

ⓜ 주어진 데이터와 규격을 비교하여 공정의 현황파악을 하기 위하여

20. 다음 중 도수분포표에서 도수가 최대한 계급의 대표값을 정확히 표현한 통계량은? [기능장 14년, 19년]

① 중위수　　② 시료평균

③ 최빈수　　④ 미드 - 레인지(Mid-Range)

풀이 최빈수(M_0) : 도수분포에서 도수가 최대인 계급의 대표치로 모드(Mode), 최빈값이라고도 한다.

21. 다음 중 도수분포표에서 도수가 최대인 곳의 대표치는? [기능장 02년, 04년]

① 중위수　　② 비대칭도

③ 모드(Mode)　　④ 첨도

풀이 최빈수(M_0) : 도수 분포에서 도수가 최대인 곳의 대표치로 모드(Mode), 최빈값이라고도 한다.

정답 | 19.④ 20.③ 21.③

22. 다음 중 모집단의 중심적 경향을 나타내는 측도에 해당하는 것은? [기능장 12년, 20년]

① 범위(Range) ② 최빈값(Mode)
③ 분산(Variance) ④ 변동계수(Coefficient of Variation)

풀이 최빈값(Mode) : 모집단의 중심적 경향을 나타낸 측도에 해당하는 것이다.
㉠ 중심적 경향 : 최빈값(Mode)
㉡ 산포(흩어짐) : 범위(Range), 분산(Variance), 변동계수(Coefficient of Variation)

23. 다음 중 품질특성을 나타내는 데이터 중 계수치(값) 데이터에 속하는 것은?
[기능장 08년, 15년]

① 무게 ② 길이
③ 인장강도 ④ 부적합품의 수

풀이 품질특성을 나타내는 데이터
㉠ 계량값 : 연속량으로서 측정되는 품질특성치(무게, 길이, 인장강도, 순도, 전압 등)
ⓐ $\overline{x}$ 관리도
ⓑ $\overline{x}-R$관리도
ⓒ $\overline{x}-\sigma$관리도
㉡ 계수값 : 이산형으로서 셀 수 있는 품질특성치(부적합품의 수, 불량계수등)
ⓐ P 관리도
ⓑ C관리도
ⓒ u관리도

24. 다음 중 통계량의 기호에 속하지 않는 것은? [기능장 10년]

① σ ② R
③ s ④ $\overline{x}$

풀이 ㉠ 모집단 : 표본조사에서 조사하고자 하는 집단 전체를 모집단이라 하며 모평균(μ), 모분산(σ^2), 모표준편차(σ) 등이 있다.
㉡ 통계량기호 : 시료의 평균($\overline{x}$), 시료의 분산(s^2), 시료의 표준편차(s), 범위(R) 등이 있다.

정답 ‖ 22.② 23.④ 24.①

25. 다음 [데이터]를 활용하여 미드 레인지(Mid-Range)를 구하면? [기능장 12년]

3.8	5.6	4.6	4.3	6.2	6.6	5.7

① 2.8 ② 4.3
③ 5.2 ④ 5.6

풀이 범위 중앙값(Mid-Range) $M = \frac{x_{\min} + x_{\max}}{2} = \frac{3.8 + 6.6}{2} = 5.2$

26. 다음의 [데이터]를 보고 (편차)제곱합(S : Sum of Squares)을 구하면? (단, 소수점 3자리까지 반올림) [기능장 03년, 18년]

18.8	19.1	18.8	18.2	18.4	18.3	19.0	18.6	19.2

① 0.338 ② 1.029
③ 0.114 ④ 1.014

풀이 제곱의 합 = Σ(평균값과의 차)^2 (평균 18.7)

∴ 제곱의 합 $S = (18.7-18.8)^2 + (18.7-19.1)^2 + (18.7-18.8)^2 + (18.7-18.4)^2 + (18.7-18.3)^2 + (18.7-19.0)^2 + (18.7-18.6)^2 + (18.7-19.2)^2 ≒ 1.029$

㉠ 방법 : $S = \sum(x_i - \bar{x})^2 = (18.8 - 18.7111)^2 + \cdots + (19,2 - 18.7111)^2 = 1.029$

㉡ 방법 : $S = \sum x^2 - (\sum x)^2/n = 1.029$

㉢ 방법 : $S = (n-1) \times (s_x)^2 = 8 \times (s_x)^2 = 1.029$

또는 $S = (n-1) \times ({}_x\sigma_{n-1})^2 = 8 \times ({}_x\sigma_{n-1})^2 = 1.029$

* [$\sum x^2$, $(\sum x)^2$, $(s_x)^2$, $({}_x\sigma_{n-1})^2$]는 공학용 계산기에서 단축키를 두드려서 쉽게 계산하는 방법이며, 계산기 기종에 따라 표준편차(s)를 s_x 또는 ${}_x\sigma_{n-1}$로 다르게 표시한다.

정답 ‖ 25.③ 26.②

27. 다음 8개의 데이터에서 평균은? (단위 : [cm])

DATA : 3	9	6	15	5	3	5	5

① 6.338　　② 6.375
③ 6.414　　④ 6.514

풀이 평균 : $\bar{x}=6.375$, $\bar{x}=\dfrac{\sum x_i}{n}=\dfrac{51}{8}=6.375=\bar{x}$

※ $\bar{x}$: 공학용 계산기에서 단축키 사용한다.

28. 다음 8개의 데이터에서 중앙값은? (단위 : [cm])

DATA : 3	9	6	15	5	3	5	5

① 4　　② 5
③ 6　　④ 7

풀이 중앙값 $\tilde{x}=5$ 데이터를 크기 순으로 정리하면 3, 3, 5, 5, 5, 6, 9, 15가 되며, 이때 중앙값은 $\tilde{x}=\dfrac{x_4+x_5}{2}=\dfrac{5+5}{2}=5$가 된다.

29. 다음 8개의 데이터에서 최빈수는? (단위 : [cm])

DATA : 3	9	6	15	5	3	5	5

① 4　　② 5
③ 6　　④ 7

풀이 최빈수 $M_0=5$ 동일한 값으로 가장 자주 나타난 데이터는 5로서 총 3회가 나타났다. 그러므로 최빈수(Mode)는 5가 된다.

정답 ‖ 27.② 28.② 29.②

30. 다음 8개의 데이터에서 범위는? (단위 : [cm])

DATA : 3	9	6	15	5	3	5	5

① 11　　② 12
③ 13　　④ 14

풀이 범위 $R = 12$　$R = x_{\max} - x_{\min} = 15 - 3 = 12$

31. 다음 8개의 데이터에서 제곱합은? (단위 : [cm])

DATA : 3	9	6	15	5	3	5	5

① 108.875　　② 109.875
③ 1109.875　　④ 111.875

풀이 제곱합 : S = 109.875

㉠ $S = \sum(x_i - \bar{x})^2 = (3 - 6.375)^2 + \cdots + (5 - 6.375)^2 = 109.875$

㉡ $S = [\sum x_i^2 - \frac{(\sum x_i)^2}{n}] = [435 - \frac{51^2}{8}] = 109.875$

㉢ $S = (n-1) \times (s_x)^2 = 7 \times (s_x)^2 = 109.875$

㉣ $S = (n-1) \times ({}_x\sigma_{n-1})^2 = 7 \times ({}_x\sigma_{n-1})^2 = 109.875$

※ $[(s_x)^2,\ ({}_x\sigma_{n-1})^2]$는 공학용 계산기에서 단축키를 사용하여 쉽게 계산하는 방법이며, 계산기 기종에 따라 표준편차(s) 도는 ${}_x\sigma_{n-1}$로 다르게 표시한다.

32. 다음 8개의 데이터에서 분산은? (단위 : [cm])

DATA : 3	9	6	15	5	3	5	5

① 14.696　　② 15.696
③ 16.696　　④ 17.696

풀이 분산 $s^2 = 15.696$　S = 109.875

정답 | 30.② 31.② 32.②

$s^2 = V = \frac{S}{n-1} = \frac{109.875}{7} = 15.696$ 또는

$s^2 = (s_x)^2 = ({}_x\sigma_{n-1})^2 = 15.696$

※ $[(s_x)^2, ({}_x\sigma_{n-1})^2]$는 공학용 계산기에서 단축키를 사용하여 쉽게 계산하는 방법이다.

33. 다음 8개의 데이터에서 표준편차는? (단위 : [cm])

DATA : 3	9	6	15	5	3	5	5

① 2.962 ② 3.962
③ 4.962 ④ 5.962

풀이 표준편차 : $s = 3.962$, $s = \sqrt{\frac{S}{n-1}} = \sqrt{\frac{109.875}{7}} = 3.962$

또는 $s = s_x = {}_x\sigma_{n-1} = 3.962$

※ $[s_x, {}_x\sigma_{n-1}]$는 공학용 계산기에서 단축키를 사용하여 쉽게 계산하는 방법이다.

34. 다음 8개의 데이터에서 변동계수는? (단위 : [cm])

DATA : 3	9	6	15	5	3	5	5

① 0.521 ② 0.621
③ 0.721 ④ 0.821

풀이 변동계수 $CV = 0.621$ $CV = s_x / \bar{x} = {}_x\sigma_{n-1} / \bar{x} = 0.621$

※ $[s_x, {}_x\sigma_{n-1}, \bar{x}]$: 공학용 계산기에서 단축키를 사용하여 쉽게 계산하는 방식이다.

35. 다음 중 계량치 데이터가 아닌 것은?

① KTX 일일 수입금액 ② 냉장고의 평균수명
③ 철강제품의 인장강도 ④ 컴퓨터 부품의 부적합품수

풀이 계량치 데이터 : 연속값으로 측정하는 값이므로 ④는 비연속값으로 계수치 데이터이다.

정답 ‖ 33.② 34.② 35.④

36. 다음 중 25개 데이터의 합과 제곱합이 보기와 같을 때 편차 제곱합(Sum of Squared Deviation) S는?

$\sum x = 345$, $\sum x^2 = 4,950$

① 189.00 ② 312.96
③ 4,602.51 ④ 4,756.85

풀이 $S = \sum x_i^2 - \frac{(\sum x_i)}{n} = 4.950 - \frac{345^2}{25} = 189.00$

37. 다음의 데이터로부터 통계량을 계산한 것 중 아닌 것은? [기능장 05년, 17년]

21.5	23.7	24.3	27.2	29.1

① 범위(R) = 7.6 ② 제곱합(S) = 7.59
③ 중앙값(Me) = 24.3 ④ 시료분산(s^2) = 8.988

풀이 ㉠ 범위 : $R = x_{\max} - x_{\min}$ = 29.1−21.5`=`7.6

㉡ 제곱함 : $S = \sum x^2 - (\sum x)^2/n = \frac{(21.5 + 23.7 + 24.3 + 27.2 + 29.1)}{5}$

= 25.16 또는

$S = (n-1) \times (s_x)^2 = 4 \times (s_x)^2$, $S = (n-1) \times ({}_x\sigma_{n-1})^2 = 4 \times ({}_x\sigma_{n-1})^2$

$= (21.5 - 25.16)^2 + (23.7 - 25.26)^2 + (24.3 - 25.16)^2$

$+ (27.2 - 25.16)^2 + (29.1 - 25.16)^2 = 35.952$

㉢ 데이터의 크기순 : 21.5, 23.7, 24.3, 27.2, 29.1이 되며, 중앙값은

$\bar{x} = Me = x_3 = 25.16$

㉣ 시료분산 : $s^2 = \frac{S}{n-1} = \frac{35.952}{4} = 8.988$, $(s_x)^2 = ({}_x\sigma_{2-1})^2 = 8.988$

정답 ‖ 36.① 37.②

38. 다음 중 이항분포(Binomial Distribution)에서 매회 A가 일어나는 확률이 일정한 값 P일 때 n회의 독립시행 중 사상 A가 x회 일어날 확률 $P(x)$를 구하는 식은? (단, N : 로트의 크기, n : 시료의 크기, P : 로트의 모부적합품률.) [기능장 16년]

① $P(x)=\dfrac{n!}{x!(n-x)!}$

② $P(x)=e^{-x}\times\dfrac{(nP)^x}{x!}$

③ $P(x)=\dfrac{\binom{NP}{x}\binom{N-NP}{n-x}}{\binom{N}{n}}$

④ $P(x)=\binom{n}{x}P^x(1-P)^{n-x}$

풀이 이산확률분포(계수치 분포)

㉠ 초기하분포 : $P(x)=\dfrac{\binom{NP}{x}\binom{N-NP}{n-x}}{\binom{N}{n}}$

㉡ 포아송분포 : $P_r(x)=\dfrac{e^{-m}\times m^x}{x!}$

㉢ 이항분포 : $P(x)=\binom{n}{x}P^x(1-P)^{n-x}={}_nC_xP^2(1-P)^{n-x}$

39. 다음 중 로트 크기 1000, 부적합품률이 15[%]인 로트에서 5개의 랜덤 시료 중에서 발견된 부적합품수가 1개일 확률을 이항분포로 계산하면? [기능장 11년]

① 0.1648

② 0.3915

③ 0.6085

④ 0.8352

풀이 ㉠ 이항분포 : $(P=0.15, n=5, x=1)$

$$P_r(x)=\binom{n}{x}P^x(1-P)^{n-x}={}_nC_xP^x(1-P)^{n-x}$$

$$=\binom{5}{1}\times 0.15^1\times(1-0.15)^{5-1}=0.3915$$

㉡ 이항분포 $P(x)$: $P(x)={}_nC_xP^x(1-P)^{n-x}$, ${}_nC_x=\dfrac{n!}{x!(n-x)!}$ 이다.

$${}_5C_1=\frac{5!}{1!4!}=5 \qquad P(x)=5\times 0.15\times(1-0.15)^{5-1}\fallingdotseq 0.391504$$

정답 ❙ 38.④ 39.②

40. 다음 중 부적합품률 1[%]인 모집단에서 5개의 시료를 랜덤하게 샘플링 할 때 부적합품수가 1개일 확률은? (단, 이항분포를 이용하여 계산한다.) [기능장 09년]

① 0.048 ② 0.058
③ 0.48 ④ 0.58

풀이 ㉠ 이항분포 : $(P=0.01, n=5, x=1)$

$$P_r(x)=\binom{n}{x}P^x(1-P)^{n-x}={}_nC_xP^x(1-P)^{n-x}$$

$$=\binom{5}{1}\times 0.01^1\times(1-0.01)^{5-1}=0.048$$

㉡ 이항분포 $P(x)$: $P(x)={}_nC_xP^x(1-P)^{n-x}$, ${}_nC_x=\dfrac{n!}{x!(n-x)!}$ 이다.

$${}_5C_1=\frac{5!}{1!4!}=5$$

$$P(x)=5\times 0.01\times(1-0.01)^{5-1}\fallingdotseq 0.04802$$

41. 다음 보기를 측정되는 시료의 부적합품수에 대한 기댓값과 분산은? [기능장 17년]

> 부적합품률 20[%]인 공정에서 생산되는 제품을 매 시간 10개씩 샘플링 검사 하여 공정을 관리하려고 한다.

① 기댓값 : 1.6 분산 : 1.3 ② 기댓값 1.6 분산 : 1.6
③ 기댓값 : 2.0 분산 : 1.3 ④ 기댓값 2.0 분산 : 1.6

풀이 이항분포 : $(P=0.2,\ n=10)$

㉠ 기댓값 $E(x)={}_nP=10\times 0.2=2$, 기댓값 $E(x)=10\times\dfrac{20}{100}=2$

㉡ 분산 $V(x)=n\times p\times(1-p)=10\times\dfrac{20}{100}(1-\dfrac{20}{100})=1.6$

∴ 여기서 n은 : 개수

42. 다음 보기를 측정되는 시료의 부적합품수에 대한 분산은?

> 부적합품률 20[%]인 공정에서 생산되는 제품을 매시간 10개씩 샘플링 검사하여 공정을 관리하려고 한다.

정답 ▌40.① 41.④

① 분산 : 1.0
② 분산 : 1.2
③ 분산 : 1.4
④ 분산 : 1.6

풀이 이항분포 $(P = 0.2,\ n = 10)$
분산 $V(x) = {}_nP(1-P) = 10 \times 0.2 \times 0.8 = 1.6$

43. 다음 중 부적합품률이 2[%]인 모집단에서 $n = 4$개의 시료를 랜덤 샘플링 했을 때 부적합품수 x가 1개일 확률은?

① 0.0753
② 0.0853
③ 0.0953
④ 0.0993

풀이 $P_r(x) = {}_nC_xP^2(1-P)^{n-x}$에서 $P = 0.02,\ n = 4,\ 1-P = 0.98$
$\therefore P_r(x=1) = {}_4C_1(0.02)^1 \times (0.98)^3 = 0.0753$

44. 다음 중 3개의 주사위를 던질 때 짝수의 눈이 나오는 개수(x)의 기대치는?

① $E(x) = 1.5$
② $E(x) = 1.6$
③ $E(x) = 1.7$
④ $E(x) = 1.8$

풀이 $E(x) = {}_nP = 3 \times 0.5 = 1.5$

45. 다음 중 3개의 주사위를 던질 때 짝수의 눈이 나오는 개수(x)의 분산은?

① $V(x) = 0.75$
② $V(x) = 0.85$
③ $V(x) = 0.95$
④ $V(x) = 1.05$

풀이 $(x) = {}_nP(1-P) = 3 \times 0.5 \times (1-0.5) = 0.75$

46. 다음 중 15개의 전구 중 5개가 부적합품이다. 여기에서 임의로 3개의 전구를 집었을 때 1개가 부적합품일 확률은?

① 0.067
② 0.111
③ 0.435
④ 0.495

정답 ‖ 42.④ 43.① 44.① 45.① 46.④

풀이 초기하분포 : $(\frac{N}{n} \leq 10)\, P_r(x) = \frac{_{10}C_2 \times {_5C_1}}{_{15}C_3} = 0.4945$

47. 다음 중 이항분포(Binomial Distribution)의 특징에 대한 설명은? [기능장 07년, 13년]

① $P = 0.01$일 때는 평균치에 대하여 좌우 대칭이다.

② $P \leq 0.1$이고, $nP = 0.1 \sim 10$일 때는 포아송 분포에 근사한다.

③ 부적합품의 출현 개수에 대한 표준편차는 $D(x) = nP$이다.

④ $P \leq 0.5$이고, $nP \leq 5$일 때는 정규분포에 근사한다.

풀이 이항분포의 특징 : 이항분포는 이산적 특징을 갖는다.

㉠ $P = \frac{1}{2}$일 때는 평균치에 대하여 좌우 대칭이다.

㉡ $P \leq 0.1$이고, $nP = 0.1 \sim 10$일 때는 포아송 분포에 근사한다.

㉢ 부적합품의 출현 개수에 대한 표준편차는 $D(x) = \sqrt{nP(1-P)}$ 이다.

㉣ $P \leq 0.5$이고, $nP \geq 5,\ n(1-P) \geq 5$일 때는 정규분포에 근사한다.

48. 다음 중 로트의 크기 30, 부적합품률이 10[%]인 로트 에서 시료의 크기를 5로 하여 랜덤 샘플링할 때 시료 중 부적합품수가 1개 이상일 확률은? (단, 초기하분포를 이용하여 계산한다.) [기능장 10년, 18년]

① 0.3695 ② 0.4335

③ 0.5665 ④ 0.6305

풀이 초기하분포

㉠ 부적합 개수 = 로트의수 ×부적합률(P)= $30 \times \frac{1}{10} = 3$

(단, 시료의 크기는 5, 부적합품수는 1개 이상)

∴ 부적합률 $(P) = \frac{_3C_1 \times {_{27}C_4} + {_3C_2} \times {_{27}C_3} + {_3C_3} \times {_{27}C_2}}{_{30}C_5} \fallingdotseq 0.43349$

또한 $_nC_x = \frac{n!}{x!(n-x)!}$

㉡ $(N = 30,\ P = 0.1,\ n = 5,\ x \geq 1)$

정답 ‖ 47.② 48.②

$$P_r(x \geq 1) = 1 - P_r(x = 0) = 1 - \frac{\binom{NP}{x}\binom{N(1-P)}{n-x}}{\binom{N}{n}} = 1 - \frac{\binom{3}{0}\binom{27}{5}}{\binom{30}{5}}$$

$$= 0.4335$$

49. 다음 중 정규분포에 관한 설명이 아닌 것은? [기능장 16년]

① 일반적으로 평균치가 중앙값보다 크다.

② 평균을 중심으로 좌우대칭의 분포이다.

③ 대체로 표준편차가 클수록 산포가 나쁘다고 본다.

④ 평균치가 0이고 표준편차가 1인 정규분포, 즉 $u_i \sim N(0, 1^2)$을 표준정규분포라 한다.

풀이 ㉠ 정규분포의 특징

ⓐ 평균치($\bar{x}$), 중앙치($\bar{x}$), 최빈수(M_0) 모두가 같다.

ⓑ 평균을 중심으로 좌우 대칭인 종모양이다.

ⓒ 대체로 표준편차가 클수록 산포가 나쁘다고 본다.

ⓓ 평균치가 0 이고 표준 편차가 1인 정규분포 즉, $u_i \sim N(0, 1^2)$을 표준정규분포라 한다.

㉡ 정규분포곡선 : 좌 우대칭이며, 중앙값은 평균치보다는 크다,

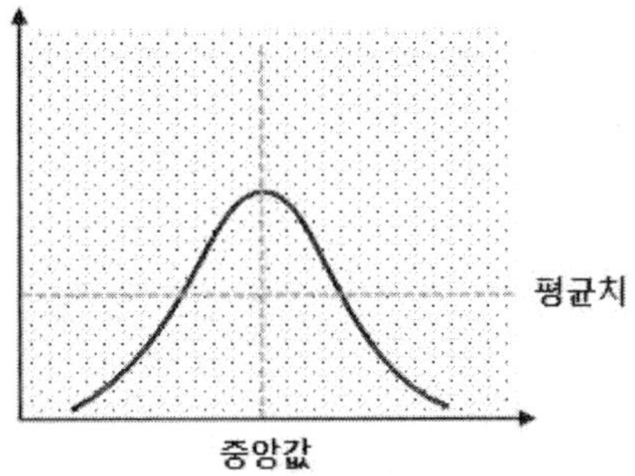

50. 다음 중 측정오차의 정밀도(Precision)를 표시하는 척도가 아닌 것은?

① 최빈수 ② 범위

③ 분산 ④ 표준편차

풀이 정밀도 : 산포폭의 크기를 수치화한 것으로 최빈수는 중심을 표시하는 척도이다.

정답 ‖ 49.① 50.①

51. 다음 중 이상적인 정규분포에 있어 중앙치, 평균치, 최빈값 간의 관계는?

① 모두 같다.

② 모두 다르다.

③ 평균치와 최빈값은 같고, 중앙치는 다르다.

④ 평균치와 중앙치는 같고, 최빈값은 다르다.

풀이 산술평균, 중앙값, 최빈값은 분포가 좌우대칭이면 3개의 값이 모두 같으며 중심에 나타난다.

52. 다음 중 정규분포에 대한 설명이 아닌 것은?

① 분포가 이산적이다

② 평균치를 중심으로 좌우대칭이다.

③ 곡선의 모양은 산포의 정도 σ에 의해 결정된다.

④ 확률변수 X를 $\frac{X-\mu}{\sigma}$로 치환하면 표준정규분포가 된다.

풀이 ① 분포가 연속인 연속확률분포이다.

53. 다음 중 검사의 종류 중 검사공정에 의한 분류가 아닌 것은? [기능장 09년, 11년, 17년, 19년]

① 수입검사 ② 출하검사

③ 출장검사 ④ 공정검사

풀이 ㉠ 검사가 행해지는 장소에 의한 분류 : 현장검사, 순회검사

㉡ 검사가 행해지는 방법에 의한 분류 : 전수검사, 샘플링 검사

㉢ 검사가 행해지는 성질에 의한 분류 : 파괴검사, 비파괴 검사

㉣ 검사가 행해지는 공정에 의한 분류 : 수입검사, 공정검사, 최종검사, 출하검사

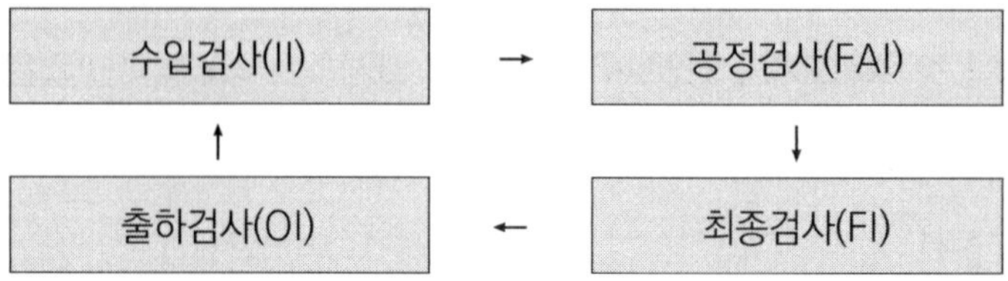

정답 ❙ 51.① 52.① 53.③

54. 다음 중 검사와 분류방법 중 검사가 행해지는 공정에 의한 분류에 속하는 것은? [기능장 13년, 19년]

① 관리 샘플링 검사 ② 로트별 샘플링 검사
③ 전수검사 ④ 출하검사

풀이 ㉠ 검사가 행해지는 공정에 의한 분류 : 출하검사
㉡ 검사가 행해지는 방법에 의한 분류 : 관리 샘플링 검사, 로트별 샘플링 검사, 전수검사
㉢ 공정에 의한 분류

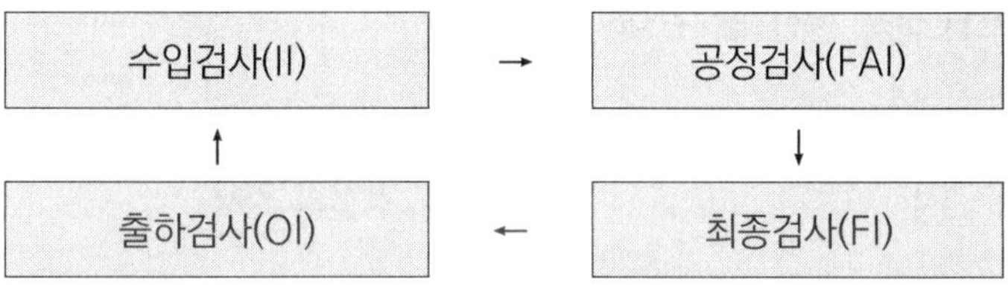

55. 다음 중 검사의 분류방법 중 판정대상에 의한 분류가 아닌 것은? [기능장 05년, 07년]

① 관리 샘플링 검사 ② 로트별 샘플링 검사
③ 전수검사 ④ 출하검사

풀이 출하검사 : 공정에 의한 분류에 속하며, 수입검사, 공정검사, 최종검사 등이 있다.
㉠ 검사가 행해지는 장소에 의한 분류 : 출하검사
㉡ 검사가 행해지는 판정대상에 의한 분류 : 관리 샘플링 검사, 전수검사, 로트별 샘플링 검사

56. 다음 중 샘플링 검사의 목적이 아닌 것은? [기능장 04년]

① 검사비용 절감 ② 생산 공정상의 문제점 해결
③ 품질향상의 자극 ④ 나쁜 품질인 로트의 불합격

풀이 ②는 샘플링 검사보다 전수검사를 시행하는 것이 더 효과적이므로, 전수검사의 목적이라 할 수 있다.

정답 ‖ 54.④ 55.④ 56.②

57. 다음 중 검사항목에 의한 분류가 아닌 것은? [기능장 04년]

① 자주검사　② 수량검사
③ 중량검사　④ 성능검사

풀이 ㉠ 검사항목에 의한 분류 : 수량검사, 중량검사, 성능검사
㉡ 검사가 행해지는 판정대상에 의한 분류 : 자주검사

58. 다음 중 로트로 부터 시료를 샘플링해서 조사하고, 그 결과를 로트 외 판정기준과 대조하여 그 로트의 합격, 불합격을 판정하는 검사는? [기능장 08년]

① 품질검사　② 공정검사
③ 전수검사　④ 샘플링 검사

풀이 샘플링(Sampling) 검사 : 로트로부터 샘플링하여 시료를 뽑아 조사하고, 그 결과를 판정기준과 비교 하여 그 로트의 합격, 불합격을 판정하는 검사 방식의 경우에 주로 이용한다.

59. 다음 중 로트에서 랜덤하게 시료를 추출하여 검사한 후 그 결과에 따라 로트의 합격, 불합격을 판정하는 검사방법은? [기능장 12년, 15년, 19년]

① 자주검사　② 간접검사
③ 전수검사　④ 샘플링 검사

풀이 샘플링(Sampling) 검사 : 랜덤하게 시료를 발췌하여 검사한 후 판정을 하는 방법
㉠ 검사항목이 많거나 검사가 복잡한 경우이다.
㉡ 약간의 불량품(부적합품)이 있어도 괜찮은 경우이다.
㉢ 로트의 크기가 클 때 이며, 검사비용이 적게 드는 것이 유리한 경우이다.
㉣ 치명적인 결합이 있는 것은 부적합하다.

60. 다음 중 전수검사와 샘플링 검사에 관한 설명은? [기능장 14년, 18년]

① 파괴검사의 경우에는 전수검사를 적용한다.
② 검사항목이 많을 경우 전수검사보다 샘플링 검사가 유리하다.
③ 샘플링 검사는 부적합품이 섞여 들어가서는 안 되는 경우에 적용한다.

정답 | 57.① 58.④ 59.④

④ 생산자에게 품질향상의 자극을 주고 싶을 경우 전수검사가 샘플링 검사보다 더 효과적이다.

풀이 ㉠ 전수검사 : 부적합품이 1개라도 허용되지 않는 경우로서 제품 전체를 검사하는 방식이다.
㉡ 샘플링 검사 : 검사항목이 많고 어느 정도 부적합품이 섞여 들어가는 것을 허용하는 경우에 적용한다.
㉢ 생산자에게 품질향상의 자극을 주고 싶을 경우 : 샘플링 검사가 전수 검사보다 더 효과적이다.

61. 다음 중 샘플링 검사보다 전수검사를 실시하는 것이 유리한 경우는? [기능장 12년, 20년]

① 검사항목이 많은 경우
② 파괴검사를 해야하는 경우
③ 품질 특성치가 치명적인 결점을 포함하는 경우
④ 다수, 다량의 것으로 어느 정도 부적합품이 섞여도 괜찮을 경우

풀이 ㉠ 전수검사
ⓐ 검사항목이 적고 간단히 검사할수 있을 때
ⓑ 전체검사를 쉽게 할수 있을 때
ⓒ 로트의 크기가 작을 때
ⓓ 불량품이 조금이라도 있으면 안될 때
ⓔ 치명적인 결함을 포함하고 있을 때
ⓕ 검사비용이 많이 소요
㉡ 전수검사가 유리한 경우 : 품질 특성치가 치명적인 결점을 포함하는 경우
㉢ 샘플링 검사가 유리한 경우
ⓐ 검사항목이 많은 경우
ⓑ 파괴검사를 해야하는 경우
ⓒ 다수, 다량의 것으로 어느 정도 부적합품이 섞여도 괜찮을 경우

62. 다음 중 모집단의 참값과 측정 데이터의 차는? [기능장 02년]

① 오차 ② 신뢰성
③ 정밀도 ④ 정확도

풀이 ㉠ 오차 : 모집단의 참값과 측정 데이터의 차

정답 ‖ 60.② 61.③ 62.①

㉡ 신뢰성 : 데이터를 얼마나 신뢰할 수 있는가를 표현한 값
㉢ 정밀도 : 산포의 크기를 의미
㉣ 정확도 : 데이터 분포의 평균치와 모집단의 참값과의 차

63. 다음 중 어떤 측정법으로 동일 시료를 무한 횟수로 측정하였을 때 데이터 분포의 평균치와 모집단 참값과의 차는? [기능장 03년, 06년, 09년, 11년]

① 재현성 ② 안정성
③ 반복성 ④ 정확성

풀이 정확성(Accuracy) = 참값- 평균값
㉠ 재현성(Reproducibility) : 서로 다른 측정자가 동일기계로 동일시료를 측정하였을 때 얻은 측정치의 변동값(평균값의 차이)으로서 측정자 간 데이터값의 차이이다.
㉡ 안정성(Stability) : 동일한 측정시스템으로 동일한 시료를 정기적으로 측정했을 때 얻은 측정치의 변동(평균값의 차이)이다.
㉢ 반복성(Repeatability) : 동일한 측정자가 동일한 시료를 여러번 측정하여 얻은 데이터의 산포 크기이며, 산포의 크기가 작을수록 반복성이 좋아진다. 정밀도라고도 한다.
㉣ 정확성(Accuracy) : 동일 시료를 무한히 측정할 때 얻는 데이터 분포의 평균치와 모집단의 참값과의 차이이다. $(\bar{x}-\mu)$

64. 다음 중 모집단을 몇 개의 층으로 나누고 각 층으로부터 각각 랜덤하게 시료를 뽑는 샘플링 방법은? [기능장 07년]

① 층별 샘플링 ② 2단계 샘플링
③ 계통 샘플링 ④ 단순 샘플링

풀이 층별 샘플링(Stratified Sampling)
㉠ 전체공정을 몇 개의 층으로 구분하고, 다시 구분된 각층에서 임의로 샘플링하는 방식이다.
㉡ 표본 집단을 몇 개의 군으로 나누어서 각 군으로부터 샘플링하는 방법이다.

정답 ‖ 63.④ 64.①

65. 다음 중 200개 들이 상자가 15개 있을 때 각 상자로부터 제품을 랜덤하게 10개씩 샘플링 할 경우, 이러한 샘플링 방법은? [기능장 09년, 15년, 19년]

① 층별 샘플링　② 계통 샘플링
③ 취락 샘플링　④ 2단계 샘플링

풀이 층별 샘플링(Stratified Sampling)
㉠ 전체공정을 몇 개의 층으로 구분하고, 다시 구분된 각층에서 임의로 샘플링하는 방식이다.
㉡ 표본 집단을 몇 개의 군으로 나누어서 각 군으로부터 샘플링하는 방법이다.
㉢ 200개(N)들이 상자가 15$(M-n)$개 있을 때 각 상자로부터 제품을 랜덤하게 10개(n)씩 샘플링 할 경우이다.

66. 다음 중 모집단으로부터 공간적, 시간적으로 간격을 일정하게 하여 샘플링하는 방식은? [기능장 13년, 18년]

① 단순 랜덤 샘플링(Simple Random Sam-pling)
② 2단계 샘플링(Two-Stage Sampling)
③ 취락(집락) 샘플링(Cluster Sampling)
④ 계통 샘플링(Systematic Sampling)

풀이 계통 샘플링(Systematic Sampling) : 유한모집단의 데이터를 일련의 배열로 한 다음 공간적, 시간적으로 같은 간격으로 일정하게 하여 뽑는 샘플링 방법이다. 이때 뽑힌 데이터의 주기성이 들어갈 위험성이 존재한다.

67. 다음 중 샘플링에 관한 설명이 아닌 것은? [기능장 16년]

① 집락 샘플링에서는 집락 간의 차는 적게, 집락내의 차는 크게 한다.
② 제조공정의 품질특성에 주기적인 변동이 있는 경우 계통 샘플링을 적용하는 것이 좋다.
③ 시간적 또는 공간적으로 일정 간격을 두고 샘플링하는 방법을 계통 샘플링이라고 한다.
④ 모집단을 몇 개의 층으로 나누고 각 층마다 랜덤하게 시료를 추출하는 것을 층별 샘플링이라고 한다.

풀이 ㉠ 제조공정의 품질특성에 주기적인 변동이 있는 경우 계통 샘플링을 적용하면 데이터에

정답 ‖ 65.① 66.④ 67.②

주기성이 들어갈 위험성이 존재하므로, 지그재그 샘플링을 사용하는 것이 좋다.
㉡ 품질 특성에 주기적인 변동이 있는 경우 Sampling 방법을 사용하지 않는다.

68. 그림의 OC곡선을 보고 가장 올바른 내용을 나타낸 것은? [기능장 03년, 14년]

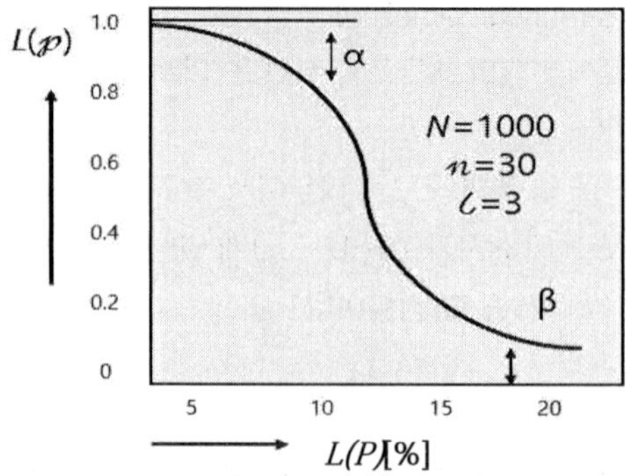

① α : 소비자 위험 ② $L(P)$: 로트가 합격할 확률
③ β : 생산자 위험 ④ 부적합품률 : 0.03

풀이 OC곡선에서는 소비자 위험과 생산자 위험을 알 수는 없으며, 로트가 합격할 확률을 구할 수 있다.
㉠ α : 생산자 위험
㉡ β : 소비자의 위험
㉢ 부적합품률 : P

69. 다음 중 계수규준형 샘플링 검사의 OC곡선에서 좋은 로트를 합격시키는 확률을 설명한 것은? (단, α는 제1종과오, β는 제2종과오이다.) [기능장 10년, 16년, 19년]

① α ② β
③ $1-\alpha$ ④ $1-\beta$

풀이 ㉠ OC 곡선에서 로트가 합격되는 확률 : $1-\alpha$
보통 α(생산자 위험) = 5[%], β(소비자 위험) = 10[%]이다.
ⓐ α : 좋은 로트가 불합격할 확률
ⓑ β : 나쁜 로트가 합격할 확률
ⓒ $1-\alpha$: 좋은 로트가 합격할 확률(신뢰도)
ⓓ $1-\beta$: 나쁜 로트가 불합격할 확률(검출편)

정답 ▌68.② 69.③

㉡ 샘플링 검사의 OC곡선

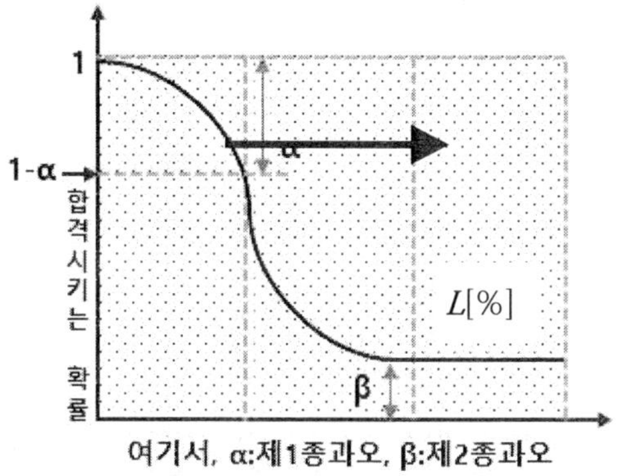

70. 다음 중 검사 특성곡선(OC Curve)에 관한 설명이 아닌 것은? (단, N : 로트의 크기, n : 시료의 크기, c : 합격판정개수이다.) [기능장 17년]

① N, n이 일정할 때 c가 커지면 나쁜 로트의 합격률은 높아진다.

② N, c가 일정할 때 n이 커지면 좋은 로트의 합격률은 낮아진다.

③ $N/n/c$의 비율이 일정하게 증가하거나 감소하는 퍼센트 샘플링 검사시 좋은 로트의 합격률은 영향이 없다.

④ 일반적으로 로트의 크기 N이 시료 n에 비해 10배 이상 크다면, 로트의 크기를 증가시켜도 나쁜 로트의 합격률은 크게 변화하지 않는다.

풀이 ㉠ 검사특성곡선(OC Curve)

ⓐ 샘플크기(n) 변화(N, C 일정) : n이증가 → 소비자 위험↓, 생산자 위험↑

ⓑ 로트크기(N) 변화(n, C 일정) : N이 증가 → 소비자 위험↑, 생산자 위험↓

ⓒ 허용불량개수(c) 변화(N, n 일정) : c가증가 → 소비자 위험↑, 생산자 위험↓

㉡ %샘플링 검사($\frac{c/n}{N}$ = 일정)

ⓐ 부적절한 샘플링 검사방법이다.

ⓑ 좋은 로트 또는 나쁜 로트의 합격률에 영향을 많이 준다.

ⓒ 품질보증의 정도가 달라지므로 일정한 품질을 보증하기가 곤란하다.

정답 ‖ 70.③

71. 다음 중 로트의 크기가 시료의 크기에 비해 10배 이상 클 때 시료의 크기와 합격판정개수를 일정하게 하고, 로트의 크기를 증가시키면 검사특성곡선의 모양변화에 대한 설명은?

[기능장 10년, 12년, 13년]

① 무한대로 커진다.

② 거의 변화하지 않는다.

③ 검사 특성곡선의 기울기 경사가 급해진다.

④ 검사 특성곡선의 기울기가 완만해진다.

풀이 ㉠ OC(검사특성)곡선 : 시료의크기(n), 합격판정개수(c)는 일정하고, 로트의 크기(N)만 변화시킬 때는 소비자 위험과 생산자 위험이 높아지며, 곡선의 변화에는 별로 영향을 미치지 않는다.

㉡ N이 변하는 경우(c, n 일정)

ⓐ OC곡선에 큰 영향을 미치지 않는다.

ⓑ N이 클 때는 N의 크기가 작을 때보다 다소 시료의 크기를 크게 해서 좋은 로트가 불합격되는 위험을 적게 하는 편이 경제적인 경우가 많다.

72. 다음 중 공급자에 대한 보호와 구입자에 대한 보증의 정도를 규정해 두고 공급자의 요구와 구입자의 요구 양쪽을 만족하도록 하는 샘플링 검사방식은? [기능장 02년]

① 규준형 샘플링 검사　② 조정형 샘플링 검사

③ 선별형 샘플링 검사　④ 연속생산형 샘플링 검사

풀이 계수 · 계량 규준형 샘플링 검사(KS Q 0001) : 원칙적으로 목전의 로트 그 자체의 합격 · 불합격을 결정하는 것으로, 파는 쪽에 대한 보호와 사는 쪽에 대한 보호의 두 가지를 규정해서 파는 쪽의 요구와 사는 쪽의 요구를 모두 만족하도록 짜여 있다.

73. 다음 중 계수규준형 1회 샘플링 검사(KS A 3102)에 대한 설명이 아닌 것은?

[기능장 06년, 08년]

① 검사의 제출된 로트의 공정에 관한 사전정보가 없어도 샘플링 검사를 적용할 수 있다.

② 생산자측과 구매자측이 요구하는 품질보호를 동시에 만족시키도록 샘플링 검사방식을 선정한다.

③ 파괴검사의 경우와 같이 전수검사가 불가능 한 때에는 사용할 수 없다.

정답 | 71.② 72.①

④ 1회만 거래시에도 사용할 수 있다.

풀이 계수값 규준형 샘플링 검사의 특징
㉠ 1회만의 거래시에 좋다.
㉡ 로트에 관한 사전정보를 필요로 하지 않는다.
㉢ 생산자와 구매자 양쪽이 만족하도록 설계되어 있다.
㉣ 파괴검사와 같은 전수검사가 불가능할 때 사용한다.

74. 다음 중 로트별 검사에 대한 AQL지표형 샘플링 검사 방식은? [기능장 05년]

① KS Q ISO 2859-0 ② KS Q ISO 2859-1
③ KS Q ISO 2859-2 ④ KS Q ISO 2859-3

풀이 AQL지표형 샘플링 검사(KS Q ISO 2859-1) : 공급자가 제출하는 로트 자체의 품질보다 프로세스 품질에 관심이 있는 경우에 적용하는 샘플링 검사방식으로 제출되는 로트가 연속 로트인 경우 구입자 측에서 합격으로 할 최소한 로트의 품질(AQL)을 정하고, 이 수준보다 좋은 품질의 로트를 제출 한 것은 다 합격$(1-\alpha)$시킬 것을 공급하는 쪽에 보장한다.

75. 다음 중 계수값 검사에 대한 샘플링 검사절차 – 제1부 : 로트별 검사에 대한 AQL 지표형 샘플링 검사방식의 규격은?

① KS Q ISO 2859-1 ② KS Q ISO 2859-2
③ KS Q ISO 28591 ④ KS Q ISO 39511

풀이 ㉠ : ② LQ 지표형 샘플링 검사
㉡ : ③ 계수값 축차 샘플링 방식
㉢ : ④ 계량값 축차 샘플링 방식

76. 다음 중 공정에서 만성적으로 존재하는 것은 아니고 산발적으로 발생하며, 품질의 변동에 크게 영향을 끼치는 요주의 원인으로 우발적 원인인 것은? [기능장 08년]

① 우연 원인 ② 이상 원인
③ 불가피 원인 ④ 억제할 수 없는 원인

정답 ‖ 73.③ 74.② 75.① 76.②

풀이 이상 원인에 대한 내용
㉠ 공정에서 만성적으로 존재하는 것은 아니다.
㉡ 산발적으로 발생한다.
㉢ 품질의 변동에 크게 영향을 끼치는 요주의 원인이다.
㉣ 우연 원인, 불가피 원인, 억제할 수 없는 원인은 모두 우연 원인에 대한 것이다.

77. 다음 중 3σ법의 $\overline{X}$ 관리도에서 공정이 관리상태에 있는데도 불구하고 관리상태가 아니라고 판정하는 제1종 과오는 약 몇[%]인가? [기능장 17년]

① 0.27 ② 0.54
③ 1.0 ④ 1.2

풀이 관리도의 3σ법 제1종 과오(α) : 일부 공정에서 어쩔수 없이 발생하는 과오로서 약 0.27[%] 정도이며, 제2종 과오(β)는 공정이 관리상태에 있다고 잘못 판단 한 것으로 상대적으로 크다 [검출력 $(1-\beta)$이 작대]는 특징이 있다.

78. 다음 중 유화광의 배소공정에서 소광 중의 잔류유황을 정량하여 배소효율을 관리하고 있는 공정이 있다. 1일에 5개의 측정치가 나오므로 이것을 1군으로 하여 25일간의 데이터에 대하여 $\overline{\overline{x}}$와 $\overline{R}$을 구하여 $\overline{\overline{x}}=1.61$, $\overline{R}=1{,}57$이 얻어졌다면 $\overline{x}-R$ 관리도의 관리한계는? (단, $n=5$일 때 $A_2=0.577$, $D_4=2.115$)

① $\overline{x}=0.74$, $R-$(고려하지 않음) ② $\overline{x}=0.84$, $R-1$
③ $\overline{x}=0.94$, $R=-2$ ④ $\overline{x}=0.99$, $R=-3$

풀이 $\overline{x}$: $U_{CL}=\overline{\overline{x}}+A_2\overline{R}=2.516$, $L_{CL}=\overline{\overline{x}}-A_2\overline{R}=0.74$
R : $U_{CL}=D_4\overline{R}=3.321$, $L_{CL}=D_3\overline{R}=-$(고려하지 않음)

79. 다음 데이터 시트에서 np 관리도의 U_{CL}과 L_{CL}의 값은?

군번호	1	2	3	4	5	…	20	계
검사 개수	300	300	300	300	300	…	300	6000
부적합품수	14	13	20	23	13	…	15	300

정답 ▌77.① 78.①

① $U_{CL} = 26.325$, $L_{CL} = 5.876$
② $U_{CL} = 21.375$, $L_{CL} = 3.675$
③ $U_{CL} = 26.325$, $L_{CL} = 3.675$
④ $U_{CL} = 21.375$, $L_{CL} = 5.876$

풀이 $n\bar{p} \pm 3\sqrt{n\bar{p}(1-\bar{p})} = 15 \pm 3\sqrt{15(1-0.05)} = 15 \pm 11.325$

$n\bar{p} = \frac{\sum np}{k} = 15,\ \bar{p} = \frac{\sum np}{\sum n} = \frac{\sum np}{k \times n} = \frac{300}{20 \times 300} = 0.05$

80. 다음은 p 관리도 데이터시트이다. 군번호가 9번일 때 U_{CL}과 L_{CL}은?

① $U_{CL} = 9.62[\%]$, $L_{CL} =$고려하지 않는다.
② $U_{CL} = 11.43[\%]$, $L_{CL} =$고려하지 않는다.
③ $U_{CL} = 9.62[\%]$, $L_{CL} = 1.64[\%]$
④ $U_{CL} = 11.43[\%]$, $L_{CL} = 1.64[\%]$

풀이 $\bar{p} \pm 3\sqrt{\frac{\bar{p}(1-\bar{p})}{n}} = 0.0563 \pm 3\sqrt{\frac{0.0563(1-0.0563)}{300}}$

$(\bar{p} = \frac{\sum np}{\sum n} = \frac{242}{4,300} = 0.0563)$

81. 다음 중 c관리도에서 평균 부적합수 $\bar{c} = 9$일 때 3σ관리한계 U_{CL} 및 L_{CL}은?

① $U_{CL} = 18$, $L_{CL} = 0$
② $U_{CL} = 15$, $L_{CL} = 3$
③ $U_{CL} = 12$, $L_{CL} = 6$
④ $U_{CL} = 21$, $L_{CL} =$고려하지 않음

풀이 $\begin{pmatrix} U_{CL} \\ L_{CL} \end{pmatrix} = \bar{c} \pm 3\sqrt{\bar{c}} = 9 \pm 3 \times \sqrt{9} = \begin{pmatrix} 18 \\ 0 \end{pmatrix}$

82. 다음은 u 관리도 데이터시트이다. 이 데이터시트를 보고 8번 군의 U_{CL}과 L_{CL}을 구하면?

군번호	1	2	3	…	8	…	14	15	계
시료 중 단위수	16	15	14	…	13	…	15	16	225
시료 중 부적합	31	29	20	…	25	…	32	31	451

정답 ‖ 79.③ 80.③ 81.①

① $U_{CL}=4.325,\ L_{CL}=0.826$　　② $U_{CL}=3.182,\ L_{CL}=1.243$

③ $U_{CL}=4.325,\ L_{CL}=1.243$　　④ $U_{CL}=3.182,\ L_{CL}=0.826$

풀이 $\bar{u}\pm 3\sqrt{\dfrac{\bar{u}}{n}}=2.004\pm 3\sqrt{\dfrac{2.004}{13}}=2.004\pm 1.178$

$\left(\bar{u}=\dfrac{\sum c}{\sum n}=\dfrac{451}{225}=2.004\right)$

83. 다음은 관리도의 작성순서를 순서대로 나열한 것은? [기능장 16년]

관리도의 작성순서를 나타낸 것이다.	
㉠ 관리하여야 할 항목의 선정	㉡ 관리도의 선정
㉢ 관리하려는 제품이나 종류 선정	㉣ 시료를 채취하고 측정하여 관리도를 작성

① ㉠ → ㉡ → ㉢ → ㉣　　② ㉠ → ㉢ → ㉣ → ㉡

③ ㉢ → ㉠ → ㉡ → ㉣　　④ ㉢ → ㉣ → ㉠ → ㉡

풀이 관리도의 작성순서

관리하고자 하는 제품이나 종류 선정 → 관리할 항목 선정 → 관리도 선정 → 관리도 작성

84. 다음 중 계수값 관리도는? [기능장 04년]

① R 관리도　　② $\bar{x}$ 관리도

③ p 관리도　　④ $\bar{x}-R$ 관리도

풀이 ㉠ 계수값 관리도 : p 관리도

㉡ 계량값 관리도 : R 관리도, $\bar{x}$ 관리도, $\bar{x}-R$ 관리도

85. 다음 중 계량값 관리도만으로 짝지어진 것은? [기능장 12년]

① c 관리도, u 관리도　　② $x-R_s$ 관리도, p 관리도

③ $\bar{x}-R$ 관리도, np 관리도　　④ M_e-R 관리도, $\bar{x}-R$ 관리도

정답 ‖ 82.④ 83.③ 84.③ 85.④

풀이 계량값(형)관리도

㉠ $\bar{x}-R$ 관리도
㉡ x 관리도
㉢ $M_d\,(Me)$관리도
㉣ R 관리도
㉤ $\bar{x}-\sigma$ 관리도
㉥ M_e-R 관리도

86. 다음 중 계량값 관리도에 해당하는 것은? [기능장 05년, 11년, 16년, 18년]

① c 관리도
② u 관리도
③ R 관리도
④ np 관리도

풀이 ㉠ 계수값 관리도 : p 관리도, u 관리도, c 관리도
㉡ 계량값 관리도 : x 관리도, R 관리도
ⓐ x : 관리도(개별측정치 관리도)
ⓑ $\bar{x}-\sigma$: 관리도(평균치와 표준편차의 관리도)
ⓒ R : 관리도(범위의 관리도)
ⓓ $\bar{x}-R$: 관리도(평균치와 범위의 관리도)
ⓔ Md : 관리도(중앙치와 범위의 관리도)

87. 다음 중 계수치 관리도가 아닌 것은? [기능장 09년]

① c 관리도
② p 관리도
③ u 관리도
④ x 관리도

풀이 ㉠ 계수값 관리도 : c 관리도, p 관리도, u 관리도
㉡ 계량값 관리도 : x 관리도
㉢ 계수형 관리도의 종류
ⓐ c 관리도(결점수 관리도)
ⓑ p 관리도(불량률 관리도)
ⓒ u 관리도(단위당 결점수 관리도)
ⓓ Pn 관리도(불량개수 관리도)

정답 ‖ 86.③ 87.④

88. 다음 중 $\overline{x}$ 관리도에서 관리상한이 22.15, 관리하한이 6.85, $\overline{R}=7.5$일 때 시료군의 크기(n)는? (단, $n=2$일 때 $A_2=1.88$, $n=3$일 때 $A_2=1.02$, $n=4$일 때 $A_2=0.73$, $n=5$일 때 $A_2=0.58$이다.) [기능장 09년]

① 2 ② 3

③ 4 ④ 5

풀이 c 관리도 : $UCL=\overline{x}+A_2\overline{R}=22.15$, $UCL=\overline{x}-A_2\overline{R}=6.85$

위 식에서 $\overline{x}$ ± 를 더하면 $2\overline{x}=29$에서 $\overline{x}=14.5$이다.

또한 $UCL=6.85=14.5-A_2 . 7.5$이므로 $A_2=1.02$가 된다.

$\therefore n=3$이다.

89. 다음 중 관리도에 대한 설명이 아닌 것은? [기능장 03년]

① 관리도는 공정의 관리만이 아니라 공정의 해석에도 이용된다.

② 관리도는 과거의 데이터 해석에도 이용된다.

③ 관리도는 표준화가 불가능한 공정에는 사용할 수 없다.

④ 계량치인 경우에는 $\overline{x}-R$ 관리도가 일반적으로 이용된다.

풀이 ③ 관리도 : 표준화가 불가능한 공정에도 사용할 수 있다.

90. 다음 중 축의 완성지름, 철사의 인장강도, 아스피린 순도와 같은 데이터를 관리하는 가장 대표적인 관리도는? [기능장 06년, 12년]

① c 관리도 ② np 관리도

③ u 관리도 ④ $(\overline{x}-R)$ 관리도

풀이 $\overline{x}-R$ 관리도(평균치와 범위의 관리도) : 공정에서의 품질 특성이 길이, 무게, 시간, 강도, 성분 등과 같이 데이터가 연속적인 계량치의 경우에 사용되는 대표적인 관리도이다.

㉠ 다량의 정보를 얻을 수 있다.

㉡ 순도, 인장강도, 길이, 무게 등 측정시 용이하다.

㉢ 철사의 인장강도, 아스피린 순도와 같은 데이터 관리에 용이하다.

정답 ‖ 88.② 89.③ 90.④

91. 다음 중 품질특성에서 x관리도로 관리하기가 아닌 것은? [기능장 16년, 17년]

① 볼펜의 길이 ② 알코올 농도
③ 1일 전력소비량 ④ 나사 길이의 부적합품수

풀이 ㉠ 계량형 관리도
ⓐ 데이터의 길이
ⓑ 무게
ⓒ 강도
ⓓ 종류 : x관리도, R 관리도, $\bar{x}-R$ 관리도 $\bar{x}-\alpha$ 관리도
㉡ 계수형 관리도
ⓐ 결점수
ⓑ 불량률(나사길이의 부적합품수)
ⓒ 종류 : p 관리도(불량률), np관리도(불량개수), c관리도(결점수),
u 관리도(단위당 결점수)

92. 다음 중 관리한계선을 구하는데 이항분포를 근거로 하여 관리선을 구하는 관리도는? [기능장 03년]

① c 관리도 ② np 관리도
③ p 관리도 ④ $\bar{x}-R$ 관리도

풀이 ㉠ 이항분포 : np관리도
㉡ 푸아송분포 : u관리도
㉢ 정규분포 : x관리도, $\bar{x}-R$ 관리도

93. 다음 중 직물, 금속, 유리 등의 일정 단위 중 나타나는 흠의 수, 핀홀수 등 부 적합수에 관한 관리도를 작성하려면 가장 적합한 관리도는? [기능장 18년]

① c 관리도 ② np 관리도
③ p 관리도 ④ $\bar{x}-R$ 관리도

풀이 ㉠ 관리도의 종류
ⓐ c 관리도 : 직물, 금속, 유리 등의 면적 중의 흠의 수, 등의 관리도 작성시 사용
ⓑ np관리도 : 합격 여부의 판정만을 내릴 때 사용

정답 ▮ 91.④ 92.② 93.①

ⓒ p 관리도 : 비율을 계산하여 공정을 관리할 때 사용

㉡ (단위당) 부적합수 관리도

ⓐ 포아송분포를 근거로 하여, 공정의 일정단위(또는 단위당)중 부적합수를 관리하는데 사용한다.

ⓑ 직물의 얼룩, 핀홀수, 흠의 수, LCD TV 또는 라디오의 납땜 부적합수 등을 관리하는데 사용한다.

ⓒ n이 일정한 경우(c 관리도), n이 일정하지 않은 경우(u 관리도)에 사용한다.

94. 다음 중 np관리도에서 시료군마다 시료수(n)는 100이고, 시료군의 수(k)는 20, $\sum np = 77$이다. 이때 np관리도의 관리상한선(U_{CL})은? [기능장 05년, 14년, 18년]

① 8.94 ② 3.85

③ 5.77 ④ 9.62

풀이 ㉠ $U_{CL} = n\bar{p} + 3\sqrt{n\bar{p}(1-\bar{p}} = 3.85 + 3\sqrt{3.85 \times (1-0.0385} \fallingdotseq 9.62$

$n\bar{p} = \dfrac{77}{20} = 3.85, \quad \bar{p} = \dfrac{77}{20 \times 100} = 0.0385$

㉡ $\binom{U_{CL}}{L_{CL}} = n\bar{p} \pm 3\sqrt{n\bar{p}(1-\bar{p}} = 3.85 \pm 3 \times \sqrt{3.85 \times (1-0.0385}$

$= \binom{9.622}{-}$

$n\bar{p} = \dfrac{\sum np}{k} = \dfrac{77}{20} = 3.85, \ \bar{p} = \dfrac{\sum np}{\sum n} = \dfrac{\sum np}{k \times n} = \dfrac{77}{20 \times 100} = 0.0385$

95. 다음 중 미리 정해진 일정 단위 중에 포함된 부적합수에 의거하여 공정을 관리할 때 사용되는 관리도는? [기능장 04년, 15년]

① c 관리도 ② p 관리도

③ x 관리도 ④ np 관리도

풀이 ㉠ 관리도

ⓐ p 관리도 : 부적합품률 관리도

ⓑ c 관리도 : 부적합수 관리도

ⓒ u 관리도 : 단위당 부적합수 관리도

정답 ❙ 94.④ 95.①

㉡ (단위당) 부적합수 관리도

ⓐ 포아송 분포를 근거로 하여, 공정의 일정단위(또는 단위당)중 부적합수를 관리 하는데 사용한다.

ⓑ 직물의 얼룩, 핀홀수, 흠의 수, LCD TV 또는 라디오의 납땜 부적합수 등을 관리 하는데 사용한다.

ⓒ n이 일정한 경우(c 관리도), n이 일정하지 않은 경우(u 관리도)에 사용한다.

96. 다음 중 M 타입의 자동차 또는 LCD TV를 조립, 완성한 후 부적합수(결점수)를 점검한 데이터에는 어떤 관리도를 사용하는가? [기능장 07년, 20년]

① p 관리도 ② np 관리도

③ c 관리도 ④ $(\bar{x}-R)$ 관리도

풀이 (단위당) 부적합수 관리도

㉠ 포아송분포를 근거로 하여, 공정의 일정단위(또는 단위당)중 부 적합수를 관리하는데 사용한다.

㉡ 직물의 얼룩, 핀홀수, 흠의 수, LCD-TV 또는 라디오의 납땜 부적합수 등을 관리하는데 사용한다.

㉢ n이 일정한 경우(c 관리도), n이 일정하지 않은 경우(u 관리도)에 사용한다.

㉣ (c 관리도)

ⓐ 포아송 분포에 근거를 두고 있다.

ⓑ 자동차, LCD-TV조립, 일정길이의 직물에 나타난 결점수, 일정 면적의 스테인리스 철판에서 발견된 흠집수 등의 공정관리에 이용한다.

ⓒ c 관리도의 적합한 용도 : 결점수에대한 샘플링 검사과정을 할 때 공정관리시, 품질변동에대한 단기간의 조사연구시 등이다.

97. 다음 중 두 관리도가 모두 푸아송분포인 것은? [기능장 14년]

① $\bar{x}$ 관리도, R 관리 ② c 관리도, u 관리도

③ np 관리도, p 관리도 ④ c 관리도, p 관리도

풀이 ㉠ 정규분포 : $\bar{x}-R$ 관리도, x 관리도

㉡ 이항분포 : np 관리도, p 관리도

㉢ 포아송분포 : c 관리도, u 관리도

정답 ‖ 96.③ 97.②

98. 다음 중 c 관리도에서 $k=20$인 군의 총부적합(결점)수 합계는 58이었다. 이 관리도의 U_{CL}, L_{CL}을 계산하면? [기능장 08년, 13년, 19년]

① $U_{CL}=$ 6.90, $L_{CL}=$0

② $U_{CL}=$ 4.90, $L_{CL}=$고려하지 않음

③ $U_{CL}=$ 6.92, $L_{CL}=$고려하지 않음

④ $U_{CL}=$ 8.01, $L_{CL}=$ 고려하지 않음

풀이 c 관리도 : $U_{CL}=\bar{c}+3\sqrt{\bar{c}}$, $L_{CL}=\bar{c}-3\sqrt{\bar{c}}$

(여기서 CL = $\bar{c}=\dfrac{\sum c}{k}=\dfrac{58}{20}=2.9$)

$\binom{U_{CL}}{L_{CL}}=\bar{c}\pm3\sqrt{\bar{c}}=2.9\pm3\sqrt{2.9}=\binom{8.009}{-}$ $U_{CL}=2.9+3\sqrt{2.9}\fallingdotseq 8.008$

$L_{CL}=2.9-3\sqrt{2.9}\fallingdotseq-2.208$(단 (-)값은 고려하지 않는다.)

99. 다음 중 u 관리도의 관리한계선을 구하는 식은? [기능장 02년, 07년, 10년, 21년]

① $\bar{u}\pm\sqrt{\bar{u}}$

② $\bar{u}\pm3\sqrt{\bar{u}}$

③ $\bar{u}\pm3\sqrt{n\bar{u}}$

④ $\bar{u}\pm3\sqrt{\dfrac{\bar{u}}{n}}$

풀이 u 관리도 (• n : 시료의 크기 • $\bar{u}$: 일정 단위당 부적합수)

㉠ 중심선 $CL=\bar{u}=\dfrac{\sum c}{\sum n}$

㉡ 상한선 $CL=\bar{u}+3\sqrt{\dfrac{\bar{u}}{n}}$

㉢ 하한선 $CL=\bar{u}-3\sqrt{\dfrac{\bar{u}}{n}}$

통계량	중심선	U_{CL}	L_{CL}
u	$\bar{u}$	$\bar{u}+3\sqrt{\dfrac{\bar{u}}{n}}=\bar{u}+A\sqrt{\bar{u}}$	$\bar{u}-3\sqrt{\dfrac{\bar{u}}{n}}=\bar{u}-A\sqrt{\bar{u}}$

정답 ‖ 98.④ 99.④

100. 다음 중 $n = 10$일 경우 u관리도의 U_{CL}값은? [기능장 13년]

> 부적합수 관리도를 작성하기 위해 $\sum c = 559$, $\sum n = 222$를 구하였다. 시료의 크기가 부분군 마다 일정하지 않기 때문에 u 관리도를 사용하기로 하였다.

① 4.023 ② 2.518
③ 0.502 ④ 0.252

풀이 u관리도(당위당 결점수 관리도)

㉠ 관리상한선 : $U_{CL} = \bar{u} + 3\sqrt{\frac{\bar{u}}{n}}$

㉡ 여러개 샘플의 당위당 평균결점수

$$\bar{u} = \frac{\sum c}{\sum n} = \frac{559}{222} = 2.518, \quad n = 10,$$

$$U_{CL} = \bar{u} + 3\sqrt{\frac{\bar{u}}{n}} = 2.518 + 3 \times \sqrt{\frac{2.518}{10}} = 4.0234$$

101. 다음 중 관리도에서 점이 관리한계 내에 있으나 중심선 한쪽에 연속해서 나타나는 점의 배열현상은? [기능장 02년, 10년, 20년, 21년]

① 연(Run) ② 경향(Trend)
③ 산포(Dispersion) ④ 주기(Cycle)

풀이 점의 배열현상

㉠ 연(Run) : 중심선 한쪽에서 점이 연속되어 나타나는 현상이며, 길이 9 이상이 나타나면 비관리 상태로 판정한다.

㉡ 경향(Trend) : 점이 연속적으로 상승 또는 하강하는 경우이며, 길이 6 이상이 나타나면 비관리 상태로 판정한다.

㉢ 주기성(Cycle) : 점이 상하로 변동하여 주기적인 파형이 나타나는 경우 주기성이 있다고 하며, 이는 상황에 따라 비관리 상태로 판정한다.

㉣ 산포(Dispersion) : 측정값의 크기가 고르지 않을 때이다.

정답 ‖ 100.① 101.①

102. 다음 중 관리도에서 측정한 값을 차례로 타점했을 때 점이 순차적으로 상승하거나 하강하는 것은? [기능장 11년, 15년, 20년]

① 연(Run)
② 주기(Cycle)
③ 경향(Trend)
④ 산포(Dispersion)

풀이 관리도에서의 습관성

㉠ 연(Run)

ⓐ 중심선 한쪽으로 연속해서 나타나는 점의 배열이다.

ⓑ 중심선 한쪽에서 점이 연속되어 나타나는 현상이며, 길이 9 이상이 나타나면 비관리 상태로 판정한다.

㉡ 경향(Trend)

ⓐ 측정값이 순차적으로 상승하거나 하강하는것이며, 점점 올라가거나 또는 내려가는 상태이다.

ⓑ 점이 연속적으로 상승 또는 하강하는 경우이며, 길이 6 이상이 나타나면 비관리 상태로 판정한다.

㉢ 주기성(Cycle) : 점이 상하로 변동하여 주기적인 파형이 나타나는 경우이며, 이는 상황에 따라 비관리 상태로 판정한다.

㉣ 산포(Dispersion) : 측정값의 크기가 고르지 않을 때이며, 표준편차를 이용하여 표시한다.

103. 다음 중 미국의 마틴 마리에타社(Martin Marietta Corp.)에서 시작된 품질개선을 위한 동기부여 프로그램으로 모든 작업자가 무결점을 목표로 설정하고, 처음부터 작업을 올바르게 수행함으로써 품질비용을 줄이기 위한 프로그램은? [기능장 11년, 14년, 19년]

① TPM 활동
② 6시그마 운동
③ Z.D 운동
④ ISO 9001 인증

풀이 Z.D(Zero Defect) 운동

㉠ 무결점 운동으로 Martin社에서 로켓 생산의 무결점을 목표로 시작되어 1963년 G.E社가 전 부문을 대상으로 모든 업무를 무결점으로 하자는 운동으로 확대되었다.

㉡ Z.D 운동은 종업원 각자의 노력과 연구에 의해서 작업의 결함을 제로(Zero)로 하여 고도의 제품 품질성, 보다 낮은 코스트, 납기 엄수에 의해서 고객의 만족을 높이기 위해 종업원에게 계속적으로 동기를 부여 프로그램으로 시작하였다.

정답 ‖ 102.③ 103.③

104. 다음 중 "무결점 운동"으로 미국의 항공사인 마틴사에서 시작된 품질개선을 위한 동기부여 프로그램은? [기능장 07년, 11년, 14년, 20년, 22년]

① ZD ② 6시그마
③ TMP ④ ISO 9001

풀이 Z.D(Zero Defect) 운동

㉠ 무결점 운동(Z.D- program) : 1962년 미국 Martin社 항공사에서 품질개선을 위해 시작된 운동으로 로켓 생산의 무결점을 목표로 시작되어 1963년 G.E社가 전 부문을 대상으로 모든 업무를 무결점으로 하자는 운동으로 확대되었다.

㉡ 품질개선을 위한 정확성, 서비스향상, 신뢰성, 원가절감, 등의 에러를 '0(zero)'으로 한다는 목표로 전개된 운동이다.

㉢ Z.D 운동은 종업원 각자의 노력과 연구에 의해서 작업의 결함을 제로(Zero)로 하여 고도의 제품 품질성, 보다 낮은 코스트, 납기엄수에 의해서 고객의 만족을 높이기 위해 종업원에게 계속적으로 동기를 부여하는 운동이다.

㉣ Z.D- program의 중요 관점 요인
ⓐ 불량 발생률을 "0"으로한다.
ⓑ 인적요인과 중심역할이 중요하다.
ⓒ 동기유발이 필요하나.
ⓓ 작업의욕과 기능중심이 있다.

㉤ 무결점 운동을 위한 선행요인
ⓐ 작업자 스스로 작업의 중요성을 인식하게 한다.
ⓑ 작업자 스스로 목표 달성에 노력하게 한다.
ⓒ ECR(Error Cause Removal)을 제안하도록 한다.
ⓓ 성과에 따라 표창을 한다.

105. 다음 중 어느 단계에서 인간공학적 지식이 고려됨으로써 기업에 가장 큰 이익을 줄 수 있는가? [기능장 14년]

근래 인간공학이 여러 분야에서 크게 기여하고 있다.

① 제품의 개발단계 ② 제품의 구매단계
③ 제품의 사용단계 ④ 작업자의 채용단계

풀이 인간공학적 지식의 고려됨으로써 제품의 개발단계에서부터 적용함으로써 기업의 이윤을 극대화할 수 있다.

정답 ‖ 104.① 105.①

CHAPTER

02

생산관리

제1장 생산관리의 유형

생산목표를 달성할 수 있도록 생산의 활동이나 생산의 과정을 관리하는 것으로 적정의 제품 및 서비스를 적기에 적가로 생산 및 공급할 수 있도록 〈표 2-1〉과 같이 생산과정이나 생산활동 전체를 가장 경제적으로 조정하는 일련의 활동이다.

〈표 2-1〉 생산관리와 생산의 요소

생산	생산요소를 투입하여 유형, 무형의 생산재를 산출함으로써 호응을 생성하는 기능	
생산관리	기업경영에 있어서 생산기술적 구조의 합리화를 위한 생산의 효율적 운영에 관하여 계획하고 통제하는 기능	
생산의 요소	3요소	Man / Marerial / Machine
	4요소	Method
	5요소	Management
	7요소	Market / Money

01 | 생산관리의 유형

생산관리의 유형은 재고생산(Make-To-Stock), 주문생산(Make-To-Order), 재주문점(ROP : ReOderPoint) 시스템, MRP 시스템 등 〈표 2-2〉와 같다.

〈표 2-2〉 생산관리의 유형

유형	내용
재고생산 (Make-To -Stock)	시장에서의 상품수요를 예측하고 생산하는 형태로 소품종 표준제품 생산방식이며, 재고생산에서는 적절한 수요예측과 이에 대응할 수 있는 적정재고 수준을 유지하는 것이 중요하다.
주문생산 (Make-To -Order)	• 고객의 주문에 의하여 생산하는 형태이다. • 주문생산에서 가장 중요한 것은 납기를 맞추는 것이다. • SystemEver의 생산 프로세스를 통해 수주별로 생산, 진척사항을 상세히 파악하여 고객이 요구하는 납기에 지연되지 않도록 사전에 방지할 수 있다
재주문점 (ROP : ReOder Point) 시스템	• 자재발주 후 입고까지의 리드타임 내 수요를 충족시키기 위해 충분한 재고가 남아 있을 때 주문을 하는 시스템이다. • 독립품목의 재고관리에 사용하는 기법으로 과거 자료에 의해 수요예측을 하며, 적시 적량의 재고유지가 목적이다.
MRP 시스템 (자재 조달)	• 미래의 일정기간의 생산계획(Master Production Schedule)을 달성하기 위하여 자재명세(BOM, Bill Of Materials)와 생산계획의 전개를 통해 말단 부품까지의 소요일정(수량과 일자)을 산출하여 부품재고 보충계획을 수립하는 시스템이다. • 제품에 따라 부품 및 원자재의 수량과 시기를 알 수가 있으므로 이러한 부품의 수요는 최종 제품에 종속적(Dependent Demand)이다. • MRP 시스템은 종속 품목의 재고관리에 사용되는 기법이며, 생산계획량을 차질 없이 생산하도록 하는 자재조달이 목적이다. • 생산계획과 연동한 자재소요정보와 입출고 예정량 정보를 자재 재고시스템에 제공하여 자재 과부족을 예측함으로써 자재부족으로 인한 생산일정 지연을 방지할 수 있다.

02 | 생산계획

생산활동을 시작함에 있어서 그 목적 달성을 위하여 조직적이고 합리적인 계획을 수립하기 위한 사고활동으로서 〈표 2-3〉과 같이 생산되는 제품의 종류, 수량, 가격 및 생산방법, 장소, 일정계획에 관하여 가장 경제적이

고, 합리적으로 계획을 편성하는 것이다. 생산 시스템의 산출물은 제품의 수량 · 품질 · 시간 계획이다

〈표 2-3〉 생산계획

<table>
<tr><td>품질면의 계획</td><td colspan="2">통상 품질관리에서 다루는 것이 일반적이므로 보통의 계획이라고 하면 생산수량 및 시기계획, 즉 무엇을 · 언제 · 얼마나 하느냐 하는 것을 합리적으로 결정하는 과정이다.</td></tr>
<tr><td>생산계획</td><td colspan="2">계획대상을 중심으로 하여 총괄생산계획(Aggregate Scheduling)과 개별생산계획(Individual Scheduling)으로 나누는 것을 생산일정계획이라고 한다.</td></tr>
<tr><td>생산수량 계획절차</td><td colspan="2">수요예측(판매예측) → 판매계획 → 생산계획</td></tr>
<tr><td rowspan="4">생산 합리화의 기본 목표</td><td colspan="2">• 생산목표를 Q(Quality, 품질) C(Cost, 원가), D(Delivery, 납기)로 표현하는데 Delivery의 납기는 생산량과 시간이 포괄된 개념이다.
• 좋은 물건을 저렴하고 신속하게 생산하는데 있다.</td></tr>
<tr><td>좋은 물건 만들 것
(품질관리)</td><td>품질의 향상, 품질의 균일화</td></tr>
<tr><td>싸게 만들 것
(원가관리)</td><td>원가의 인하, 원가의 유지</td></tr>
<tr><td>빨리 만들 것
(공정관리)</td><td>생산의 신속화(생산기간단축)
납기의 확실화(신용의 확보)</td></tr>
<tr><td>생산관리의 목적</td><td colspan="2">• 생산성 향상 : 기술적 생산성 향상, 인간노동의 생산성 향상
• 경제성 향상</td></tr>
<tr><td rowspan="3">생산관리의 일반원칙
(3S)</td><td>3S</td><td>특징 및 효능</td></tr>
<tr><td>단순화
(Simplification)</td><td>• 생산은 간단한 수단이나 방법에 의한 원칙이다.
• 작업방법을 단순화 한다(작업자의 숙련도에 따른 품질향상).
• 재료의 종류가 감소한다(창고 및 자제관리가 쉽고 자재의 절약 효과).</td></tr>
<tr><td>표준화
(Standardization)</td><td>과학적 연구결과, 정당하다고 인정하는 표준을 설정하고 그것을 유지하는 원칙으로 물적 표준화, 관리 표준화, 작업 표준화로 분류한다(대량생산).</td></tr>
</table>

<table>
<tr><td></td><td>전문화
(Specialization)</td><td>• 각 작업을 분리하여 특정한 한정된 분야에만 그 노력을 집중하여 작업의 전문성을 높이는 것이 원칙이다.
• 종업원의 숙련도를 높이고, 높은 기술을 기할 수 있다.
• 품질향상과 생산능력이 증대된다.</td></tr>
<tr><td rowspan="6">시스템</td><td colspan="2">시스템은 하나의 복잡한 개체를 형성하기 위한 상호 관련된 사물의 집합 또는 집합체</td></tr>
<tr><td>시스템의
구성</td><td>• 투입(Input)
• 변환과정(Processor)
• 산출(Output)</td></tr>
<tr><td>시스템의
공통적 성질</td><td>• 집합성
• 관련성
• 목적 추구성
• 환경 적응성</td></tr>
<tr><td>미지상자
(Block Box)</td><td>일반적으로 재고나 생산량과 같은 수치적인 요소를 통해 예측할 수 없는 요소를 가리킨다.</td></tr>
<tr><td>시스템의
경계</td><td>해당 시스템이 관리하는 범위와 외부 시스템 또는 프로세스와의 상호작용을 나타낸다.</td></tr>
<tr><td>상관관계</td><td>제조 및 생산 환경에서 생산성을 향상시키고 비용을 최소화하기 위한 전략적이고 작업적인 활동들을 포함한다(시스템은 작업을 지원하고 향상 시키는데 중요한 역할을 한다).</td></tr>
<tr><td>시스템의
분류</td><td colspan="2">• 확정적 시스템과 확률적 시스템
• 폐쇄적 시스템과 개방적 시스템</td></tr>
<tr><td>시스템의
공통적
성질</td><td colspan="2">• 집합성
• 관련성
• 목적 추구성
• 환경 적응성</td></tr>
</table>

03 | 생산형태의 분류

판매(시장수요)형태에 의한 분류는 주문생산, 계획생산이며, 생산형태의 분류는 주문생산, 예측생산이다. 또한 품종과 생산량에 의한 분류는 소품종 대량생산, 다품종 소량생산이며, 작업 연속성에 의한 분류는 생산시기, 품종과 생산량, 단위당 생산원가, 기계설비이고, 생산량에 의한 분류는 프로젝트 생산, 개별생산, 로트(Batch) 생산, 대량생산이다.

〈표 2-4〉 생산형태의 분류

<table>
<tr><td rowspan="3">판매(시장수요)형태에 의한 분류</td><td colspan="3">종 류</td><td colspan="2">특 징</td></tr>
<tr><td colspan="3">주문생산(Production for Job Order)</td><td colspan="2">• 고객의 주문에 의하여 제품을 생산한다.
• 범용기계를 사용한다.</td></tr>
<tr><td colspan="3">계획생산(Production for stock)</td><td colspan="2">• 시장수유를 예측하여 생산하기 때문에 정확한 수요예측이 필요하다.
• 생산설비는 전용설비이다.</td></tr>
<tr><td rowspan="6">생산형태의 분류</td><td colspan="5">생산형태의 분류</td></tr>
<tr><td>생산시기</td><td>생산의 반복성</td><td>품종과 생산량</td><td>생산의 흐름</td><td>생산량과 기간</td></tr>
<tr><td rowspan="2">주문생산</td><td>개별생산</td><td rowspan="2">다품종 소량생산</td><td rowspan="3">단속생산</td><td>프로젝트 생산</td></tr>
<tr><td>소 로트생산</td><td>개별생산</td></tr>
<tr><td rowspan="2">예측생산</td><td>중 · 대 로트생산</td><td>중품종 중량생산</td><td>로트(Batch) 생산</td></tr>
<tr><td>연속생산</td><td>소품종 대량생산</td><td>연속생산</td><td>대량생산</td></tr>
</table>

품종과 생산량에 의한 분류

종 류	특 징
소품종 대량생산	• 생산설비는 전용설비를 사용한다. • 제품 단위당 생산비가 비교적 낮다.
다품종 소량생산	• 시장수요를 예측하여 제품생산의 변동에 탄력성이 높다. • 생산설비는 범용기계를 사용한다.

작업 연속성에 의한 분류

특 징	단속생산	연속생산
생산시기	주문생산	예측생산
품종과 생산량	다품종 소량생산	소품종 대량생산
단위당 생산원가	높음	낮음
기계설비	범용설비(일반 목적용)	전용설비(특수 목적용)

생산량에 의한 분류

종 류	특 징
프로젝트 생산	• 제품의 생산량이 매우 적고 다양성이 높다. • 단속생산의 일종이다.
개별생산	• 프로젝트 생산에 비해 생산기간이 단기적이며 소량생산이다. • 생산설비는 범용기계를 사용한다.
로트(Batch) 생산	• 개별생산과 대량생산의 중간형태를 취한다. • 로트의 크기에 따라 설비배치도 범용설비에서 전용설비화로 되는 경향이 있다.
대량생산	• 전용설비를 이용한다. • 다양한 수요에 대한 제품생산의 유연성이 적다.

04 | 생산형태와 설비배치

설비배치(Facility or Plant Layout)는 생산공정의 공간적 배열, 즉 서비스 내지 생산의 흐름에 맞춰 건물, 시설, 기계설비, 통로, 창고, 사무실 등의 위치를 공간적으로 〈표 2-5〉와 같이 적절히 배치하는 것이 좋다.

〈표 2-5〉 생산형태와 설비배치

구분	내용	
설비배치의 목적	• 생산공정의 단순화(가공시간 절약) • 재가공품의 감소 • 물자취급의 최소화 • 이동거리의 감소(유연성 제공) • 작업공간의 효율적 사용(공간의 활용) • 근로자의 편리와 만족(쾌적한 환경 제공) • 설비투자의 최소화 • 작업자 부하 평준화(고객 만족의 증대)	
설비배치의 유형	제품(라인)별 배치 (Product or Line Layout)	• 대량생산 내지는 연속생산형에서 흔히 하는 배치형태이다. • 작업별 생산능력의 차이에 의한 공정 흐름의 불균형과 유휴시간을 최소화하기 위해 라인 균형을 조정한다.
	공정(기능)별 배치 (Process or Functional Layout)	• 다품종 소량생산 시스템에 알맞도록 범용설비를 기능별로 배치하는 형태이다. • 공정별 배치는 기계 한 대가 고장나도 전체작업이 중단되지 않고 제품설계 및 작업순서의 변경에도 유연하게 대처할 수 있는 장점이 있다.
	위치고정형(프로젝트) 배치(고정 위치형 배치)(Fixed - Position or Project Layout)	• 제품이 매우 크고, 구조가 복잡한 경우 제품을 움직이는 대신 제품생산에 필요한 원자재, 기계, 설비, 작업자 등이 제품의 생산장소에 접근시키는 배치형태이다.

구분	내용
셀룰러 배치	• 기계 간에 부품의 이동거리와 대기시간이 짧고, 생산 소요시간이 단축되어 재가공품 재고가 감소한다. • 다양한 부품을 중 · 소량으로 생산하는 기업에 적합하다.
혼합형 배치	• 공정별, 제품별, 위치고정형 배치를 혼합하여 배치하는 형태이다.

배치유형의 비교와 적용

특성	제품별 배치	공정별 배치	고정형 배치
생산 제품	소품종 대량의 표준품	다품종 소량생산	극소수의 특정품(프로젝트)
설비 투자	고가의 전용 설비	저렴한 범용설비	이동 가능한 범용설비
생산비	고정비 높고 변동비 낮음	변동비 높고 고정비 낮음	고정비 낮으나 변동비는 고정별 배치보다 높음

제2장 수요예측과 제품조합

01 수요예측(Demand Forecasting)

제품에 대한 미래의 수요를 미리 추정하는 것이며, 경영자로서 가장 중요한 기능의 한 가지라 할 수 있다. 이는 장래의 일정한 기간 동안에 생산하여야 할 제품의 생산수량을 사전에 예정하는 생산수량계획을 세움에 있어서 확실한 수요량을 판단하는 것이고, 기업의 산출물인 재화나 서비스에 대한 미래의 시장수요(수량, 시기, 품질, 장소등)를 추정하는 과정으로서 〈표 2-6〉과 같이 수요예측을 통한 판매예측은 모든 경영활동의 근본이 된다.

〈표 2-6〉 생산형태와 설비배치

<table>
<tr><td>수요예측의 목적</td><td colspan="3">• 생산설비의 신설, 확장 규모의 결정
• 기존의 설비장치에서 생산하는 복수 품목, 전체의 기간, 생산계획량의 결정
• 기존의 설비장치에서 각 품목마다의 월별 생산계획량의 결정</td></tr>
<tr><td rowspan="4">수요예측 방법</td><td rowspan="4">정상적
(주관적)
예측법
(Qualitative Method)</td><td colspan="2">장래의 기술예측이나 신규로 개발된 신제품 시장 및 수요 등의 예측은 자료가 빈약하여 전문가의 주관적 의견이나 추정을 토대로 한다.</td></tr>
<tr><td colspan="2">Delphi법 / 판매원의견 종합법 / 경영자 판단 / 소비자(시장) 조사법 등</td></tr>
<tr><td>장점</td><td>• 예측이 간단하다.
• 고도의 기술을 요하지 않는다.</td></tr>
<tr><td>단점</td><td>• 전문가나 구성원의 능력, 경험에 따른 예측 결과의 차이가 크다.
• 예측의 정확도가 낮다.</td></tr>
</table>

<table>
<tr><td rowspan="2"></td><td rowspan="2">정량적
(객관적)
예측법</td><td>시계열
분석</td><td>월 · 주 · 일 등의 시간간격에 따라 제시한 과거 자료로부터 그 추세나 경향을 알아서 장래의 수요를 예측하는 것으로 시계열 자료의 주요 구성요소는 추세변동(T), 순환변동(C), 계절변동(S), 불규칙 변동(I)이 있다.</td></tr>
<tr><td>인과형
예측법</td><td>수요변화에 영향을 주는 기업 내부 및 환경요인 등을 수요와 관련시켜 인과적 예측모델을 만들어 수요예측하는 것이다.</td></tr>
<tr><td>수요예측
방법의
분류</td><td colspan="3">• 시계열 분석
• 회귀분석
• 구조분석
• 의견분석</td></tr>
<tr><td rowspan="3">수요예측
의 기법</td><td rowspan="3">과거의
자료가
없거나
신제품인
경우</td><td>시장조사법</td><td>시장조사 또는 소비자 의견조사를 통하여 수요예측</td></tr>
<tr><td>델파이법</td><td>전문가집단의 의견제시를 통하여 수요예측</td></tr>
<tr><td>전문가 패널
에 의한 방법</td><td>델파이법과 비슷하거나 전문가들 사이에 완전개방하여 의견을 제시하여 수요예측</td></tr>
</table>

02 | 시계열 분석에 의한 수요예측기법

동적 평균선을 관찰치와 경향치와의 편차 자승의 총합계가 최소가 되도록 구하고, 회귀직선을 연장해서 예측하는 방법이다.

1. 이동평균법(단순이동평균, 가중이동평균)

전기수요법을 좀 더 발전시킨 것으로, 과거 일정기간의 실적을 평균해서 (식 2-1)과 같이 예측하는 방법이다.

$$\text{예측지} \quad F_t = \frac{\text{기간의 실적치}}{\text{기간의 수}} \qquad (2\text{-}1)$$

이동평균법(Moving Average Method)의 종류는 〈표 2-7〉과 같다.

〈표 2-7〉 이동평균법(단순이동평균, 가중이동평균) 종류

구분	내용
단순이동 평균법	모든 데이터에 동일한 가중치를 부여하여 평균을 산출하는데 차기 예측치를 현시점에서 가까운 N개의 데이터를 평균하여 차례로 구하여 나가는 방법이다. $Mt+1 = \frac{(xt + xt-1 + ... + xt-n+1)}{N}$, $F_t = \frac{1}{n}\Sigma K_t$
단순지수 평활법	현시점에 가까운 실측치에 큰 비중을 주면서 과거로 올라갈수록 그 비중을 지수적으로 적게 주는 지수 가중 이동평균법으로서 장점은 이동평균법에는 장기간의 과거 실적을 필요로 하지만, 지수평활법은 최근의 데이터만으로 예측이 가능하다. 금월예측치 = 전월예측치 + a(전월실적치 - 전월예측치) $F_t = F_{t-1} + a(A_{t-1} - F_{t-1}) = aA_{t-1} + (1-a)F_{t-1}$ 단, a : 지수평활계수 (0 〈 a 〈 1)
가중이동 평균법	가중 이동평균법는 최근의 데이터에 더 큰가중치를 부여하여 평균값을 구하고 평균값을 차기의 예측값으로 사용한다. $F_t = \Sigma K_t P_t$

2. 지수 평활법

최근의 자료에 더 큰 가중치를 주고 현시점에서 멀수록 작은 가중치를 주어 지수적으로 과거의 비중을 줄여 (식 2-2)와 같이 미래값을 예측하는 방법이다.

$$F_t = a \cdot D_{r-1} + (1-a)F_{t-1}$$
$$F_{t-s} = a \cdot D_{r-2} + (1-a)F_{t-2}$$
$$= a \cdot D_{r-1} + a(1-a)D_{r-2} + (1-a)^2 F_{t-2} \quad (2\text{-}2)$$

Ft = 차기 판매 예측치　　a = 지수 평활계수(0〈X〈1)

Dt-1 = 당기 판매 실측치　　= 전기의 판매 예측치

Ft-1 = 당기 판매 예측치　　= 전기의 판매 실적치

3. 최소 자승법

최소 자승법은 주어진 데이터로부터 모델을 만들 때 예측값과 실제값 사이의 오차를 식 (2-3)과 같이 최소화 하는 방법이다.

$$Y = a + bx,\ a = \frac{(\Sigma y \Sigma x^2) - (\Sigma x \Sigma xy)}{(n\Sigma x^2) - (\Sigma x)^2},$$
$$b = \frac{(n\Sigma xy) - (\Sigma x \Sigma y)}{(n\Sigma x^2) - (\Sigma x)^2} \quad (2\text{-}3)$$

㉮

연도	X	Y	y	$(Y-y)^2$	X^2	XY
18	0	28	30	4	0	0
19	1	30.4	25	29.16	1	25
20	2	32.8	36	10.24	4	72
21	3	35.2	34	1.44	9	102
22	4	37.6	40	5.76	16	160
23	5	40	37	9	25	185
24	6	42.4	43	0.36	36	258
계	$\Sigma x = 21$		$\Sigma y = 245$	$\Sigma(Y-y)^2$ =59.96	Σx^2 =91	Σxy =802

㉠ $Q = \dfrac{(\Sigma y\,\Sigma x^2) - (\Sigma x\,\Sigma xy)}{(n\Sigma x^2) - (\Sigma x)^2} = \dfrac{245 \times 91 - 21 \times 802}{X^2}$ =27.82

㉡ $b = \dfrac{(n\Sigma xy) - (\Sigma x\,\Sigma y)}{(n\Sigma x^2) - (\Sigma x)^2} = \dfrac{7 \times 802 - 21 \times 245}{7 \times 91 - (21)^2}$ $Y = 28 + 2.4X$

㉢ 2024년도 예측치 $Y = 28 + 2.47 \times 7 = 44.8$

03 | 예측오차

예측오차는 절대평균오차와 추적지표(절대평균오차 보완)로 〈표 2-8〉과 같다.

〈표 2-8〉 재고의 조건에 의한 분류

절대평균오차	$M_t = \dfrac{1}{n}\Sigma$(실제치 – 예상치)
추적지표(절대평균오차 보완)	$F_t = \dfrac{1}{M_t}$(Σ실제치 – Σ예상치)

04 | 제품조합(Product Mix)

원재료의 공급능력, 가용노동력, 기계설비의 능력 등을 고려하여 이익을 최대화하기 위한 제품별 생산비율은 〈표 2-9〉와 같다.

〈표 2-9〉 재고의 조건에 의한 분류

손익분기점(BEP : Break	• 일정기간 동안의 지출과 수익이 일치하는 지점으로써 손해와 이익이 전환되는 지점이다.

<table>
<tr>
<td>Even Point)
분석</td>
<td colspan="3">• 모든 비용을 고정비와 변동비로 나누어 비용과 가격, 판매수량에 따라 매출과 이익이 어떻게 변하는가를 분석하는 방법이다.

손익분기점 매출액 : BEP =
$$\frac{고정비(F)}{한계이익률} = \frac{고정비(F)}{1-\frac{변동비(V)}{매출액(S)}} = \frac{고정비(F)}{1-변동비율}$$

손익분기점 판매량 : BEP = $\frac{고정비(F)}{한계이익} = \frac{F}{S-V}$</td>
</tr>
<tr>
<td rowspan="7">제품조합의
방법 및 종류</td>
<td rowspan="4">손익
분기점
분석</td>
<td>평균법</td>
<td>품목별로 먼저 개별지수를 구한 다음 개별지수의 합을 구하여 시점마다 산술평균이나 기하평균을 사용하여 평균지수를 구하게 된다.</td>
</tr>
<tr>
<td>기준법</td>
<td>여러 제품들 중 전략제품을 기준제품으로 선정하여 기준제품의 손익분기점 매출액을 계산한 후에, 기준제품의 공헌 이익률에 대한 각 제품의 상대적 지수에 따라 제품별 손익분기점 매출액을 산출하는 방법이다.</td>
</tr>
<tr>
<td>개별법</td>
<td>• 개개의 상품 또는 제품에 대하여 개별적인 원가를 계산하는 방법이다.
• 재고상품의 평균원가를 계산하는 가중평균법에 상대하는 개념으로, 원가의 흐름과 물량의 흐름이 완전히 일치하여 정확한 계산을 산출할 수 있다.</td>
</tr>
<tr>
<td>절충법</td>
<td>개별법에 평균법과 기준법을 절충한 방법이다.</td>
</tr>
<tr>
<td rowspan="2">선형
계획법</td>
<td>도해법</td>
<td>선형계획모형의 제약식을 2차원의 평면상에 그래프로 표현하여 실행가능 영역을 구하고, 실행가능영역 내부에 존재하는 수많은 실행가능해 중에서 가장 크거나 작은 목적함수의 값을 갖는 해를 도출해 내는 접근방법이다.</td>
</tr>
<tr>
<td>단체법</td>
<td>선형계획 문제의 최적해를 구하는 알고리즘이며, 어쩔수 없는 경우에는 지수시간이 걸리지만, 평균적으로 매우 빠르게 작동하기 때문에 널리 쓰인다.</td>
</tr>
</table>

제3장 재고관리

재고는 "물품(재고자산)의 흐름이 시스템 내의 어떤 장소에 정체되어 있는 상태를 시간적 관점에서 파악한 관리개념"으로서 재고를 보유하는 목적의 관리이다. 어떤 품목의 수요와 공급간의 불일치(수요량과 공급량과의 불일치, 수요시기와 공급시기의 불일치, 요구 품질과 조달 품질의 불일치 등)를 조정하기 위해 [그림 2-1]과 같이 기본기능을 갖는 것이다.

[그림 2-1] 수요와 공급간의 불일치

01 | 재고의 분류

재고의 조건에 의한 분류는 재고의 관리목적, 재고성격, 가격기준, 유통단계, 영역에 따라 물류기능, 품목형상, 보관온도, 운송수단, 사용목적 등의 사용조건에 따라 〈표 2-10〉과 같이 구분할 수 있다.

〈표 2-10〉 재고의 조건에 의한 분류

분 류	내 용
관리목적에 따라	원부자재, 원부원료, 재공품, 반제품, 제품, 상품, 부품, 보전수리품, 소모품, 사급품 재고 등

분 류	내 용
재고성격에 따라	운영재고, 가용재고, 불용재고, 안전재고, 부외재고 등
가격기준에 따라	고가, 중가, 저가품목재고
유통단계에 따라	구매, 조달, 생산, 판매, 영업, 도매, 소매유통재고 등
영역에 따라	사내, 사외, 국내, 국외, 지역, 창고 내, 창고 외 야적재고 등
물류기능에 따라	포장, 보관, 하역, 유통 가공, 운송 재고 등
품목형상에 따라	고체, 액체, 기체, 포장, 무포장(Bulk), 팰릿, 박스 재고 등
보관온도에 따라	상온, 냉동, 냉장, 정온재고, 항온항습재고 등
운송수단에 따라	자동차, 기차, 선박, 항공기, 파이프 라인 재고
사용목적에 따라	생산재 재고, 소비재 재고
기 타	위험물, 법규 등 상황과 조건에 따라 다양

1. 재고의 종류에 의한 분류

재고의 종류에 의한 분류는 가용재고, 불용재고, 운용재고, 재공품, 부외재고, 사급품 등에 따라 〈표 2-11〉과 같다.

〈표 2-11〉 재고의 종류에 의한 분류

가용재고 (Available Inventory)	• 사용가능한 재고로 반대는 불용(不用)재고가 된다. • 보관 · 관리되는 재고는 재고조사를 통하여 이를 구분하고 관리한다.
불용재고 (Disuse Stock)	사용하지 않는 재고로 용도가 없는 재고, 품질하자가 있어 본래의 목적에 사용할 수 없는 재고이다.
운용재고 (Operation Stock)	목적에 맞게 원활하게 운영할 수 있는 사용가능한 재고이며, 항시 운영재고 상태로의 유지관리가 중요하다.
재공품 (Wip : Work In Process)	공정에 있는 재고이며, 생산활동 중에 있는 재고라도 최소의 재고로 신속 대응관리가 중요하다.
부외재고 (Unlisted Stock)	장부 외 재고이며, 회계장부에 기록되어 있지 않은 재고로 소모품이나 소모 공구, 가구, 비품, 기타의 저장품처럼 중요성이 적고 매입할 때 또는 출고할 때 비용으로 처리하는 방법을 채용한 경우의 재고이다.

사급품	• 발주회사, 모기업에서 자재를 일괄 구매하여 협력사, 자기업에 공급하는 것으로 발주회사나 협력사 간에 효율적 공급라인을 구성하여 원가절감 및 구매상의 문제점을 해소하고, 상호 효율적 관리를 할 수 있다. • 사급은 유상사급과 무상사급으로 구분되며, 사급 자재 물품을 사급품이라고 한다.

2. 재고유형(재고를 보유하는 목적)

재고를 보유하는 목적의 관리로서 순환재고, 비축재고(예상재고) 파이프 라인 재고, 완충재고, 안전재고의 유형은 〈표 2-12〉와 같다

〈표 2-12〉 재고의 종류에 의한 분류

순환재고	• 소비하고 남은 재고
비축재고 (예상재고)	• 성수기에 대비한 재고 • 장래에 대비한 비축 재고 • 로트 사이즈 재고(주기재고)
파이프 라인 재고	• 작업장과 작업장 사이에서 이동중인 재고 • 수송기간 중 생기는 수송 중 재고 • 생산공정 내 또는 공정간 재공품 재고 • 생산시스템의 투입물로서의 원 · 부자재 또는 부품재고 • 생산시스템의 산출물로서의 제품재고
완충재고	• 대리점에서의 재고 • 공정의 독립을 위한 예비 일감재고
안전재고	• 조달이 불확실해 미리 대비하여 보유한 재고 • 불확실한 변화에 대처하기 위한 안전재고

3. 재고의 기능

재고의 기능은 보관, 창고의 기능과 유사하며 〈표 2-13〉과 같이 시간적 · 경제적 요소와 중간매개 완충기능, 불확실성 및 불연속성 대응기능을 주로 하고 있다.

〈표 2-13〉 재고의 기능

기 능	내 용
시간적 요소 기능	리드 타임 단축, 서비스 수준 향상, 적시 신속공급, 수요와 공급시점, 성수기 비수기 등 시간적 요소 해결
경제적 요소 기능	구매, 생산, 수송, 판매, 비축의 대량화에 따른 규모의 경제 실현
완충기능	수요와 공급, 구매와 사용, 생산과 판매, 계절적 요인, 성수기 비수기, 대량과 소량, 수송과 배송, 수리보수 등 완충
불확실성 대응 기능	안전재고, 수요변경, 설계변경, 작업변경, 작업불량, 납기지연, 품귀, 파동, 파업, 단종 등 물량변동 불확실성 요소에 대응
불연속성 대응 기능	조달, 생산, 판매, 도소매 유통 과정 등 SCM 상 불연속적 요소의 완충 연계

4. 재고와 관련된 비용

재고와 관련된 비용은 구매비용, 주문발주 조달비용, 재고관리(유지) 비용, 품절(결품, 부족) 비용, 총재고 비용 등 〈표 2-14〉와 같다.

〈표 2-14〉 재고와 관련된 비용

<table>
<tr><td>구매비용 (Purchase Cost)</td><td colspan="2">구매와 관련된 제반비용으로 구매단가 인하 및 대량할인 혜택 등으로 원가절감, 효율향상이 중요하다.</td></tr>
<tr><td rowspan="3">주문발주 조달비용 (Ordering Cost)</td><td colspan="2">주문발주 조달에 소요되는 비용으로 측정의 어려움이 있다.</td></tr>
<tr><td>주문처리비 (Setup Cost)</td><td>주문준비, 분석, 상담, 작성, 신청, 입력, 정리, 결재에 따른 비용</td></tr>
<tr><td>물자취급비 (Handling Cost)</td><td>물자 취급의 입고, 이동, 검사, 쌓기, 출고, 하역, 운반 등에 따른 비용</td></tr>
<tr><td>재고관리(유지) 비용(Holding Cost, Carrying Cost)</td><td colspan="2">재고가 있기에 재고를 관리 유지하는데 드는 비용으로 자본비용인 금리, 보관 비용인 창고료, 임대료, 보험료, 고정비, 변동비, 노무비, 정보처리비, 에너지비, 수리비, 위험 비용인 진부화, 열화, 분실, 도난, 파손, 재작업, 이동 등에 소요된 비용으로 재고를 줄여 재고관리비를 최소화 하여야 한다.</td></tr>
</table>

품절(결품. 부족) 비용(Shortage Cost)	공급시점에서 물건이 없는 결품, 부족으로 발생되는 기회비용으로 이에 따라 판매기회 손실, 신용 저하비, 미납주문 처리비, 생산 유휴비 등이 해당하며, 평가측정의 어려움이 있다.
총재고 비용(Total Inventory Cost)	구매비용, 주문발주비용, 재고관리비용, 품절(결품)비용의 합으로 전체를 보면서 총비용이 최소화되도록 종합 관리하여야 한다. 총재고 비용 = 구매비용 + 주문발주 조달비용 + 재고관리비용 + 품절비용

5. 재고비와 재고관리비 산출

재고비와 재고관리비 산출은 재고비(Inventory Cost) 산출, 재고관리비(Inventory Carry Cost) 산출비용, 재고수준(Inventory Level) 등 〈표 2-15〉와 같다.

〈표 2-15〉 재고비와 재고관리비 산출

<table>
<tr><td>재고비 (Inventory Cost) 산출</td><td colspan="2">• 재고비는 재고품목 수량 × 단가로 재고 품목별, 제품군별, 합계로 산출한다(재고비는 재고금액 또는 재고원가).
• 재고비 계산은 기업 회계기준에 따른 재무 회계 측면의 계산방법과 재고관리 부서에서 재고를 효율적으로 관리하기 위하여 계산하는 관리회계 방식으로 나눌 수 있다.</td></tr>
<tr><td rowspan="3">재고관리비(Inventory Carry Cost) 산출</td><td colspan="2">재고관리비는 재고가 있기 때문에 재고를 관리 유지하는데 드는 비용으로, 재고관리비를 산출하는 방식은 항목별 전체를 사실대로 산출하는 물류비 산출기준에 의한 방법과 간편법이 있다.</td></tr>
<tr><td>물류비 산출 기준에 의한 산출 방법</td><td>재고를 유지 · 관리하는데 소용된 비용항목, 즉 금리, 임대료, 보험료, 고정비, 변동비, 인건비, 정보처리비, 경비, 수리비, 에너지비, 로스비(진부화, 열화, 분실, 도난, 파손, 재작업, 이동), 감가상각비 등을 사실대로 산출하는 방법이다.</td></tr>
<tr><td>간편법에 의한 재고관리비 산출</td><td>재고비(금액) × 일정비율[%]로 일정 비율은 통상 15~25[%]를 기준으로 관리목적과 방침에 따라 회사에서 임의로 정하여 산출한다.</td></tr>
</table>

재고 수준 (Inventory Level)	• 재고의 일정한 기준이 되는 정도로 재고량이나 금액을 단위(일, 주, 월간) 출하량이나 출하 금액으로 나누어 며칠 분, 몇 개월분으로 나타나는 관리지표이다. • 재고는 양이나 금액 자체만으로는 어느 정도인지 잘 모르기 때문에 재고수준으로 나타내어 재고의 많고 적음의 정도를 알 수 있게 된다. • 경쟁사와 재고수준의 차이는 단순히 금액이나 효율만이 아니고 의식 수준, 시스템 수준, 경쟁력 척도 차이를 나타내고 있다. 따라서 결합품 없이 재고수준을 줄이는 것이 중요하다. 재고회전율 = 매출금액(출고량) ÷ 평균 재고금액(출하량) × 100

02 | 경제적 발주량(EOQ)

자재발주에 수반하는 각종 비용과 재고 유지비용 및 장래 수요 등을 고려해서 가장 경제적으로 설정한 〈표 2-16〉과 같은 발주량이다.

〈표 2-16〉 경제적 발주량(EOQ : Economic Order Quantity)

경제적 발주량	• Total Inventory Cost를 최소화 하는 주문량 총 재고비용 = 구매비용 + 재고유지비가 최소가 되는 발주량 혹은 구매량
EOQ (Economic Order Quantity)	• 계산이 간편하나 수요의 변화가 심한 경우에는 적용이 바람직하지 않다. • 경제적 발주량의 결정 모델(1915년 F.W Harris의 고전적 재고 Model)이다. - 발주비용은 발주량의 크기와 관계없이 매 주문마다 일정 - 재고유지비는 발주량의 크기와 정비례로 발생 - 구입단가는 발주량의 크기와 정비례로 발생 - 수요율과 조달기간이 일정 - 단일품목이 대상

<table>
<tr>
<td>경제적
발주량에
사용되는 용어</td>
<td>
<table>
<tr><td>Q_o</td><td>경제적 발주량(EOQ)</td><td>D</td><td>연간 소요량</td></tr>
<tr><td>C_p</td><td>1회 발주비용</td><td>C_H</td><td>단위당 연간 재고유지비
$P_i = C_H$</td></tr>
<tr><td>P</td><td>구입단가 또는 제조단가</td><td>i</td><td>단위당 연간 재고유지비율</td></tr>
</table>
</td>
</tr>
<tr>
<td>경제적
발주량(EOQ :
Economic
Order
Quantity)의
모형</td>
<td>
$$EOQ = \sqrt{\frac{2PC_0}{C_t}}, \qquad EPQ = \sqrt{\frac{2PC_s}{C_t}}$$
P : 연간수요
C_0 : 1회 주문비용
C_t :연간 재고비용
C_s : 생산준비비용
</td>
</tr>
<tr>
<td>발주방식</td>
<td>
다양한 방법이 존재 하지만 다양한 방법이 있는 반면 1/5가량의 기업은 발주방식을 따로 선택하지 않고 대표적으로 3가지 정도의 방법을 선택한다. 복잡하고 어렵지 않게 효율적으로 관리할 수 있기 때문이다.
<table>
<tr><td>정량발주
방식(ROP,
ReOrder
Point)</td><td>• 재고수준을 두고 최고와 최소수준으로 재고량을 조절하는 방식이다.
• 재고수준에 따른 재주문 시점을(ROP)를 안전재고에 주문 기간 동안의 수요의 따라 계산하여 결정한다.

안전재고 60, 연간수요 1200, 조달기간 1개월일 때 ROP = 60(R) + 1200(D) × 1/12 = 160(개)의 재고에 재주문한다.</td></tr>
<tr><td>정기발주
방식</td><td>• 매주 또는 격주 등과 같이 일정기간마다 발주하는 방식으로 주문량을 일정하게 할 수도 있으나 보통 재고수준에 모자라는 부분을 채우는 방식을 택한다.
• 재고량이 안전재고량에 도달하지 않은 수준의 주기를 두고 부족한 재고를 최대로 채우는 방식이다.</td></tr>
<tr><td>적정재고</td><td>• 부족분 재고의 수준을 적정량 정해 놓고 부족하면 채워 넣는 방식으로 통계자료와 같이 기업에서 가장 많이 채택하는 방식으로 간단하고 쉽게 재고량을 유지할 수 있다.
• 결코 효율적이라고 할 수 없고, 재고가 많은 경우 일일이 관리하기 힘들다.</td></tr>
</table>
</td>
</tr>
</table>

MRP 방식	• 생산에 필요한 자재와 부품의 구매계획을 세우는 방법론 중 하나로 고객주문 예측과 재고량, 납기 등을 고려하여 원자재, 부품 등을 발주하는 방식이다. • MRP는 고객의 주문예측과 재고량을 기반으로 생산계획을 세우기 때문에 상당한 예측력이 필요하다. • 예측이 잘못되면 재고 불균형, 제품 낭비 등의 문제가 발생할 수 있다.
JIT 방식	• 생산과정에서 원자재, 부품 등이 필요한 시점에 적시에 공급되도록 하는 방식이다. • 생산라인에서 공급이 지연되거나, 불필요한 재고가 쌓이는 것을 방지하여 생산공정의 유연성과 생산성을 높이는 효과가 있다. • 정확한 공급계획이 없으면 발주가 지연되는 등의 문제가 발생할 수 있다. • 부품을 수시로 공급해야 하기 때문에 공급업체와의 긴밀한 협력이 필요하다.

제4장 생산계획

생산활동을 시작하면 목적달성을 위하여 조직적이고 합리적인 계획을 수립하기 위한 사고활동으로서 생산되는 제품, 종류, 수량, 가격 및 생산방법, 장소, 생산일정에 관하여 가장 경제적이고 합리적으로 계획을 [그림 2-2]와 같이 편성한다.

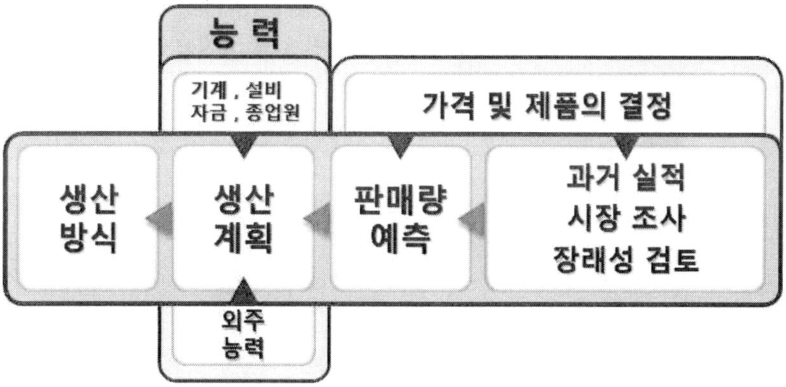

[그림 2-2] 생산계획

01 | 생산계획의 단계

생산계획의 단계는 기본계획, 실행계획, 실시계획 등으로 〈표 2-17〉과 같다.

〈표 2-17〉 생산계획의 단계

기본계획	• 고위층, 즉 경영층의 사고활동에 의해서 행해지는 것이다. • 준비계획, 선행 생산계획, 종합계획, 대일정계획 또는 경영계획이라고도 하며, 최고 경영층의 사고활동에 의해서 행해지는 것으로 판매, 조달, 대부 및 기술 전반에 대한 계획과 함께 생산제품의 종류, 수량, 시기 등을 계획한다.
실행계획 (제조계획, 생산계획)	• 중간 관리자가 기본계획을 구체화하는 것이다. • 상부 관리층에서 결정된 기본계획을 구체화한 것이며, 부문 관리자인 생산부에서 수립하는 것으로 생산제 요소인 재료, 인원, 기계설비를 결정하고 확보하는 것이다.
실시계획 (작업계획)	• 생산담당 부서가 실행계획에 의해 실시하는 것이다. • 생산담당 부서로부터의 제조명령에 의해서 실제 제조작업의 진척을 계획 관리하는 기능으로 실행계획에 의거해서 각 작업자, 기계별 작업의 내용, 수량, 그 시기 등을 결정하는 것이다.

제5장 생산관리

제조업, 서비스업에서 중추적인 심장역할을 하는 생산의 위치에서 영업수주 기반 또는 재고기반으로 제품을 생산하여 출고되기 전까지 생산시설 또는 인력이 멈추지 않도록 체계적이고 계획적으로 관리하는 것이다. 이는 생산 활동을 계획하고, 조직하며 통제하는 기능이다.

생산관리에는 5가지의 계획이 있다.

- 필요한 작업의 내용 및 방법
- 각 작업의 실시순서, 실시장소 및 경로
- 필요한 자재의 종류와 수량
- 각 작업에 사용할 기계와 공구
- 각 작업의 소요시간/표준시간

01 절차계획

절차계획(순서관리, Routing)은 작업의 절차, 절차 계획의 목적, 절차계획상 중점 파악 요소, 절차계획 추진방법, 분류기호의 성질 중 기호와의 대상으로 되는 항목은 〈표 2-18〉과 같다.

〈표 2-18〉 절차계획

<table>
<tr><td>작업의 절차</td><td colspan="2">각 작업의 표준시간 및 각 작업이 이루어져야 할 장소를 결정하고 배정하는 계획이다. 주요 내용은 다음과 같다.
- 작업공정의 필요한 작업의 내용 및 방법
- 각 작업공정의 실시순서, 실시장소 및 경로
- 필요한 자재의 종류와 수량
- 각 작업에 사용할 기계와 공구
- 각 작업의 소요시간/표준시간
- 각 공정에 필요한 인원수
- 각 공정 작업시간
- 사용자재
- 기타조건(표준가공 Lot, 담당부서, 공정 분류 등)</td></tr>
<tr><td rowspan="3">절차계획의 목적</td><td>최적의 작업방법을 결정</td><td>생산상의 여러 조건을 고려해서 생각할 수 있는 여러 가지 작업방법 중에서 최적의 것을 선정한다.</td></tr>
<tr><td>작업 방법의 표준화를 도모</td><td>전항에 의해 결정된 작업방법을 표준적인 서식으로 기술하고 현장의 관리를 비롯해서 각종 계획업무의 자료로서 이용한다.</td></tr>
<tr><td>작업 할당을 적정화</td><td>–</td></tr>
<tr><td>절차계획상 중점 파악 요소</td><td colspan="2">• 품질
• 원가
• 납기
• 기타</td></tr>
<tr><td>절차계획 추진방법</td><td colspan="2">• 입안방침 결정
• 가공방법의 합리화
• 자재선택
• 작업분할과 공정편성 합리화</td></tr>
<tr><td>분류기호의 성질 중 기호와의 대상으로 되는 항목</td><td colspan="2">• 제조번호 및 품종
• 공정명(작업명)
• 부품명(부서명)
• 기계, 설비
• 자재(재질, 규격)
• 치공구, 계측기</td></tr>
</table>

02 | 공수계획

생산계획표에 의하여 결정된 제품별의 납기와 생산량에 대하여 작업량을 구체적으로 결정하고, 이것을 기계의 능력과 대조하여 양자의 조정하는 것이다.

생산계획량을 적기에 완성하기 위하여 부하와 능력의 조정을 도모하여 〈표 2-19〉와 같이 어떤 작업장에 얼마만큼의 기계 또는 작업자를 할당하는 것이 좋은가를 결정하는 계획이다.

〈표 2-19〉 공수계획

생산 계획량	• 생산계획량을 적기에 완성하기 위하여 부하와 능력의 조정을 도모하여 어떤 작업장에 얼마만큼의 기계 또는 작업자를 할당하는 것이 좋은가를 결정하는 계획이다. • 작업의 절차와 각 작업의 표준시간 및 각 작업이 이루어져야 할 장소를 결정하고 배정하는 계획이다. • 생산예정표에 의해 결정된 생산량에 대하여 작업량을 구체적으로 결정하고, 그것을 현재 보유하고 있는 사람이나 기계의 능력을 고려하여 양자를 조정하는 것이다.
부하	생산능력에 있어서 개별 제조공수의 합으로 정의된다.
능력	• 작업능력 = (작업자수) × (능력환산계수) × (월 실가동시간) × (가동률) • 기계능력 = (월가동일수) × (1일 실가동 시간) × (가동률) × (기계대수)
여력식	여력 $= \frac{(\text{능력} - \text{부하})}{\text{능력}} \times 100[\%]$
합리적인 공수계획 수립을 위한 기본방침	• 부화와 능력의 균형화 • 가동률의 향상 • 일정별 부화의 변동 방지 • 적정 배치와 전문화의 촉진 • 여유성

공수 계획의 내용	작업량의 표시방법 - 기계시간(machine hour) - 인적 노동시간(man hour)
공수의 단위	공수란 작업량을 시간으로 표현한 것으로 세 가지의 단위가 있다. 인일(人日) : Man day : 개략적 인시(人時) : Man hour : 보편적 인분(人分) : Man mimute : 세부적
인원능력의 계산	• 인원능력 = 환산인원 × 취업시간(실동) × 실동률 = 월간실동시간 × 출근률 × 인원수 • 가동률 = 출근률 × (1 - 간접 작업률) • 기계능력 = 유효가동시간 × 대수 = 월간실동시간 × 가동률 × 대수
공수체감률이 가장 높은 것	• 조작업 〉 개인작업 • 기계가공 → 수작업90[%](부품가공) → 소형물 조립(조립작업(80[%])) → 대형물 조립

1. 대수선형 공수 체감곡선(對數線型工數遞減曲線)

다량생산의 작업이 계속적으로 반복될 때에선 작업시간이 일정한 것이 아니고 〈표 2-20〉과 같이 시간이 경과함에 따라 그 작업에 숙달되어 작업시간이 단축되는 것을 체감현상이라 한다.

〈표 2-20〉 대수선형 공수 체감곡선

공수 체감률의 일반적 성질	체감률	• 수작업이 점하는 비율이나 작업의 복잡성에 따라 변화하는 것으로 보통 다음 순서대로 크게 되는 경향이 있다. - 기계가공 (부품가공) 소형물 조립 대형물 조립 또는, 단위작업(개인작업)보다도 조작업 쪽이 체감률이 크며, 보통 수작업은 90[%]정도, 조립작업은 80[%] 정도로 된다. (공수 체감의 순서 : 조립(80[%]) → 수작업(90[%]) → 기계

		작업) - 작업이 어느 정도 계속된 후 작업방법을 변경한 경우(수작업의 기계화나 유통 작업에의 변경)에는 체감곡선은 급격히 저하한다.
	공수 체감 곡선	• 학습곡선, 습득곡선, 능률 개선곡선이라 하며, 이론 전개방법이다. - 대수선형 공수 체감곡선 : $Y = AX^B$ = 〉 독립변수 (X)가 증가함에 따라 종속변수 (Y)가 감소하는 역함수 곡선 - 대수비선형 공수 체감곡선 : $Y = A(X+B)^B$ - 지수함수형 공수 체감곡선 : = $Y = Ae^{BX}$ • Y = 단위시간 단가, X = 누증수, A = 최초의 제조 또는 조립 시간(최초의 단가) B = 경사율(pigprogreess index) - 〈 B값은 0과 - 1 사이의 부의 상수 〉 • log Y = log A × B, log Y = log A + B log x 이때 B가 부(負)의 상수이기 때문에 Y, X 및 A 의 값은 대수 표현은 양대수 도표상에서 부의 경사를 가진 직선으로 나타난다.

2. 학습률과 B 값과의 관계

학습률과 B 값 과의 관계에서 학습률은 (식 2-4)와 같고, B값은 식 (2-5)와 같다.

• 학습률(Slope)= $\dfrac{X=2\text{일 때의 } Y}{X=1\text{일 때의 } Y} = \dfrac{A(2)^B}{A(1)^B} = \dfrac{(2)^B}{(1)^B}$ (2-4)

• Slope= $(2)^B$, $\log(Slope) = B\log 2$ (2-5)

$\therefore B = \dfrac{\log(Slope)}{\log 2}$

3. 공수계획의 기본적 방침

공수계획의 기본적 방침은 부하와 능력의 균형화, 가동률의 향상, 일정별의 부하 변동 방지, 적정배치와 전문화 촉진, 여유성 등으로 〈표 2-21〉과 같다.

〈표 2-21〉 공수계획의 기본적 방침

부하와 능력의 균형화	특정된 공정에 부하가 과도하게 집중하지 않도록 조정한다.
가동률의 향상	사람이나 기계가 유효상태가 되지 않도록 알맞은 작업량을 할당한다.
일정별의 부하변동 방지	일정계획과 대비하여 시간에 따라 부하가 변동해서 바쁘고 한가함의 차이가 극단적으로 되지 않도록 조정한다.
적정배치와 전문화 촉진	작업의 성질이 작업자의 기능성격과 기계의 성능에 맞도록 할당한다.
여유성	부하, 능력 양면에 적당한 여유를 둔다.

4. 분배계획

분배계획은 부하가 능력보다 큰 경우의 대책, 부하가 능력보다 적을 경우의 대책, 인원 및 기계의 보충, 정비계획 등으로 〈표 2-22〉와 같다.

〈표 2-22〉 분배계획

부하가 능력보다 큰 경우의 대책	• 잔업, 휴일 근무 등에 의하여 기준능력이 나뉜다. • 다른 부서로부터 지원 인원을 요구하든가, 또는 다른 부서에 작업의 일부를 이전시킨다. • 작업의 일부를 외주에 의존시킨다. • 임시가공을 이용한다. • 일정계획을 조정한다. • 신규로 인원, 기계의 보강을 도모한다. • 기계에 증설이 곤란한 경우에는 인원만을 증가시켜 교대제를 채용하는 경우가 있다.
부하가 능력보다 적을 경우의 대책	가동률의 저하를 방지하기 위하여 생산계획 그 자체를 수정하여 적당한 작업(간접작업 등)을 맡겨야 한다.
인원및 기계의 보충, 정비계획	• 인원이나 기계의 보충을 결정했을 경우에는 이에 따라 인원계획이나 기계계획이 추진된다. • 인원의 경우에는 보충의 방법(타부서로부터의 전용, 신규채용), 기계의 경우에는 정비방법, 배치계획 등이 문제가 된다.

03 | 일정계획

절차계획에 의거하여 제조에 필요한 모든 작업이나 업무의 착수시기와 완료시기를 결정하는 것으로 〈표 2-23〉과 같다.

〈표 2-23〉 일정계획

일정의 구성	가공	가공시간(총 작업시간) = 준비 작업시간 + 로트 수 × 정미작업시간(1 + 여유율)
	운반	• 운반시간이 짧은 경우(다수) : 바로 앞 가공공정에 포함 • 가공후의 공정대기 후 운반 : 공정대기와 같이 바로 다음 가공시간에 포함 • 공장 간의 운반(장기간 요하는 것) : 독립된 운반일정 표시
	정체	• 전후 공정의 수요의 다소에 따라 발생한다. • 공정대기는 현장조사를 할 때 가장 파악하기 힘든 일이며 또한 일정에 대하여 가장 큰 영향을 미친다.
	로트(Lot) 대기	• 생산기간을 생각할 때 로트대기는 가공, 운반 및 검사기간 중에 숨겨지기 쉬운 성질을 가지고 있다. • 일정을 생각할 때는 로트 대기가 없는 작업방식이 될 수 없는가를 검토하고, 그 기간에 대해서는 생각할 필요가 없다.
	검사	• 바로앞의 가공공정 중에 포함 • 긴 시간 필요시 : 독립된 검사일정 표시
기준일정	기준일정의 필요성	• 최종 완성일(납기)과 비교하여 각 공정은 언제 가공하면 좋은가를 미리 알 수 없다. • 사전에 가공할 일자를 모르면 각 공정의 1일 부하량을 예측할 수 없으므로, 일정별 부하와 능력과의 평형을 사전에 조정할 수 없게 된다.
	기준일정을 결정할 경우의	• 집중작업방식을 적극 채용한다. • 공정대기를 최소한도로 줄인다. • 로트대기를 줄이기 위하여 연속 작업방식을 적극적으로

	기본방침	채용하는 등의 점을 검토하여 적어도 수주시간 > 생산기간이라는 조건을 기준일정의 단계에서 만족할 수 있도록 한다.
일정계획의 방침 및 단계	일정계획의 방침	• 납기의 확실화 • 생산활동의 동기화 • 작업량의 안정화와 가동률의 향상 • 생산기간의 단축
	일정계획의 단계	• 대 일정 계획 • 중 일정 계획 • 소 일정 계획
	공정순번	공정순번 = 가공순번 + 여유순번
	착수순번	착수순번 = 완성순번 + (공정순번 - 1)

04 | 여력계획

여력계획의 종류는 단기 여력계획, 중기 여력계획, 장기 여력계획 등 〈표 2-24〉와 같다.

〈표 2-24 〉 여력계획의 종류

단기 여력계획	3일, 1주
중기 여력계획	1개월, 15일, 10일
장기 여력계획	반년~3년

05 | 자재계획

생산에 소요되는 자재의 종류, 수량, 규격, 품질 및 소요시기 등에 관하여 생산계획의 한 부분으로 설정되는 계획으로 〈표 2-25〉와 같다.

〈표 2-25〉 자재계획

<table>
<tr><td>자재소요량 산출</td><td colspan="2">자재소요량 = 자재기준량 x (1 + 예비율)</td></tr>
<tr><td>원단위</td><td colspan="2">완성된 설계도를 기초로 하여 제품 또는 반제품의 단위당 기준 자재소요량이다.
$$\text{자재의 원 단위} = \frac{\text{원자재 투입량}}{\text{제품 생산량}} \times 100$$</td></tr>
<tr><td>일괄지불 복리계수</td><td colspan="2">S = P(1 + i)n</td></tr>
<tr><td rowspan="3">설비 투자안의 선택법</td><td>연가법 (年價法)</td><td>각 안의 정미액의 유열을 연금가치(이자를 고려한 년 평균치)로 환산하여 비교하는 방법이다.</td></tr>
<tr><td>현가법 (現價法)</td><td>현재가치는 어떤 투자안에 대한 현금 유입을 그 자업의 최소한도의 수익률로 할인하여 현재 가치화 하고, 현금 유출도 역시 현재가치화하여 현금 유입의 현재가치에서 현금유출의 현재가치를 차감한 순액(순 현재가), 현가법은 각안의 정미액을 모두 현재가치로 환산하여 비교하는 방법이다.</td></tr>
<tr><td>종가법 (終價法)</td><td>초기 투자와 매기수익을 모두 최종가치로 환산하여 비교하는 방법이다.</td></tr>
<tr><td>감가상가의 종류</td><td colspan="2">• 정액법
• 정률법 ($r = 1^{-n}\sqrt{\frac{S}{C}}$ (단 $S > 0$))
• 비례법
• 연수합계법
• 감채기금법</td></tr>
</table>

제6장 생산통제

생산계획에서 결정된 방침에 따라서 1일 생산활동을 관리해 나가는 것으로 〈표 2-26〉과 같이 최대한의 생산 효율성을 얻기 위하여 투입 요소들을 조정하는 절차이고, 순서를 조정하거나 투입량을 조정하는 활동이 포함된다.

〈표 2-26〉 생산통제의 필요성

생산통제의 절차	계획(Planning) - 작업순서(Routing) - 일정관리(Scheduling) - 작업의 투입(Dispatching) - 진도관리(Follow-up)	
통제의 필요성	계획자체의 부정확	부정확의 원인은 그 회사의 기술수준의 고저에 문제도 있지만, 그 가운데는 일의 성질상 아무리 노력해도 그것만큼 정확한 것이 안 되는 경우도 있다. ㊐ 다품종소량생산의 경우에는 같은 일의 반복이 아닌, 불안정한 준비작업에 많은 시간이 소요되므로 시간이 다르게 되어 아무래도 정확성이 없게 된다.
	사고의 발생	결근, 기계의 고장, 불량품 생산, 정전 등 기타 사고의 정도가 심하여 사전에 예상한 여유만으로 처리할 수 없는 경우가 있다.
	계획(납기)의 변경이나 설계의 변경	수주선으로부터의 요구에 따라서 계획이나 일이 변경되는 것이며, 때로는 수배가 끝나서 일이 상당히 진행된 다음 변경되는 경우가 있고, 또 설계상의 오류나 개조에 따라 설계변경을 하는 경우도 있다.
	추가(追加)	• 사전에 계획에 없었던 것이 추가되는 경우가 있다. • 수주가 불안정한 경우나 수배 기간이 긴 경우에는 어느 정도의 추가는 피할 수 없다
	전 단계에서의 지연의 파급	• 공장에서 하는 작업은 공정의 순서에 의하는 것으로 제A공정, 제B공정과 같이 진행된다. • 가령 제 D공정에서 일하는 사람의 입장을 보면 아무

	리 자기가 담당하는 일을 충실하게 해도 제C공정 까지의 전 단계에서 일이 지연되면 그 영향이 파급되어 결국은 출발의 시기부터 지연되는 상태이므로 설계나 구매, 외주가 지연되어 현장에서의 작업이 늦게 시작된다. • 조립공정에는 최대의 영향의 파급이 있으므로 항상 문제가 계속되는 상황을 볼 수 있다.

생산통제의 기능		
	절차(순서)계획	절차관리(작업지도)
	공수계획	여력관리(공수관리)
	일정계획	진도관리(일정관리)

통제업무의 대상과 관리기능	• 물의 흐름의 통제 • 인간의 움직임의 통제

01 | 네트워크

PERT/CPM : 네트워크(Network) 계획기법은 프로젝트를 효과적으로 수행할 수 있도록 네트워크를 이용하여 프로젝트를 일정 · 노동 · 비용 · 자금 등에 관련 시켜 합리적으로 계획하고 관리하는 기법으로서 〈표 2-27〉과 같이 주로 비반복적인 대규모 프로젝트에 적용된다.

〈표 2-27〉 PERT/CPM

PERT의 의의	• 합리적인 계획으로 실패를 줄이며 성공하는 방법이다. • PERT 기법은 경영관리자가 사업 목적을 달성하기 위해 수행하는 기본계획, 세부계획 및 통계기능에 도움을 줄 수 있는 수적기법이며, 계획공정도를 중심으로 한 종합적인 관리기법이다. • 네트워크를 이용하여 사업계획을 효과적으로 수행할 수 있도록 이를 일정, 노력 및 비용 등과의 관련하에 과학적으로 계획하고 관리하는

	종합적인 일정관리 기법으로서 시간에 중점을 둔 것을 PERT / time, 비율정감도 동시에 고려할 수 있는 것을 PERT / cost라고한다.
CPM의 의의	• 비용을 극소화하여 이윤을 극대화시키는 방법이다. • 각 활동의 소요 일수대 비용의 관계를 조사하여 최소비용으로 공사 계획을 수행될 수 있도록 최적의 공기를 구하는데 있다. • Project 관리에서 공기의 단축이 요구될 때 작업자나 설비를 초과 투입하여 주공정상의 어느 작업을 단축해 최소비용 증가로 공사기간을 최소화하는 기법이다. 각 작업의 시간당 비용증가를 비교하여 최소 비용증가 작업부터 단계적으로 단축함으로써 공사비용의 증가를 최소화 하는 방법으로 비용과 시간을 동시에 고려한다.
PERT/ CPM	• 운영방법이 거의 유사 • 사업의 수립, 평가, 검토하는 방법 • PRET/time : 시간적인 관리 목적 • CPM/cost : 시간관리 + 비용까지 고려

1. PERT/CPM의 네트워크의 구성요소

PERT/CPM의 네트워크의 구성요소는 단계, 활동, 명목상 활동 등으로 〈표 2-28〉과 같다.

〈표 2-28〉 PERT/CPM의 네트워크의 구성요소

단계 (Event or Node) →	• 작업이나 활동의 시작 또는 완료되는 시점을 나타낸다. • 시간이나 자원을 소비하지 않는 순간적인 시점이다.
활동 (Activity or Job) →	활동은 과업수행상 시간 및 자원 (인원, 물자, 설비 등) 이 소요되는 작업이나 활동을 말한다. 활동의 특성은 다음과 같다. • 전체 프로젝트 구성하는 하나의 요소작업(개별작업)을 표시한다. • 하나 또는 여러 활동이 한 단계에서 착수도 되고 완료도 된다.
명목상활동(가상활동) (Dummy Activity) ⇢	명목상 활동은 한쪽 방향의 화살표를 점선으로 표시하여 이 활동에는 시간이나 자원의 요소를 포함하지 않으므로 가상활동이라고도 한다.

단계 → 활동 → 가상활동

2. PERT/CPM의 네트워크 주공정

PERT/CPM의 네트워크 주공정으로 모든 경로를 파악하고, 기한 내 사업 완료가 가능하며 〈표 2-29〉와 같다.

〈표 2-29〉 PERT/CPM 의 네트워크 주공정

- 시작단계에서 마지막 단계까지 작업이 종료되는 과정 중 가장 오래 걸리는 경로가 있으며, 이 경로를 주공정이라 한다. 이 공정을 관찰함으로써 모든 경로를 파악하고, 기한 내 사업완료가 가능해진다.
- 다음 프로젝트의 계획공정도에서 주공정 시간을 계산하면 다음과 같다. (여기서, 화살표의 숫자는 활동 시간[주]을 표시)

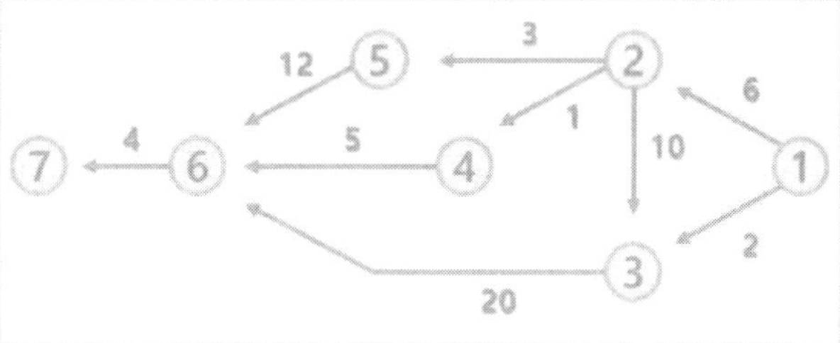

㉠ ① → ② → ⑤ → ⑥ → ⑦ : 25주
㉡ ① → ② → ④ → ⑥ → ⑦ : 16주
㉢ ① → ② → ③ → ⑥ → ⑦ : 40주
㉣ ① → ③ → ⑥ → ⑦ : 26주
따라서 주공정 루트는 ① → ② → ③ → ⑥ → ⑦이 된다.

[참고]

- 연천인율 : 산업 재해 발생율을 (식 2-6)과 같이 간단하게 알아보는 척도이다.

$$\therefore \text{연천인율} = \frac{\text{재해건수}}{\text{제적근로자수}} \times 100 \quad (2\text{-}6)$$

- 도수율 : 근로자의 출근율 작업시간을 넣어서 연 근로시간 100만 시간 중에 산업재해가 몇건 발생했나를 (식 2-7)과 같이 파악하는 척도이다.

$$\therefore \text{도수율} = \frac{\text{재해건수}}{\text{총연근로시간수}} \times 1{,}000{,}000 \quad (2\text{-}7)$$

- 강도율 : 1000시간 중 사고의 경중을 (식 2-8)과 같이 파악하는 척도이다.

$$\therefore \text{강도율} = \frac{\text{재해 손실 일수}}{\text{연총근로시간수}} \times 1000 \qquad (2\text{-}8)$$

- 안전관리의 목적

  ① 인명 존중 ② 사회복지의 증진 ③ 생산성 향상 ④ 경제성 향상

02 | 작업(활동)시간의 추정

작업(활동)시간의 추정은 낙관시간치, 정상시간치, 비관시간치, 기대시간치 등으로 〈표 2-30〉과 같다.

〈표 2-30〉 작업(활동)시간의 추정

낙관시간치 : t_o or a (Optimistic Time)	작업활동을 수행하는데 필요한 최소시간, 즉 모든 일이 예정대로 잘 진행 될때의 소요시간
정상시간치 : t_m or m (Most Likely Time)	작업활동을 수행하는데 정상으로 소요되는 시간, 즉 최선의 시간치
비관시간치 : t_p or b (Pessimistic Time)	작업활동을 수행하는데 필요한 최대시간
기대시간치 : t_e (Expected Time)	• $t_e = \frac{a + 4m + b}{6}$ • t_e 의 분산 $a^2 = (\frac{b-a}{6})^2$

03 | 일정계산

단계시간에 의한 일정계획은 가장 이른 예정일(TE), 가장 늦은 완료일(TL), 단계여유(S), 주공정의 발견(애로 공정)은 〈표 2-31〉과 같다.

〈표 2-31〉 단계시간에 의한 일정계획

가장 이른 예정일(TE) : 전진계산	$(TE)_i = (TE)_i + (t_e)_{ij}$
가장 늦은 완료일(TL) : 후진계산	$(TL)_i = (TL)_j - (t_e)_{ij}$
단계여유(S)	• 단계여유(S : Slack) $S = TL - TE$ • 단계여유 : 정여유($TL - TE > 0$), 영여유($TL - TE = 0$), 부여유($TL - TE < 0$)가 있다.
주공정의 발견(애로공정) : CP	주공정은 여러 공정 중 시간이 가장 오래 걸리는 공정이다. 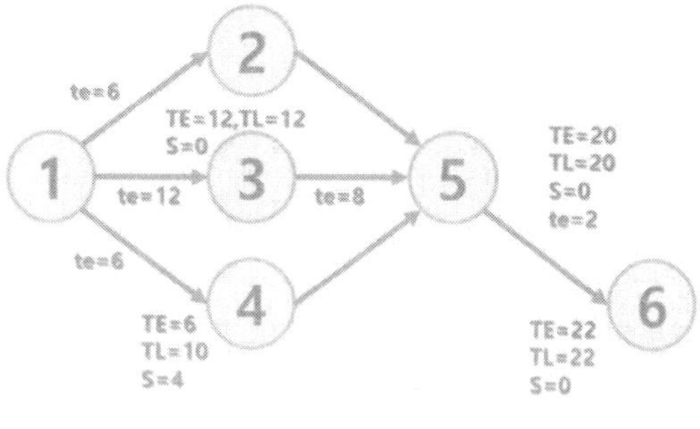 [단계시간에 의한 일정시간의 예]

04 | 최소비용 계획법(MCX)

최소비용 계획법(MCX : Minimum Cost Expedition)은 1일당 작업 단축에 필요한 비용의 증가이다. 주 공정상의 요소작업 중 비용구배(Cost Slope)가 가장 낮은 요소의 작업부터 1단위 시간식 단축해 가는 방법이다. 비용구배는 (식 2-9)와 같이 일정 통제를 할 때 1일당 그 작업을 단축하는 데 소요되는 비용의 증가, 즉 증분비용이다.

$$\text{• 비용구배} = \frac{\text{특급비용} - \text{정상비용}}{\text{정상시간} - \text{특급시간}} = \frac{\text{특급소요비용} - \text{정상소요비용}}{\text{정상소요기간} - \text{특급소요기간}} \qquad (2\text{-}9)$$

$$\text{• 비용구배} = \frac{\text{특급작업 소요비용} - \text{정상작업 소요비용}}{\text{정상작업일} - \text{특급작업일}}$$

㉮ 어떤 공장에서 작업을 하는데 있어서 소요되는 기간과 비용이 보기와 같을 때 비용구배는 다음과 같다(단, 활동시간의 단위는 일(日)로 계산한다).

정상작업		특급작업	
기간	비용	기간	비용
10일	10만원	8 일	18만원

풀이 **비용구배**

$$= \frac{\text{특급비용`-`정상비용}}{\text{정상시간} - \text{특급시간}} = \frac{180{,}000\text{원} - 100{,}000\text{원}}{10\text{일} - 8\text{일\}}} = 40[\text{만원/일}]$$

$$= 40{,}000[\text{원/일}]$$

05 | 로트의 의의

로트(Lot)는 단위 생산수량이라고도 하는데, 생산이 이루어지는 단위 수량으로서 여러개 혹은 그 이상의 상당한 수량을 한 묶음(한 무더기) 내지 한 단위로 하여 〈표 2-32〉와 같이 생산이 이루어지는 경우 이다.

〈표 2-32〉 로트의 종류와 방식

<table>
<tr><td>로트생산 방식</td><td colspan="2">개념적으로 1회 준비로 동일 품목을 어떤 수량만큼 모아서 연속적으로 생산하고 다른 품목으로 교체함에 따라 동일 작업공정에서 다수의 품목을 순차적으로 생산하고 생산하는 방식으로 정의할 수 있다.</td></tr>
<tr><td>로트</td><td colspan="2">• 로트 수(Lot Number) : 일정한 제조횟수를 표시하는 개념이다. 즉 예정 생산목표량이 결정되면 이를 몇 회로 분할하여 생산할 것인가 하는제조 횟수이다.
• 로트의 크기(Lot Size) : 예정 생산목표량을 로트 수로 나눈 것이다.
로트의 크기 = $\frac{\text{예정생산목표량}}{\text{로트수}(lot\ \nu mber)}$ (Lot Size)</td></tr>
<tr><td rowspan="3">로트의 종류</td><td>제조 명령 로트</td><td>제조명령에 있어서 결정되는 수량의 단위이며, 장기적으로 계속되는 중량 생산에 있어서는 월 산수량 또는 이에 관련되는 수치를 취하는 경우가 많지만 다량생산(연속생산) 에 있어서는 월별 생산수와 투입수와는 일치하지 않는 경우가 있기 때문에 반년이나 1년이라는 기간의 총 생산수 량을 지시하는 경우가 많다.</td></tr>
<tr><td>가공 로트</td><td>• 동시에 가공하는 단위, 즉 이 로트에 대해서 표준작업은 1회에 걸쳐 행해진다.
• 동일한 가공품이라 하더라도 전동정을 통하여 반드시 동일한 로트로 가공되는 것은 아니다.
• 이것은 작업의 성질이나 관리상의 편의를 고려해서 결정해야 하는 것으로 때로는 공정에 의하여 로트가 변경되는 경우가 있다</td></tr>
<tr><td>이동 로트</td><td>공정 간이나 부서 간을 현품이 이동하는 단위로서 이것은 주로 가공 로트에 의하여 결정되는 것이지만, 다량 생산의 경우에는 현품관리나 품질관리 등의 편의성을 고려하여 결정된다.</td></tr>
</table>

로트수와 작업시간과의 관계	총 작업시간(T_N) = 준비작업시간(T_P) + 정미작업시간(T_S) × 로트수(N) $T_I = \frac{T_N}{N} = \frac{T_P}{N} = T_S$ T_N : 총 작업시간 T_P : 준비 작업시간 T_S : 정미 작업시간 N : 로드수 T_I : 로트당의 작업시간
경제적 로트의 산출방식 (F.W. Harris식)	$Y = \frac{R}{Q}P + \frac{Q}{2}CI$, $\frac{dY}{dQ} = -\frac{RP}{Q^2} + \frac{CI}{2} = O$ $\therefore Q = \sqrt{\frac{2RP}{CI}}$, $\therefore Y = \sqrt{2CIRP}$ Y : 적정 연간 총 관계비용 Q : 로트의크기(경제적발주량), R : 소비예측(연간 소요량) P : 준비비(1회 발주비용), C : 단위비(구입단가) I : 단위당 연간재고 유지비

06 선형계획법(LP)

OR의 중심이 되는 수리계획법 중의 대표적인 한 기법으로 〈표 2-33〉과 같이 생산계획 등에서 그 목표인 이익의 최대화 또는 수송문제, 구매문제, 식품문제, 에너지문제 등에서 비용을 최소화 하려는 방법이다

〈표 2-33〉 선형계획법(LP : Linear Programming)

선형계획의 종류	• 도시해법(Grapic Solution Method) • 심플렉스 해법(Simplex Solution Method) • 최소화 문제(Big Method)

제7장 작업분배

실제로 일을 사람이나 기계에 할당하는 것이며, 가급적 일정계획과 절차계획에 예정된 시간과 작업순서에 따르되 현장의 실정을 감안해서 가장 유리한 작업순서를 정하여 작업을 명령하거나 지시하는 것으로 계획된 생산활동을 실제로 추진하는 관리적 기능으로 〈표 2-34〉와 같다.

〈표 2-34〉 작업분배의 업무 내용

<table>
<tr><td rowspan="7">작업분배의 업무내용</td><td colspan="2">실제로 일을 사람이나 기계 에게 할당하는 것이다.</td></tr>
<tr><td>작업에 필요한 자재를 작업착수 전에 작업현장에 조달 되도록 한다.</td><td>소요자재를 출고하도록 자재청구(출고)전표가 창고 앞으로 발행된다.</td></tr>
<tr><td>작업에 필요한 치공구를 작업 착수 까지 현장 작업자에게 인도하도록 한다.</td><td>현장에서 필요한 치공구가 불출되도록 공구(청구) 전표가 공구실 앞으로 발행된다.</td></tr>
<tr><td>작업대상물(공정품 또는 반제품)을 다음 공정으로 운반되도록 한다.</td><td>작업 대상물을 다음 공정으로 옮기도록 이동(운반)전표가 운반그룹이나 해당 현장 앞으로 발행된다.</td></tr>
<tr><td>작업현장(각 작업자 및 기계)에 작업착수를 지시한다.</td><td>작업 배정기능 가운데 가장 중요한 기능이기도 하다.</td></tr>
<tr><td>각 작업 중에 생기는 불량품과 불량원인을 밝히기 위해서 필요한 경우에는 검사를 지시한다.</td><td>검사전표가 검사계 앞으로 발행된다.</td></tr>
<tr><td>작업의 착수와 완료시각을 기록하고 작업시간을 계산한다.</td><td></td></tr>
</table>

작업분배의 방법	분산식 작업분배방법	• 현장에서의 비능률을 어느 정도 방지할 수 있다. • 보고나 통지의 중복을 피할 수 있고 통제가 용의하므로 여러 가지 경우에 경제적이다. • 작업진행 계원이 많이 걷게 된다.
	집중식 작업분배방법	• 통제를 강화할 수 있다. • 일정계획 등의 변경을 할 수 있으므로 탄력성이 있다. • 진행상황을 총괄적으로 파악할 수 있다.

01 | 진도관리

작업분배(작업지시)에 의하여 현재 진행중인 작업에 대해서 작업의 착수에서 완료되기까지의 진도상황을 관리하는 것이며 〈표 2-35〉와 같다.

〈표 2-35〉 작업분배의 업무내용

진도관리 순서	진도조사 → 진도판정→ 진도수정 → 지연조사 → 자연방지 대책 → 회복확인 • 과정적 진도 • 수량적 진도	
진도의 조사방법	전표 이용법	작업전표나 작업일보 등을 사용하여 조사하는 방법이며, 일반적으로 많이 사용된다.
	수두 연락법	전화 연락이나 회의 등에 의한 조사방법으로 간단한 처리일 경우 또는 긴급한 경우에 사용된다.
	직시법	현장의 상황을 직접 관찰하는 것으로 소규모 공장에서는 편리하나, 대규모 공장에서는 거리상 문제가 있기 때문에 공업용 TV를 사용하기도 한다.
	기계적 방법	전기적 측정기나 통신기를 사용하여 기계의 가동상황이나 생산수량의 변화를 각각 조사하거나 기록하는 방

		법이나 최근에는 각 형장과 직결한 정보교환 전달방식(Online System)을 사용함으로써 조사에 신속화를 기하고 있다.

02 | 간트차트

간트차트(Gantt Chart)는 계획된 실제의 작업량을 작업 일정이나 시간으로 견주어 가로선으로 표시함으로써 계획과 통제의 기능을 동시에 수행하는 전통적인 일정관리기법이며 〈표 2-36〉과 같다.

〈표 2-36〉 간트차트

간트차트에 의한 진도통제	간트차트의 사용목적에 따른 분류	작업자 및 기계 기록도표(Man Machine Recoed Chart) • 작업도표(Load Chart) • 작업빈도표(Process Chart)
	간트차트의 일반적 원리	간트차트는 작성할 때 일반적으로 다음과 같은 원리에 따른다. • 직선 작도로서 좌 · 우로 그리며 시간길이와 일의 양을 나타낸다. • 수학적 비교가 없어도 양부, 진척도를 알 수 있다. • 교차선이 없고 시간의 경과를 볼 수 있어 유휴시간을 확인할 수 있게 되어 있다. • 계획량과 실적량이 모두 직선으로 표시된다. • 같은 직선 하나로 시간의 동일성, 작업 계획량의 변화, 작업 실적량의 변화 등을 나타낼 수 있다. • 일별로 나타낸 구간을 언제나 100[%]로 쓰이며, 계획량과 실적량을 나타내는 직선의 거리는 이에 비례하여 길이를 그린다.
	간트차트의 장점	• 작업을 시간적, 수량적으로 일목요연하게 나타낼 수 있어 작업의 계획과 실적을 쉽게 계속적으로 파악할

		수 있다. • 작업의 지체요인을 규명하여 다음에 연결된 작업의 일정을 쉽게 조정할 수 있다. • 작업자별, 부서별 업무성과를 상호 비교할 수 있고, 객관적 평가가 가능하다. • 생산기록, 재고관리, 원가통제 등 관련된 자료를 넓게 유지할 수 있다.
	간트차트의 단점	• 작업내용이 복잡하고 방대해지면 기록할 정보량이 폭증하여 변동이 생길 때마다 도표를 계속해서 새롭게 유지하는데 막대한 인력과 노력이 필요하다. • 계획변동이나 여건의 변동을 처리해 나가는데 신축성이 결여되어 있다. • 납기 내 완성 가능성과 같은 일정계획의 확률적으로 분적이 불가능하다. • 단일작업 내에서 작업 상호간의 관련성이나 또는 타 작업 상호간의 관계를 효율적으로 나타 낼 수 없다.
여력의 조정방향	부하과잉(능력 부족)일 경우	잔업, 협조요청, 임시공이용, 외주
	부하부족(능력 과잉) 일 경우	간접작업(치공구, 신규수주, 수리, 청소 등)

03 현품관리

각 공정을 흐르고 있는 자재, 부품, 반 제품 등의 소재와 수량을 파악하는 일, 무엇이, 어디에 얼마나 있는가를 확실히 파악·관리하는 것이며 〈표 2-37〉과 같다.

〈표 2-37〉 현품관리

<table>
<tr><td rowspan="2">현품
관리</td><td>현품관리방법</td><td>• 놓는 장소, 놓는 방법의 개선
• 보관책임의 명확화
• 보관대장의 활용
• 사고처리의 명확화</td></tr>
<tr><td>용기의 이동방법</td><td>• 되도록 표준용기를 사용할 것
• 정량을 넣어야 함
• 작업 중에도 사용한 것
• 운반이나 쌓아 올리는데 편리성
• 취급하기 쉬운 크기</td></tr>
<tr><td>생산
발주
방식</td><td colspan="2">• 정량 발주방식(발주점 방식)
• 정기 발주방식
• 수시 발주방식</td></tr>
<tr><td>발주점의
공식</td><td colspan="2">$Z = MD + \cdot \sqrt{M} \cdot \sigma$</td></tr>
</table>

제8장 설비보전

검사제도를 확립하여 설비의 열화현상을 조사하고, 어느 설비의 어느 부분을 수리할 것인가를 예측하며, 이에 필요한 자재와 이원을 준비하여 계획적인 보수를 하는 것으로 〈표 2-38〉과 같다.

01 설비보전의 종류

설비보전의 종류는 예방보전(PM), 보전예방(MP), 사후보전(BM), 개량보전(CM), 계획보전이다. 설비보전계획은 ABC분석이고, 생산보전 등은 〈표 2-38〉과 같다.

〈표 2-38〉 설비보전

설비 보전의 내용	예방보전 (PM : Prevention Maintance)	예정된 시기에 점검 및 시험, 급유 조정 및 분해정비, 계획적 수리 및 부분품 갱신 등을 하여 설비성능의 저하와 고장 및 사고를 방지함으로써 설비의 성능을 표준 이상으로 유지하는 보전활동이다.
	보전예방 (MP : Maintance Prevebtion)	설비계획 및 설치시부터 고장이 없는 설비, 초기 수리보전 가능한 설비를 선택하는 보전방식이다.
	사후보전(BM : Break down Maintance)	기계설비의 고장이나 결함이 발생한 후에 이를 수리 또는 보수하여 회복시키는 보전활동이다.

<table>
<tr><td></td><td>
<table>
<tr><td>개량보전
(CM : Corrective Maintance)</td><td>설비가 고장 난 후에 설계변경, 부품의 개선 등으로 수명을 연장하거나 보전이 용이하도록 설비 자체의 체질개선을 꾀하는 보전방식이다.</td></tr>
<tr><td>계획보전</td><td>운전부문의 자주 보전활동과 전문 보전부문의 보전활동을 두 개의 축으로 하여 생산시스템의 신뢰도를 유지, 개선하기 위하여 보전활동을 계획적으로 실시하는 보전체제이다.</td></tr>
</table>
</td></tr>
<tr><td>설비보전 계획</td><td>
ABC 분석 : 생산현장은 일반적으로 많은 설비를 운영하고 있으므로 보전대상도 광범위하고 다양하다. 하지만 모든 설비를 대상으로 보전을 할 수는 없으므로 우선 생산이나 환경 · 안전 등에 미치는 영향에 따라 선별적으로 구분하여 차별 관리할 필요가 있다. 이러한 방법 중 재고관리에서 활용되고 있는 ABC 관리방식이 도움이 될 수 있으며, 다음과 같이 3가지 그룹으로 나눌 수 있다.
<table>
<tr><td>A그룹</td><td>기계고장시 전체 생산공정이 중단되고, 이로 인한 고장손실(수리비용 + 생산손실비용)이 커 치명적인 고장이 발생될 수 있는 요소로서 집중 보전대상이 된다.
• 품질이나 납기 등에 치명적인 문제 발생이 가능한 설비이다.
• 사람의 생명과 관계되는 안전사고 또는 회사의 이미지를 해칠 수 있는 환경사고 발생위험 설비도 포함된다.</td></tr>
<tr><td>B그룹</td><td>A그룹과 같은 치명적인 위험은 없으나 품질과 생산성이 저하되고, 다소의 생산손실을 유발시키는 설비로서 일반적인 예방 보전이 실시된다.
• 예비기가 설치되어 있을 경우도 포함된다.</td></tr>
<tr><td>C그룹</td><td>부분적으로 생산에 영향을 미치기는 하나 조기에 복구될 수 있을 경우 비계획보전을 실시한다.</td></tr>
</table>
</td></tr>
<tr><td>생산보전</td><td>• 신뢰성 향상
• 보전성 향상
• 경제성 향상</td></tr>
</table>

02 | 설비열화

설비열화의 종류는 물리적 열화, 기능적 열화, 기술적 열화, 화폐적 열화이며 보전조직의 종류와 고장의 시간적 추이는 〈표 2-39〉와 같다.

〈표 2-39〉 설비열화

구분	종류	내용
설비열화의 종류	물리적 열화	기계설비가 시간의 경과와 함께 물리적으로 서서히 노후화하는 현상이다.
	기능적 열화	시간의 경과에 따라 기계설비의 기능이 점차 저하되는 현상이다.
	기술적 열화	보다 새롭게 발전된 기계설비의 출현으로 현재 보유하고 있는 기계설비가 구식화되는 현상이다.
	화폐적 열화	시간의 경과에 따라 현재 보유하고 있는 설비의 가액이 매년 감소하는 현상이다.
보전조직의 종류	집중보전	공장의 모든 보전 요원을 한 사람의 관리자 밑에 조직 모든 보전을 집중관리하는 보전방식이다.
	지역보전	특정 지역에 보전 요원배치, 배치지역의 예방보전 검사, 급유, 수리 등을 담당(배치상 분산)한다.
	부문보전	보전요원을 제조부분의 감독자 밑에 배치한다.
	절충보전	지역보전 또는 부분보전과 집중보전을 조합시켜 각각의 장점을 살리고 단점을 보완하는 방식이다.
고장의 시간적 추이	초기고장 → 우발고장 → 마멸고장	

03 | 계획공정도

계획공정도 작성상 기본원칙은 공정원칙, 단계원칙, 활동원칙, 연결원칙이며, 3점견적법과 자원배당 목적은 〈표 2-40〉과 같다.

〈표 2-40〉 계획공정도

<table>
<tr><td rowspan="4">계획
공정도
작성상
기본원칙</td><td>공정 원칙</td><td>• 모든 작업은 작업의 순서에 따라 배열되도록 작성한다.
• 모든 공정은 반드시 수행 · 완료되어야 한다.</td></tr>
<tr><td>단계 원칙</td><td>• 작업의 개시점과 종료점은 Event로 연결되어야 한다.
• 작업이 완료되기 전에는 후속작업의 개시가 안된다.</td></tr>
<tr><td>활동 원칙</td><td>• Event와 Event 사이에 1개 Activtiy 존재한다.
• 논리적 관계와 유기적 관계확보를 위해 Numbering Dummy를 도입한다.</td></tr>
<tr><td>연결 원칙</td><td>• 각 작업을 화살표를 한쪽 방향으로만 표시하며 되돌아 갈 수 없다.
• 오른쪽으로 일방통행이 원칙이다.</td></tr>
<tr><td>3점견적법</td><td colspan="2">$t_e = \frac{a + 4m + m}{6}$
• 낙관 시간치 (t_o or a)
• 정상 시간치 (t_n or m)
• 비관 시간치 (t_p or b)
• 기대 시간치 (t_e)</td></tr>
<tr><td>자원배당
목적</td><td colspan="2">• 인력의 변동 방지
• 자원의 고정수준 방지
• 한정된 자원의 선용
• 자원의 효과적 일정계획 수립</td></tr>
</table>

제9장 예상 및 기출문제

01. 다음 중 단속 생산시스템과 비교한 연속 생산시스템의 특징은? [기능장 14년]

① 단위당 생산원가가 낮다.

② 다품종 소량생산에 적합하다.

③ 생산방식은 주문생산방식이다.

④ 생산설비는 범용설비를 사용한다.

풀이 ㉠ 연속생산의 경우 : 단위당 생산원가가 낮아지며, 소품종 대량생산에 적합하다.
㉡ 작업 연속성에 의한 분류

특징	단속생산	연속생산
품종과 생산량	다품종 소량생산	소품종 대량생산
단위당 생산원가	높음	낮음
기계설비	범용설비(일반 목적용)	전용설비

02. 다음 중 프로젝트생산과 가장 관계가 깊은 것은? [기능장 19년]

① 라디오 ② 맥주

③ 댐 ④ 의류

풀이 프로젝트생산 : 생산규모가 거대하지만 생산량은 작고, 장기간에 걸쳐 이루어지는 것으로 교량, 댐과 같은 공사가 여기에 속한다.

03. 다음 중 설비배치 및 개선의 목적을 설명한 내용이 아닌 것은? [기능장 17년, 19년]

① 재가공품의 증가 ② 설비투자 최소화

③ 이동 거리의 감소 ④ 작업자 부하 평준화

풀이 설비 배치 및 개선이 이루어지면 재가공품은 감소하게 된다.

정답 ‖ 01.① 02.③ 03.①

04. 다음 중 신제품에 대한 수요예측방법으로 가장 적절한 것은? [기능장 09년]

① 시장조사법 ② 이동평균법
③ 지수평활법 ④ 최소자승법

풀이 수요 예측방법

㉠ 과거의 자료가 없거나 신제품의 경우	ⓐ 시장조사법 ⓑ 델파이법 ⓒ 전문가 패널에 의한 방법
㉡ 과거의 자료가 있을 때	ⓐ 이동평균법 ⓑ 지수평활법

05. 다음 중 신제품에 가장 접합한 수요예측법은? [기능장 03년]

① 시계열분석 ② 의견분석
③ 최소자승법 ④ 지수평활법

풀이 정성적 예측법

㉠ 장래의 기술예측이나 신규로 개발된 신제품 시장 및 수요 등의 예측은 자료가 빈약하기 때문에 전문가의 주관적 의견이나 추정을 토대로 한다.
㉡ 관련된 자료가 없을 때 주로 사용하고 델파이법, 판매원의견 종합법, 경영자 판단, 소비자(시장) 조사법 등이 여기에 속한다.

06. 다음 중 과거의 자료를 수리적으로 분석하여 일정한 경향을 도출한 후 가까운 장래의 매출액, 생산량 등을 예측하는 방법은? [기능장 10년]

① 델파이법 ② 전문가 패널법
③ 시장조사법 ④ 시계열 분석법

풀이 시계열분석법

㉠ 정량적 예측법의 하나인 시계열분석법은 월 · 주 · 일 등의 시간 간격에 따라 제시한 과거 자료로 부터 그 추세나 경향을 알아서 장래의 수요를 예측하는 것이다.
㉡ 시계열 자료의 주요 구성요소 : 추세변동(T), 순환변동(C), 계절변동(S), 불규칙변동(I)이 있다(단순평균법, 의견분석 최소자승법, 지수평활법).

정답 ‖ 04.① 05.② 06.④

07. 다음 중 수요예측방법의 하나인 시계열 분석에서 시계열적 변동이 아닌 것은? [기능장 05년]

① 추세변동 ② 순환변동
③ 계절변동 ④ 판매변동

풀이 시계열 분석법 : 정량적 예측법의 하나인 시계열 분석법은 월 · 주 · 일 등의 시간 간격에 따라 제시한 과거자료로 부터 그 추세나 경향을 알아서 장래의 수요를 예측하는 것이다. 시계열 자료의 주요 구성요소에는 추세변동(T), 순환변동(C), 계절변동(S), 불규칙변동(I)이 있다.

08. 다음 보기는 어느 자동차 영업소의 월별 판매실적이다. 5개월 이동평균법으로 6월의 수요를 예측하면 몇 대인가? [기능장 02년, 09년, 16년, 19년, 21년]

월	1월	2월	3월	4월	5월
판매량	100대	110대	120대	130대	140대

① 120대 ② 130대
③ 140대 ④ 150대

풀이 ㉠ 1월에서 5월까지의 평균 판매실적을 이용하여 6월 수요를 예측한다.
㉡ 5개월 단순 이동평균법

$$F_t = \frac{1}{n}\Sigma K_t = \frac{100+110+120+130+140}{5} = 120[\text{대}]$$

09. 다음 보기는 5개월 단순 이동평균법으로 7월의 수요를 예측하면 몇 개인가? [기능장 14년]

월	1	2	3	4	5	6
판매량	48	50	53	60	64	68

① 55개 ② 57개
③ 58개 ④ 59개

풀이 5개월 단순 이동평균법 : $M_t = 7 = \frac{50+53+60+64+68}{5} = 59(\text{개})$

정답 ‖ 07.④ 08.① 09.④

10. 다음 보기에서 5개월 이동평균법에 의하여 8월의 수요를 예측한 값은? [기능장 12년]

월	1	2	3	4	5	6	7
판매실적	100	90	110	100	115	110	100

① 103　　② 105
③ 107　　④ 109

풀이 ㉠ 단순 이동평균법

$$F_t = \frac{1}{n}\Sigma Kt = \frac{1}{5}\left(\frac{110+100+115+110+100}{5}\right) = 107$$

㉡ 5개월 단순 이동평균법

$$M_t = 8(\text{최근 5개월 추출}) = \frac{110+100+115+110+100}{5} = 107$$

11. 다음 중 단순 지수평활법을 이용하여 금월의 수요를 예측하려고 한다면, 이때 필요한 자료는? [기능장 04년]

① 일정기간의 평균값, 가중값, 지수평활계수
② 추세선, 최소자승법, 매개변수
③ 전월의 예측치와 실제치, 지수평활계수
④ 추세변동, 순환변동, 우연변동

풀이 단순 지수평활법

금월예측지 = 전원예측지 + a(전원실적치 - 전월예측치)

$$F_t = F_{t-1} + a(A_{t-1} - F_{t-1}) = aA_{t-1} + (1-a)F_{t-1}$$

단, a : 지수평활계수(0 〈 a 〈 1)

12. 다음 중 어떤 회사의 매출액이 80,000원, 고정비가 15,000원, 변동비가 40,000원일 때 손익분기점 매출액은? [기능장 10년, 18년]

① 15,000원　　② 25,000원
③ 30,000원　　④ 40,000원

정답 ‖ 10.③　11.③　12.③

풀이 ㉠ 손익분기점(BEP : Break Even Point) 분석

㉡ 손익분기점 매출액 BEP

$$= \frac{고정비(F)}{1-\frac{변동비(V)}{매출액(S)}} = \frac{15,000}{1-\frac{40,000}{80,000}} = 30,000[원]$$

13. 다음 중 어느 회사의 9월 판매 예측치가 10,000개이고, 9월 판매 실적치가 12,000개 이었다고한다. a = 0.2라고 하면 10월 판매 예측량은?

① 10,000원 ② 10,200원

③ 10,400원 ④ 10,600원

풀이 $F_{t-1} = a \cdot D_{t-2} + (1-a)F_{t-2} = 0.2 \times 12,000 + (1-0.2) \times 10,000$

$= 2,400 + 0.8 \times 10,000 = 2,400 + 8,000 = 10,400$개

14. 다음 중 앞 13번의 예에서 10월 판매 예측치가 15,000개 였다면 9월과 10월 2개월 실적을 고려하여 11월의 판매 예측량은?

① 10,320원 ② 11,820원

③ 11,320원 ④ 11,820원

풀이 $F = a \cdot D_{t-1} + a(1-a)D_{t-2} + (1-a)^2 F_{t+2}$

$= 0.2 \times 15,000 + 0.2 \times 0.8 \times 12,000 + (0.8) \times 10,000$

$= 3,000 + 1,920 + 6,400 + 11,320$개

15. 다음 중 매출액이 10억원, 한계이익액이 5억원, 고정비가 3억원일 때 손익분기점 매출액은?

① 2억원 ② 4억원

③ 6억원 ④ 8억원

풀이 손익분기점(BEP : Break Even Point) 분석

손익분기점 매출액 BEP = $\frac{고정비(F)}{한계이익율} \times 100 = \frac{3억}{0.5} = 6[억원]$

정답 ❙ 13.③ 14.③ 15.③

16. 다음 중 M 제조회사에서 6월까지의 월별 실제판매량이 표와 같을 때 7월의 판매예측량을 6개월 이동평균법으로 구하면? (단, 단위는 10,000이다.)

월	1	2	3	4	5	6	7
개수	35	38	40	40	46	50	?

① 49.5 ② 47.5
③ 43.5 ④ 41.5

풀이 $M_{t=7} = \dfrac{35+38+40+40+46+50}{6} = 41.5$

17. 다음 중 철근을 생산, 판매하고 있는 K철강의 2022년 9월 판매예측치는 150,000톤 이고 실적치는 35,000톤 이었다. 지수평활법에 의하여 11월의 판매예측치를 구하면?(단 a = 0.5이다.)

① 185,500톤 ② 165,250톤
③ 142,500톤 ④ 125,000톤

풀이 $F_t = aA_{t-1} + (1-a)F_{t-1}$

$= 0.5\,X\,135{,}000 + (1-0.5)\,X\,150{,}000 = 142{,}500$

18. 다음 중 연간 소요량이 4,000개인 어떤 부품의 발주비용은 매회 200원이며, 부품단가는 100원, 연간 재고 유지비율이 10[%]일 때 F.A Harris 식에 의한 경제적 주문량은?

[기능장 07년]

① 400개/회 ② 600개/회
③ 800개/회 ④ 1,000개/회

풀이 재고관리의 기본모델에는 경제적 주문량(EOQ)과 경제적 생간량(EPQ)이 있다.

$EOQ = Q_0 = \sqrt{\dfrac{2PC_O}{Ct}} = \sqrt{\dfrac{2 \times 4{,}000 \times 200}{100 \times 0.1}}$ =400[개/회]

(P : 연간 소요, Co : 1회 주문비용, Ct : 연간 재고비용)

정답 ‖ 16.④ 17.③ 18.①

19. 다음 중 어느 제품의 연간 소요량이 평균 1,000개 이고 리드 타임은 25일, 1일의 수요량의 표준편차 3개이다. 또한 1회 발주비는 10,000원이고, 보관비는 1개당 년 300원이다. 최적 발주량은? (단, 품절이 일어날 확률은 5[%] 이내로 하고 1년을 200일로 계산)

① 258개 ② 268개
③ 278개 ④ 288개

풀이 최적 발주량

$$Q = \sqrt{\frac{2RP}{CI}} = \sqrt{\frac{2 \times 1,000 \times 10,000}{300}} = 258\text{개}$$

20. 다음 중 어느 제품의 연간 소요량이 평균 1,000개 이고 리이드 타임은 25일, 1일의 수요량의 표준편차 3개이다. 또한 1회 발주비는 10,000원이고, 보관비는 1개당 년 300원이다. 최적 발주점은? (단, 품절이 일어날 확률은 5[%] 이내로 하고 1년을 200일로 계산)

① 150개 ② 160개
③ 170개 ④ 180개

풀이 발주점

$$X = MD + a \cdot \sqrt{M} \cdot \sigma$$

M = (리이드 타임) : 25일
D : (연간 평균 수요량 / 1년 일수 = 1일 평균 수요량) = 1,000/200 = 5
∴ MD = 25 × 5 = 125개, $a = 1.65$, $\sqrt{M} = \sqrt{25} = 5$
∴ $a \cdot \sqrt{M} \cdot \delta = 1.65 \times 5 \times 3 = 25$ ∴ Z = 125 + 25 = 150개

21. 다음 중 연간 소요량이 25,000개인 어떤 부품의 발주비용은 매회 10,000원이며, 부품단가는 5000원 연간 재고 유지비율이 10[%]일 때 경제적 발주량은?

① 1000개 ② 1200개
③ 1400개 ④ 1,600개

풀이 경제적 발주량 $Q = \sqrt{\frac{2RP}{CI}} = \sqrt{\frac{2 \times 25,000 \times 10,000}{5,000 \times 0.1}} = 1,000$개

정답 ‖ 19.① 20.① 21.①

22. 다음 중 연간 소요량이 25,000개인 어떤 부품의 발주비용은 매회 10,000원이며, 부품단가는 5000원 연간 재고 유지비율이 10[%]일 때 경제적 발주 횟수는?

① 25회　　② 30회
③ 35회　　④ 40회

풀이 경제적 발주횟수 = 총 수요량 = 25,000 = 25회 (1회발주량 1,000)

23. 다음 중 연간 소요량이 25,000개인 어떤 부품의 발주 비용은 매회 10,000원이며, 부품단가는 5000원 연간 재고 유지비율이 10[%]일 때 적정 연간 총 관계비용은?

① 500,000원　　② 550,000원
③ 600,000원　　④ 650,000원

풀이 적정연간 총 관계비용

$$Y = \sqrt{2CIRP} = \sqrt{2 \times 5,000 \times 0.1 \times 25,000 \times 10,000} = 500,000\text{원}$$

24. 다음 중 절차계획에서 다루어지는 주요한 내용이 아닌 것은? [기능장 07년]

① 각 작업의 소요시간　　② 각 작업의 부하와 능력의 조정
③ 각 작업의 실시순서　　④ 각 작업에 필요한 기계와 공구

풀이 절차계획의 주요 내용

㉠ 필요한 작업의 내용 및 방법
㉡ 각 작업의 실시순서, 실시장소 및 경로
㉢ 필요한 자재의 종류와 수량
㉣ 각 작업에 사용할 기계와 공구
㉤ 각 작업의 소요시간/표준시간
※ 문제② : 공수 계획에서 다루는 내용이다.

25. 다음 중 생산계획량을 완성하는데 필요한 인원이나 기계의 부하를 결정하여 이를 현재 인원 및 기계의 능력과 비교하여 조정하는 것은? [기능장 06년]

① 일정계획　　② 절차계획
③ 진도계획　　④ 공수계획

정답 ‖ 22.① 23.① 24.② 25.④

풀이 공수계획 : 생산계획량을 적기에 완성하기 위하여 부하와 능력의 조정을 도모하여 어떤 작업장에 얼마만큼의 기계 또는 작업자를 할당하는 것이 좋은가를 결정하는 계획이다.

26. 다음 중 부하와 능력의 조정을 도모하는 것은? [기능장 06]

① 진도관리 ② 절차계획
③ 현품관리 ④ 공수계획

풀이 공수계획 : 생산계획량을 적기에 완성하기 위하여 부하와 능력의 조정을 도모하여 어떤 작업장에 얼마만큼의 기계 또는 작업자를 할당하는 것이 좋은가를 결정하는 계획이다.

27. 다음 중 자전거를 셀 방식으로 생산하는 공장에서 자전거 1대당 소요 공수가 14.5시간이며, 1일 8시간, 월 25일의 작업을 한다면 작업자 1명당 월 생산가능 대수는 몇 대인가? (단, 작업자의 생산 종합효율은 80[%]이다.) [기능장 15년]

① 7대 ② 9대
③ 11대 ④ 13대

풀이 ㉠ 작업자 1인의 25일 기준작업 총시간 = 8 × 25 = 200시간, 자전거 1대당 소요 공수가 14.5시간 이므로

1인의 생산가능대수 = $\frac{200}{14.5} \times 0.8 = 11.03 ≒ 11$대

㉡ 생산기계대수 $= \frac{\text{능력}}{\text{소요공수}} \times \text{생산종합효율}$

$= \frac{8H/\text{일} \times 25\text{일}}{14.5H} \times 0.8 = 11.03 ≒> 11\text{대}$

28. 다음 중 월 100대의 제품을 생산하는데 셰이퍼 1대당 제품 1대의 소요공수가 14.4[H]라 한다. 1일 8[H], 월 25일 가동한다고 할 때 이 제품 전부를 만드는데 필요한 셰이퍼의 필요 대수를 계산하면? (단, 작업자 가동률 80[%], 셰이퍼 가동률 90[%]이다.) [기능장 04년]

① 10대 ② 12대
③ 14대 ④ 16대

정답 ‖ 26.④ 27.③ 28.①

풀이 생산기계대수 $= \dfrac{\text{능력}}{\text{소요공수}}$ = 생산종합효율

$= \dfrac{8H / \text{일} \times 25\text{일}}{14.4H} \times 0.8 \times 0.9 = 10.0$

∴ 월 100대의 제품을 생산하기 위해서는 셰이퍼 1대당 10대의 제품을 만들 수 있으므로, $\dfrac{100}{10} = 10$대의 셰이퍼가 필요하게 된다.

29. 다음 중 여력을 나타내는 식은? [기능장 05년]

① 여력 = 1일실동시간 X 1개월실동시간 X 가동대수

② 여력 $= \dfrac{(\text{능력} - \text{부하})}{\text{능력}} \times 100$

③ 여력 $= (\text{능력} - \text{부하}) \times \dfrac{1}{100}$

④ 여력 $= \dfrac{(\text{능력} - \text{부하})}{\text{부하}} \times 100$

풀이 여력 = $\dfrac{(\text{능력} - \text{부하})}{\text{능력}} X\ 100[\%]$

30. 다음 중 명목상 활동(Dummy Activity)에 대한 설명은? [기능장 04년]

① 가장 긴 작업시간이 예상되는 공정이다.

② 공정의 시작에서 그 단계에 이르는 공정별 소요시간들 중 가장 큰 값이다.

③ 각 활동별 소요시간이 베타분포를 따른다고 가정할 때의 활동이다.

④ 실제 활동은 아니며, 활동의 선행조건을 네트워크에 명확히 표현하기 위한 활동이다.

풀이 명목상 활동(Dummy Activity : 가상활동)

㉠ 한쪽 방향의 화살표를 점선으로 표시하고 이 활동에는 시간이나 자원의 요소를 포함하지 않는다.

㉡ 실제 활동은 아니며, 활동의 선행조건을 네트워크에 명확히 표현하기 위한 활동이다.

정답 ‖ 29.② 30.④

31. 다음 중 PERT/CPM에서 Network 작도시 점선 화살표(→)는? [기능장 03년]

① 단계(Event) ② 병행활동(Paralleled Activity)

③ 명목상의 활동(Dummy Activity) ④ 최초단계(Initial Event)

풀이 명목상 활동(Dummy Activity : 가상활동)

㉠ 한쪽 방향의 화살표를 점선으로 표시하고, 이 활동에는 시간이나 자원의 요소를 포함하지 않는다.

㉡ 실제활동은 아니며, 활동의 선행조건을 네트워크에 명확히 표현하기 위한 활동이다.

32. 다음 중 PERT에서 Network에 관한 설명 중 아닌 것은? [기능장 06년]

① 가장 긴 작업시간이 예쌍되는 공정을 주공정이라 한다.

② 활동(Activity)은 하나의 생산작업요소로서 원(O)으로 표시한다.

③ 명목상의 활동(Dummy)은 점선 화살표(--→) 로 표시한다.

④ Network는 일반적으로 활동과 단계의 상호관계로 구성된다.

풀이 ② 활동(Activity)은 하나의 생산작업 요소로서 실선 화살표 (→) 로 표시한다.

33. 다음 중 어떤 작업을 수행하는데 작업소요 시간이 빠른 경우 5시간, 보통이면 8시간, 늦으면 12시간 걸린다고 예측되었다면 3점 견적법에 의한 기대 시간치(t_e)는?

① $t_e = 8.0$ ② $t_e = 8.1$

③ $t_e = 8.2$ ④ $t_e = 8.3$

풀이 $t_e = \frac{a + 4m + b}{6} = \frac{5 + 4 \times 8 + 12}{6} = 8.17 = 8.2$

34. 다음 중 어떤 작업을 수행하는데 작업소요 시간이 빠른 경우 5시간, 보통이면 8시간, 늦으면 12시간 걸린다고 예측되었다면 3점 견적법에 의한 분산(σ^2)은?

① $\sigma^2 = 1.17$ ② $\sigma^2 = 1.27$

③ $\sigma^2 = 1.36$ ④ $\sigma^2 = 1.46$

풀이 분산(σ^2) $\sigma^2 = (\frac{T_p - T_O}{6})^2 = (\frac{12 - 5}{6})^2 = 1.36$

정답 | 31.③ 32.② 33.③ 34.③

35. 다음 중 어떤 작업을 수행하는데 작업 소요시간이 빠른 경우 5시간, 보통이면 8시간, 늦으면 12시간 걸린다고 예측되었다면 3점 견적법에 의한 기대 시간치(t_e)와 분산(σ^2)은?

[기능장 16년, 19년]

① $t_e = 8.0 \ \ \sigma^2 = 1.17$　　② $t_e = 8.1 \ \ \sigma^2 = 1.27$

③ $t_e = 8.2 \ \ \sigma^2 = 1.36$　　④ $t_e = 8.3 \ \ \sigma^2 = 1.46$

풀이 ㉠ 기대 시간치(t_e)

$$t_e = \frac{T_o + 4T_m + T_p}{6} = \frac{5 + 4 \times 8 + 12}{6} = 8.17 = 8.2$$

㉡ 분산(σ^2) $\sigma^2 = (\frac{T_p - T_O}{6})^2 = (\frac{12-5}{6})^2 = 1.36$

36. 다음 중 단계 여유(Slack)의 표시로 옳은 것은? (단, TE는 가장 이른 예정일, TL은 가장 늦은 예정일, TF는 총 여유시간, FF는 자유여유 시간이다.)　[기능장 13년]

① $TE - TL$　　② $FF - TF$

③ $TL - TE$　　④ $TE - TF$

풀이 단계여유(S : Slack) = TL (가장 늦은 예정일) - TE(가장 빠른 예정일)

㉠ 단계여유(S : Slack) $S = TL - TE$

㉡ 단계여유에서는 정여유($TL - TE > 0$)

㉢ 영여유($TL - TE = 0$)

㉣ 부여유($TL - TE < 0$)

37. 다음 그림과 같은 계획공정도(Network)에서 주 공정은? (단, 화살표 아래의 숫자는 활동 시간이다.)　[기능장 07년, 11년, 19년, 20년]

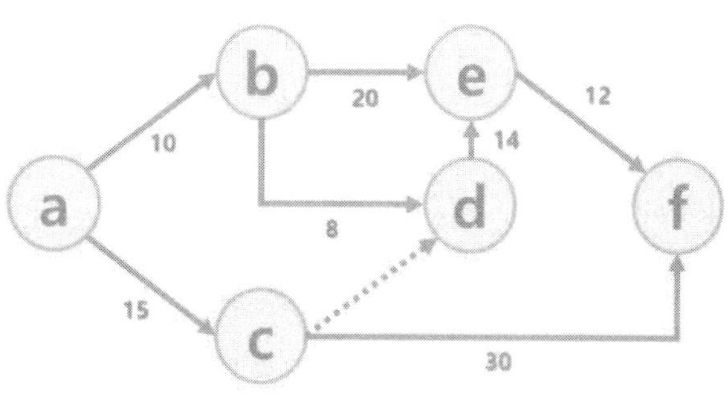

① ⓐ - ⓑ - ⓔ - ⓕ　　② ⓐ - ⓒ - ⓕ

③ ⓐ - ⓑ - ⓓ - ⓔ - ⓕ　　④ ⓐ - ⓒ - ⓓ - ⓔ - ⓕ

풀이 ㉠ 주 공정(Critical Path) : 시작 단계에서 마지막 단계까지 작업이 종료되는 과정 중 가장 오래 걸리는 경로가 있으며, 이 경로를 주 공정이라고 한다. 이 공정을 관찰함으로써 모든 경로를 파악하고, 기한 내 사업완료가 가능해진다.

㉡ 주 공정의 발견

ⓐ 10 + 20+12 = 42

ⓑ 15 + 30 = 45

ⓒ 10 + 8 + 14 + 12 = 44

ⓓ 15 + 14 + 12 = 41

㉢ 주 공정은 작업시간이 가장 오래 걸리는 공정을 계산하면 ⓐ → ⓒ → ⓕ, 즉 45주가 된다.

38. 다음의 PERT/CPM에서 주공정(Critical Path)은? (단, 화살표 밑의 숫자는 활동시간이다.) [기능장 04년]

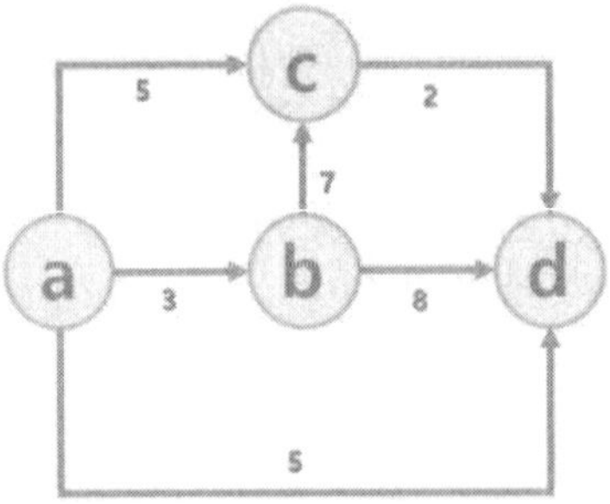

① ⓐ - ⓒ - ⓑ - ⓓ　　② ⓐ - ⓑ - ⓓ

③ ⓐ - ⓑ - ⓒ - ⓓ　　④ ⓐ - ⓓ

풀이 주 공정의 발견

㉠ 공정이 성립 안 됨

㉡ 3 + 8 = 11

㉢ 3 + 7 + 2 = 12

㉣ 공정이 성립 안 됨

∴ 주 공정 : 작업시간이 가장 오래 걸리는 공정으로 정답은 ③ 이다.

39. 다음 그림의 AOA(Activity - On - Are) 네트워크에서 E 작업을 시작하려면 어떤 작업들이 완료되어야 하는가? [기능장 17년]

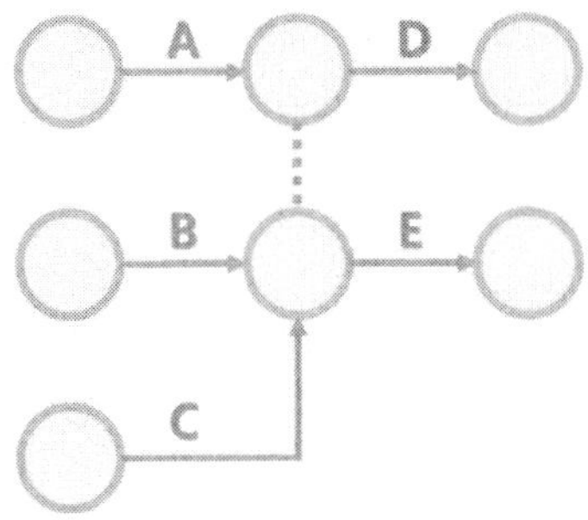

① B ② A, B
③ B, C ④ A, B, C

풀이 ㉠ AOA(Activity - On - Are) 네트워크 : 그림에서 E 작업을 시작하기 위해서는 A, B, C 작업들이 사전에 완료 되어야 한다.
㉡ PERT/CPM
ⓐ D 작업을 하려면 A 작업을 완료되어야 한다.
ⓑ E 작업을 하려면 A, B, C 작업을 완료하여야 한다.

40. 다음 중 어떤 공장에서 작업을 하는데 있어서 소요되는 기간과 비용이 보기와 같을 때 비용구배는? [단, 활동시간의 단위는 일(日)로 계산한다.] [기능장 08년, 15년, 19년]

정상작업		특급작업	
기간	비용	기간	비용
15일	150만원	10일	200만원

① 100,000원 ② 150,000원
③ 200,000원 ④ 250,000원

풀이 비용구배

$$= \frac{\text{특급비용} - \text{정상비용}}{\text{정상시간} - \text{특급시간}} = \frac{200\text{만원} - 150\text{만원}}{15\text{일} - 10\text{일}}$$

= 10[만원/일] = 100,000[원/일]

정답 ▌39.④ 40.①

41. 다음 중 일정 통제를 할 때 1일당 그 작업을 단축시키는데 소요되는 비용의 증가는?

[기능장 02년, 08년, 14년, 18년]

① 정상소요시간(Normal Duration Time)

② 비용견적(Cost Estimation)

③ 비용구배(Clost Slope)

④ 총비용(Total Cost)

풀이 ㉠ 비용구배 : 일정 통제를 할 때 1일당 작업을 단축하는데 소요되는 비용의 증가이다.

㉡ 비용구배 = $\frac{\text{특급작업소요비용} - \text{정상작업소요비용}}{\text{정상작업시간} - \text{특급작업시간}}$ (원)

42. 다음 중 정상 소요기간이 5일이고, 이때의 비용이 20,000원이며 특급 소요기간이 3일이고, 이때의 비용이 30,000원 이라면 비용구배(Cost Slope)는?

[기능장 08년, 11년, 15년, 18년]

① 5,000[원/일] ② 4,000[원/일]

③ 3,000[원/일] ④ 2,000[원/일]

풀이 비용구배(Cost Slope) : 1일당 작업단축에 필요한 비용의 증가이다.

$$\text{비용구배} = \frac{\text{특급작업소요비용} - \text{정상작업소요비용}}{\text{정상작업시간} - \text{특급작업시간}}$$

$$= \frac{30{,}000\text{원} - 20{,}000\text{원}}{5\text{일} - 3\text{일}} = 5{,}000[\text{원/일}]$$

43. 다음 표를 이용하여 비용구배(Cost Slope)를 구하면? [기능장 06년]

정상		특급	
소요시간	소요비용	소요시간	소요비용
5일	40,000원	3일	50,000원

① 5,000원/일 ② 4,000원/일

③ 3,000원/일 ④ 2,000원/일

풀이 비용구배 = $\frac{\text{특급비용} - \text{정상비용}}{\text{정상시간} - \text{특급시간}} = \frac{50{,}000 - 40{,}000}{5 - 3}$ = 5,000[원/일]

정답 ‖ 41.③ 42.① 43.①

44. 다음 중 일정계획에 있어서 전동차 조립에 소요되는 시간치가 낙관치 5일, 정상치 6일, 비관치 7일 경우 기대시간치(t_e) 와 분산(σ^2)은?

① ㉠ 5, ㉡ 0.09 ② ㉠ 6, ㉡ 0.11
③ ㉠ 7, ㉡ 0.13 ④ ㉠ 8, ㉡ 0.15

풀이 ㉠ 기대시간치 $t_e = \frac{5 + 4X6 + 7}{6} = 6$

㉡ 분산 $\sigma^2 = (\frac{7-5}{6})^2 = 0.11$

45. 다음 중 작업활동의 시간과 비용이 보기와 같을 때 비용구매는?

구분	정상작업	특급작업
시간(일)	20일	15일
비용(원)	400만 원	1,000만 원

① 60만원 ② 80만원
③ 100만원 ④ 120만원

풀이 비용구배 = $\frac{\text{특급비용} - \text{정상비용}}{\text{정상시간} - \text{특급시간}} = \frac{1{,}000 - 400}{20 - 15}$ = 120(만원)

46. 다음은 설비보전조직에 대한 설명으로, 어떤 조직의 형태에 대한 설명인가? [기능장 16년]

> 보전작업자는 조직상 각 제조부문의 감독자 밑에 둔다.
> - 장점 : 운전자와 일체감 및 현장감독의 용이성
> - 단점 : 생산우선에 의한 보전작업 경시, 보전기술 향상의 곤란성

① 집중보전 ② 지역보전
③ 부문보전 ④ 절충보전

풀이 보전작업자는 부문 보전 조직형태에서 나오는 용어이다.

정답 Ⅰ 44.② 45.④ 46.③

47. 다음 중 생산보전(PM : Productive Maintenance)의 내용에 속하지 않는 것은?

① 보전예방　　② 안전보전
③ 예방보전　　④ 개량보전

풀이 예방보전(Preventive Maintenance)의 효과
㉠ 기계의 수리 비용감소
㉡ 생산 시스템의 신뢰도 향상
㉢ 고장으로 인한 중단시간 감소
㉣ 제조원가 단위 감소
㉤ 예비기계 보유 필요성 감소

48. 다음 중 예방보전(Preventive Maintenance)의 효과가 아닌 것은?
[기능장 13년, 21년]

① 기계의 수리비용이 감소한다.
② 생산 시스템의 신뢰도가 향상된다.
③ 고장으로 인한 중단시간이 감소한다.
④ 잦은 정비로 인해 제조원가 단위가 증가한다.

풀이 예방보전(Preventive Maintenance)의 효과
㉠ 기계의 수리 비용감소
㉡ 생산 시스템의 신뢰도 향상
㉢ 고장으로 인한 중단시간 감소
㉣ 제조원가 단위 감소
㉤ 예비 기계 보유 필요성 감소

49. 다음 중 설비보전조직 중 지역보전(Area Maintenance)의 장 · 단점이 아닌 것은?
[기능장 17년]

① 현장 왕복시간이 증가한다.
② 조업요원과 지역 보전요원과의 관계가 밀접해진다.
③ 보전요원이 현장에 있으므로 생산본위가 되며, 생산의욕을 가진다.
④ 같은 사람이 같은 설비를 담당하므로 설비를 잘 알며 충분한 서비스를 잘 할 수 있다.

정답 ▎47.② 48.④ 49.①

풀이 ㉠ 조업직원과 지역보전직원과의 관계가 밀접하다.
㉡ 보전직원이 현장에 있으므로 생산 본위가 되며 생산 의욕을 가진다.
㉢ 경력직원이 설비를 담당하여 그 설비에 대하여 상세히 알수 있으며, 충분한 서비스가 가능하다.

50. 다음 중 작업시간의 추정이 아닌 것은?

① 정상시간치 ② 낙관시간치
③ 비정상시간치 ④ 기대시간치

풀이 ③ 정상시간치

51. 다음 중 생산관리의 일반원칙이 아닌 것은?

① 표준화 ② 단순화
③ 전문화 ④ 규격화

풀이 생산관리의 일반원칙
㉠ 표준화 ㉡ 단순화 ㉢ 전문화

52. 다음 중 시스템의 공통적 성질과 관계가 먼 것은?

① 목적추구성 ② 환경적용성
③ 집합성 ④ 상관성

풀이 System의 공통적 성질
㉠ 집합성 ㉡ 관련성 ㉢ 목적 추구성 ㉣ 환경 적응성

53. 다음 중 보편적으로 많이 사용되는 공수의 단위는?

① Man-Minute ② Man-Day
③ Man-Sec ④ Man-Hour

풀이 ㉠ Man-day : 개략적
㉡ Man-Minute : 세부적
㉢ Man- hour : 보편적

정답 | 50.③ 51.④ 52.④ 53.④

54. 다음 중 보전조직과 관계가 없는 것은?

① 집중보전 ② 지역보전
③ 부문보전 ④ 사후보전

풀이 보전조직의 종류
㉠ 집중보전 ㉡ 지역보전 ㉢ 부문보전 ㉣ 절충보전

55. 다음 중 생산보전과 관계가 없는 것은?

① 개량보전 ② 사후보전
③ 보전예방 ④ 사전보전

풀이 보전의 종류
㉠ 보전예방 ㉡ 예방보전 ㉢ 개량보전
㉣ 사후보전 ㉤ 계획보전

56. 다음 중 설비사용 중 윤활, 청소, 조정, 교체 등을 행하는 방법은?

① 보전예방 ② 예방보전
③ 개량보전 ④ 사후보전

풀이 예방보전(PM : Prevention Maintance) : 예정된 시기에 점검 및 시험, 급유 조정 및 분해정비, 계획적 수리 및 부분품 갱신 등을 하여 설비성능의 저하와 고장 및 사고를 방지함으로써 설비의 성능을 표준 이상으로 유지하는 보전활동이다.

57. 다음 중 기능저하형 열화와 관계가 있는 것은?

① 기술적 열화 ② 화폐적 열화
③ 물리적 열화 ④ 상대적 열화

풀이 물리적 열화 : 기계설비가 시간의 경과와 함께 물리적으로 서서히 노후화하는 현상

정답 ‖ 54.④ 55.④ 56.② 57.③

58. 다음 중 생산계획시 실행계획에 해당하는 것은?

① 준비계획
② 제조계획
③ 작업계획
④ 선행생산계획

풀이 실행계획
㉠ 제조계획 ㉡ 생산계획

59. 다음 설비사용 중 보전성 향상을 위하여 계획공사, 수리보전의 작업방법, 기기, 재료의 선택 등을 행하는 것은?

① 사후보전
② 개량보전
③ 예방보전
④ 보전예방

풀이 예방보전(PM : Prevention Maintance) : 예정된 시기에 점검 및 시험, 급유 조정 및 분해정비, 계획적 수리 및 부분품 갱신 등을 하여 설비성능의 저하와 고장 및 사고를 방지함으로써 설비의 성능을 표준 이상으로 유지하는 보전활동이다.

60. 다음 중 생산관리의 목표에 속하지 않는 것은?

① 적질의 품질제조
② 적기에 제조
③ 싸게 제조
④ 많은 양의 제품을 제조

풀이 생산 합리화의 기본 목표
㉠ 좋은 물건 만들 것(품질관리), 싸게 만들 것(원가관리)
㉡ 빨리 만들 것(공정관리), 납기의 확실화(신용의 확보)

61. 다음 중 고장이 없는 설비나 조기 수리가 가능한 설비의 설계 및 선택시 적용하는 설비 보전방식은?

① 사후보전
② 예방보전
③ 개량보전
④ 보전예방

풀이 보전예방(MP : Maintance Prevebtion) : 설비계획 및 설치시 부터 고장이 없는 설비, 초기수리 보전 가능한 설비를 선택하는 보전방식이다.

정답 ‖ 58.② 59.③ 60.④ 61.④

62. 다음 중 생산계획과 통제의 기능에 대응되는 내용과 관계가 먼 것은?

① 공수계획 - 여력관리
② 일정계획 - 진도관리
③ 절차계획 - 작업지도
④ 공정계획 - 배치관리

풀이 생산통제의 기능
㉠ 절차(순서) 계획 - 절차관리(작업지도)
㉡ 공수계획 - 여력관리(공수관리)
㉢ 일정계획 - 진도관리(일정관리)

63. 다음 중 설비보전조직의 기본형에 해당하지 않는 것은?

① 집중보전
② 지역보전
③ 절충보전
④ 분산보전

풀이 보전조직의 종류
㉠ 집중보전 ㉡ 지역보전 ㉢ 부문보전 ㉣ 절충보전

64. 다음 중 절차계획상 중점 파악요소가 아닌 것은?

① 원가
② 품질
③ 가격
④ 납기

풀이 절차 계획상 중점 파악 요소
㉠ 품질 ㉡ 원가 ㉢ 납기 ㉣ 기타

65. 다음 중 lot의 크기란?

① 예정생산 목표량 / lot수
② lot수 / 예정생산회수
③ 제조lot / lot수
④ lot수

풀이 로트의 크기 = $\frac{\text{예정 생산 목표량}}{\text{로트수}(lot\ \nu mber)}$

66. 다음 중 연간 예정생산 목표량이 1000개 일 때 1회에 100개씩 생산하는 것이 가장 경제적 이라면 경제적 로트수는?

① 100 ② 200
③ 300 ④ 400

풀이 ㉠ 로트의 크기 = $\frac{\text{예정 생산 목표량}}{\text{로트수}(lot\ \nu mber)}$

㉡ 로트수 = 1000 ÷ 100회가된다.

㉢ 로트의 크기 = $\frac{1,000\text{개}}{10\text{회}} = 100\text{개}$ 경제적 로트의 크기는 100개이다.

67. 다음 중 합리적인 공수계획을 수립하기 위한 조건이 아닌 것은?

① 부하와 능력의 균형화를 기할 것 ② 일정별의 부하변동을 방지할 것
③ 적합 배치의 단순화를 기할 것 ④ 부하와 능력에 여유를 줄 것

풀이 합리적인 공수계획 수립을 위한 기본방침
㉠ 부화와 능력의 규형화
㉡ 가동률 향상
㉢ 일정별 부화의 변동방지
㉣ 적정배치와 전문화의 촉진
㉤ 여유성

68. 다음 중 일정의 구성으로 아닌 것은?

① 가공 ② 운반
③ 정체 ④ 여유

풀이 일정의 구성
㉠ 가공 ㉡ 운반 ㉢ 정체 ㉣ 로트대기 ㉤ 검사

69. 다음 중 일정계획의 방침이 아닌 것은?

① 납기의 확실화 ② 생산활동의 동기화
③ 불량품에 대한 조치 ④ 작업량의 안정화와 가동률의 향상

정답 ‖ 66.① 67.③ 68.④ 69.③

풀이 일정계획의 방침
㉠ 납기의 확실화
㉡ 생산 활동의 동기화
㉢ 작업량의 안정화와 가동률의 향상
㉣ 생산기간의 단축

70. 다음 중 설비배치의 유형으로 아닌 것은?

① 제품 별 배치 ② 공정별 배치
③ 위치고정형 배치 ④ 생산 배치

풀이 설비배치의 유형
㉠ 제품(라인)별 배치(Product or Line Layout)
㉡ 공정(기능)별 배치(Process or Functional Layout)
㉢ 위치고정형(프로젝트) 배치(Fixed - Position or Project Layout)
㉣ 혼합형 배치

71. 다음 중 일정계획의 단계 중 아닌 것은?

① 대일정 계획 ② 소일정 계획
③ 중일정 계획 ④ 부일정 계획

풀이 일정 계획의 단계
㉠ 대일정 계획 ㉡ 중일정 계획 ㉢ 소일정 계획

72. 다음 중 진도의 조사방법 중 아닌 것은?

① 전표 이용법 ② 신발 연락법
③ 직시법 ④ 기계적 방법

풀이 진도의 조사 방법
㉠ 전표 이용법 ㉡ 구두 연락법 ㉢ 직시법 ㉣ 기계적 방법

정답 ‖ 70.④ 71.④ 72.②

73. 다음 중 간트차트의 사용목적에 따른 분류가 아닌 것은?

① 작업자 및 기계 기록도표 ② 납기의 확실화
③ 작업도표 ④ 작업빈도표

풀이 작업자 및 기계 기록도표(Man Machine Recoed Chart)
㉠ 작업도표(Load Chart) ㉡ 작업빈도표(Process Chart)

74. 다음 중 여력계획의 종류로 아닌 것은?

① 장기 여력계획 ② 증기 여력계획
③ 단기 여력계획 ④ 일정 여력계획

풀이 여력계획의 종류
㉠ 장기 여력계획 : 반년~3년
㉡ 증기 여력계획 : 1개월, 15일, 10일
㉢ 단기 여력계획 : 3일, 1주

75. 다음 중 로트(lot) 수의 설명은?

① 예정생산 목표량을 로트 수로 나타낸 것
② 일정한 제조회수를 표시한 개념
③ 예정 생산목표량을 보유 기계대수로 나눈 것
④ 예정 생산목표량을 공정수로 나눈 것

풀이 로트 수 : 일정한 제조 횟수를 표시하는 개념이다. 즉 예정생산 목표량이 결정되면 이를 몇 회로 분할하여 생산할 것인가 하는 제조 횟수이다.

76. 다음 중 수요예측방법의 분류로 아닌 것은?

① 시계열 분석 ② 회귀분석
③ 예정 분석 ④ 구조분석

풀이 수요예측방법의 분류
㉠ 시계열 분석 ㉡ 회귀분석 ㉢ 구조분석 ㉣ 의견분석

정답 ‖ 73.② 74.④ 75.② 76.③

77. 다음 중 설비 투자안의 선택법으로 아닌 것은?

① 현기법 ② 연가법
③ 종가법 ④ 현가법

풀이 설비 투자안의 선택법
㉠ 연가법 ㉡ 현가법 ㉢ 종가법

78. 다음 중 로트의 종류가 아닌 것은?

① 제조 명령 로트 ② 생산 로트
③ 가공 로트 ④ 이동 로트

풀이 로트의 종류
㉠ 제조명령 로트 ㉡ 가공 로트 ㉢ 이동 로트

79. 다음 중 시간의 경과에 따라 현재 보유하고 있는 설비의 가액이 매년 감소하는 열화현상은?

① 물리적 열화 ② 기술적 열화
③ 화폐적 열화 ④ 기능적 열화

풀이 화폐적 열화 : 시간의 경과에 따라 현재 보유하고 있는 설비의 가액이 매년 감소하는 현상이다.

80. 다음 중 보다 새롭게 발전된 기계설비의 출현으로 현재 보유하고 있는 기계설비가 구식화되는 열화현상은?

① 기술적 열화 ② 물리적 열화
③ 화폐적 열화 ④ 기능적 열화

풀이 기술적 열화 : 보다 새롭게 발전된 기계설비의 출현으로 현재 보유하고 있는 기계설비가 구식화되는 현상이다.

정답 | 77.① 78.② 79.③ 80.①

81. 다음 중 전화 연락이나 회의 등에 의한 조사방법으로 간단한 처리일 경우 때는 긴급한 경우에 사용하는 진도의 조사방법은?

① 기계적 방법　　② 직시법
③ 구두 연락법　　④ 전표 이용법

풀이 구두 연락법 : 전화 연락이나 회의 등에 의한 조사방법으로 간단한 처리일 경우 때는 긴급한 경우에 사용된다.

82. 다음 중 System의 구성으로 아닌 것은?

① 변환과정(processor)　　② 생산(produce)
③ 투입(input)　　④ 산출(output)

풀이 System의 구성
㉠ 투입(input)　㉡ 변환과정(processor)　㉢ 산출(output)

83. 다음 중 전기수요법을 좀 더 발전시킨 것으로 과거, 일정 기간의 실적을 평균해서 예측하는 방법은?

① 총평균법　　② 이동 평균법
③ 선입선출법　　④ 수요예측법

풀이 이동평균법(Moving Average Method) : 전기수요법을 좀 더 발전시킨 것으로 과거, 일정 기간의 실적을 평균해서 예측하는 방법이다.
㉠ 예측지 : $F_t = \dfrac{\text{기간의 실적치}}{\text{기간의 수}}$

84. 다음 중 생산발주 방식 중 아닌 것은?

① 수시발주 방식　　② 정기발주 방식
③ 정량발주 방식　　④ 정시발주 방식

풀이 생산발주 방식
㉠ 정량발주 방식(발주점 방식)　㉡ 정기발주 방식
㉢ 수시발주 방식

정답 ‖ 81.③ 82.② 83.② 84.④

CHAPTER

03

작업관리

제1장 작업방법연구

인간이 관여하는 작업을 전반적으로 검토하고, 작업의 경제성과 효율성에 영향을 미치는 모든 요인을 체계적으로 조사 · 연구하여 작업의 표준화에 의한 표준시간을 설정, 생산성 향상을 꾀하고자 하는 지속적인 개선활동이다. 또한 최적 작업 시스템을 지향하는 Engineering Approch이며, 기본적으로는 방법연구, 작업목적의 각 수법이 이용된다.

01 | 작업관리의 개요

작업연구에 의거하여 표준작업방법을 찾아내고, 이것을 작업자에게 지도 훈련하고 이에 의거 작업을 실시케 함으로서 품질의 균일화를 기하고 작업능률을 향상시키고자 하는 관리활동이다.

작업관리의 계획기능을 작업연구에 의하여 표준작업방법과 표준시간과 같은 표준을 찾아내는 일이며, 통제기능은 표준에 따라 작업이 실시되도록 지도하고 작업실적을 표준과 비교 평가하여 능률을 관리하는 일이라고 할 수 있다.

[그림 3-1]과 같이 생산목표를 달성할 수 있도록 생산활동이나 생산과정을 관리하는 것이다.

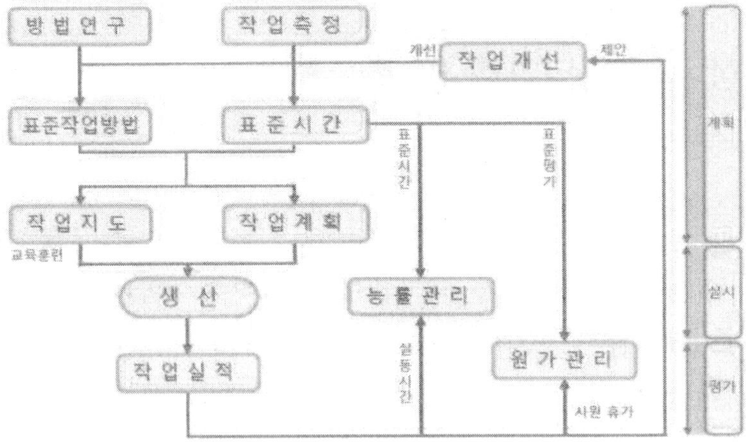

[그림 3-1] 생산체계와 작업관리의 관련도

1. 작업자와 작업방법(Method)

작업관리의 주 대상이 되는 것은 작업자와 작업방법(Method)이며, 작업방법을 성공적으로 실시하기 위해서는 〈표 3-1〉과 같다.

〈표 3-1〉 작업방법을 성공적으로 실시하기 위한 방법

- 작업연구(Work Study)를 통하여 작업자가 행하는 작업방법이 최선의 방법이 되도록 하는 것이다.
- 작업자로 하여 작업방법과 관련지식에 대하여 숙련되도록 교육훈련을 이행하는 것이다.
- 작업자의 작업의욕을 상승시켜 작업능률을 향상시키는 것이다.

- 원자재(Material) → 수율향상(원자재 생산성 = $\frac{\text{가공총액}}{\text{원자재사용량}}$) → 제품
- 사람(Man) → 능률향상(노동생산성 = $\frac{\text{가공총액}}{\text{종업원수}}$) ↑
- 설비(Machine) → 가동율 향상(설비생산성 = $\frac{\text{가공총액}}{\text{기계대수}}$) →품질 향상

↑

(Output)

- 원가 절감(Input) : 가공총액 = 생산총액 = (재료비 + 구입부품 + 외주비)

(3M) (Method / Management, 5M) (Marking, 6M) (Money, 7M)

2. 작업개선(문제점 해결)과 개선원칙

작업관리에서 작업개선(문제점 해결)의 진행절차, 표준화 작업 진행절차, 표준 유지관리, 작업개선의 원칙(ECRS 원칙), 작업개선의 대상 및 목표는 〈표 3-2〉와 같다.

〈표 3-2〉 작업개선(문제점 해결)과 개선원칙

<table>
<tr><td>작업개선(문제점 해결)의 진행절차</td><td colspan="2">문제점 발견 → 현상분석 → 개선안 수립 → 실시 → 평가</td></tr>
<tr><td rowspan="6">표준화 작업 진행절차</td><td>표준화 실행 점검</td><td>표준화 실행 점검을 위하여 팀을 구성하여 표준화 활동의 결과가 현장에서 준수되고 정착되는지를 모니터링</td></tr>
<tr><td>표준화 성관 파악</td><td>실행점검의 결과를 취합하여 표준화 추진의 성과 파악 진행
• 정량적 성과 : 품질향상, 원가절감, 납기단축, 생산성 향상
• 정성적 성과 : 정보 전달의 용이, 부품의 호환성 증대</td></tr>
<tr><td>실행점검 완료보고</td><td>파악된 성과를 정리하여 경영진에게 보고 후 관리자와 점검팀의 착석한 후 보고 실시</td></tr>
<tr><td>실행점검 결과공유</td><td>실행점검과 성과파악의 결과를 전사로 확대하여 공유하고 점검결과 발견된 문제점을 포함하여 개선이 요구되는 표준의 제정 · 개정 · 폐지 · 작업을 실시</td></tr>
<tr><td>개선과제 도출</td><td>실행점검을 통해 표준의 준수 여부와 개정의 필요성을 확인하여 개선과제를 도출하여 개선활동에 반연</td></tr>
<tr><td>개선활동 실시</td><td>관계부서는 내부 개선활동 프로세스에 따라 개선활동 수행(시정 조치, 개별 개선활동 TF, 품질 분임조, 개선제안활동)</td></tr>
<tr><td>표준 유지관리</td><td colspan="2">• 개선활동의 향상 정도를 파악할 수 있는 기준이 필요
• 표준의 재 · 개정 전 시장의 변화 및 고객의 요구사항을 명확히 파악한 후 표준의 정비 및 운영의 큰그림을 관계자들과 협의 및 수립
• 보유중인 규정, 기준, 표준의 기준 명, 표준번호, 최근 개정일자를 파악하여 ECRS로 재정비 진행</td></tr>
</table>

작업개선의 원칙(ECRS 원칙)	불필요한 작업의 배재 (Eliminate)	이 작업은 제거할 수 있는가?	• 필요없는 작업이나 공정을 배제 또는 생략하는 방법이다. 업무수행의 대한 목적을 철저히 하여 공정 또는 작업이 정말 필요한지 생각하고 문제가 없다면 제거한다. • 모든 개선활동시 제일 먼저 생각하고 적용되어야 하는 사항으로 ECRS 원칙 중 가장 효과가 확실한 방법이다.
	작업 및 작업요소의 결합 (Combine)	또 다른 작업과 결합 할 수 있는가?	• 공정, 부품, 재료 등의 결합으로 좀 더 간단하고 단순한 형태로 접근하는 방법으로 결합에 인한 생략(배제)도 가능하다. • 몇 가지 공정을 할 때 커다란 효과를 가져온다는 전제하에 무슨 일인지, 누가 담당하는지, 언제, 어디서 하는지 등에 대해서 관점을 바꾸어 생각하고 함께 할수 있는 가능성을 조사한다.
	작업순서의 변경 (Rearrange)	작업순서는 바꿀 수 없는가?	• 공정의 순서를 변경 또는 재배열하여 개선한다. • 작업의 가공순서를 바꿀 수 있을까? 또는 다른 부품이나 가공법으로 바꿀 수 있는가? 등의 현재 방식과 다른 방식으로 생각 해보는 것이다.
	필요한 작업의 단순화 (Simplify)	이 작업은 간소화할 수 있는가?	• 이동거리를 짧게 하거나, 공정, 작업, 방법, 수단 등을 개선하는 것이다. • 그 부품을 왜 사용하는지, 그런 방법을 왜 사용했는지 등으로 질문을 간소화 가능성을 찾는 것이다.

작업개선의 대상 및 목표	개선의 대상	• P(Production, 생산량) • Q(Quality, 품질) • C(Cost, 원가) • D(Delivery, 납기) • S(Safety, 안전) • M(Morale, 환경)
	개선의 목표 (4가지 최종 목표)	• 피로의 경감 • 시간의 단축 • 품질의 향상 • 경비의 절감
	작업 시스템의 요소	• 과업(Work Task) • 작업공정(Work Process) • 투입(In Put) • 산출(Out Put) • 인간(Man) • 설비(Equipment) • 환경(Environment)
	방법연구에 이용되는 수법	• 작업이나 동작의 순서 표현 • 사람이나 자재의 이동경로 표현
	방법연구 수법의 종류	• Flow Diagram • 계금모형 • String Diagram • Flow-Chart • 필람분석

02 | 작업관리의 제 기법

작업관리에서 구분단위는 공정, 단위작업, 요소작업, 동작요소로 분류하고, 분석기법은 공정분석, 작업분석, 동작분석으로 크게 나누며 〈표 3-3〉과 같다.

〈표 3-3〉 작업관리 제 기법 정리

<table>
<tr><th colspan="5">작업관리의 제 기법</th></tr>
<tr><td>구분단위</td><td>공정</td><td>단위작업</td><td>요소작업</td><td>동작요소</td></tr>
<tr><td>분석기법</td><td colspan="2">공정분석</td><td>작업분석</td><td>동작분석</td></tr>
<tr><td rowspan="8">방법
연구</td><td rowspan="5">공정분석</td><td>제품공정분석</td><td colspan="2">• 단순공정분석(OPC)
• 세밀공정분석(FPC)</td></tr>
<tr><td colspan="3">사무공정분석</td></tr>
<tr><td colspan="3">연합작업분석</td></tr>
<tr><td colspan="3">작업자 공정분석</td></tr>
<tr><td>부대분석</td><td colspan="2">• 기능분석
• 제품분석
• 부품분석
• 수율분석
• 경로분석 등</td></tr>
<tr><td rowspan="2">작업분석</td><td>작업분석표</td><td colspan="2">• 기본형
• 시간란 부가
• 시간눈금 부가
• 작업자 공정 시간분석표</td></tr>
<tr><td>다중활동
분석표</td><td colspan="2">• Man-Machine Chart
• Gang-Process Chart
• Man Multi-Machine Chart
• Multi Man-Machine Chart</td></tr>
<tr><td>동작분석</td><td colspan="3">• 목시동작분석(서블릭 기호, 동작경제의 원칙)
• 미세동작분석</td></tr>
<tr><td>작업
측정</td><td>표준시간
결정</td><td colspan="3">• 스톱워치법
• 표준자료법
• 워크샘플링
• PTS(MTM, WF)</td></tr>
<tr><td>공정분석</td><td colspan="4">공정계열을 연구대상으로 하여 작업개선을 행하는 것으로서 공정순서의 변경, 폐지 및 합병 등을 행함으로써 불필요한 운반과 정체를 제거하고 공정의 흐름을 원활히 하고자 하는 것이다.</td></tr>
<tr><td>동작연구</td><td colspan="4">• 공정계열을 구성하는 개개인의 작업장소에서 동작과 각 작업을 구성하는 요소동작을 분석하여 그 중 불필요한 동작을 제거하고, 가장 경제적인 방법으로 작업을 수행할 수 있는 표준의 작업방법을 찾아</td></tr>
</table>

<table>
<tr><td></td><td>내는 것이다.
• 이러한 동작의 개선을 위하여 사용되는 원칙을 “동작경제의 원칙(The Principle & Motion Study)”이라고 한다.</td></tr>
<tr><td>시간측정 수법과 구성</td><td>작업관리에서 시간측정 수법과 구성은 공정, 단위작업, 요소작업, 단위동작, 요소동작으로 분류하고 있다.
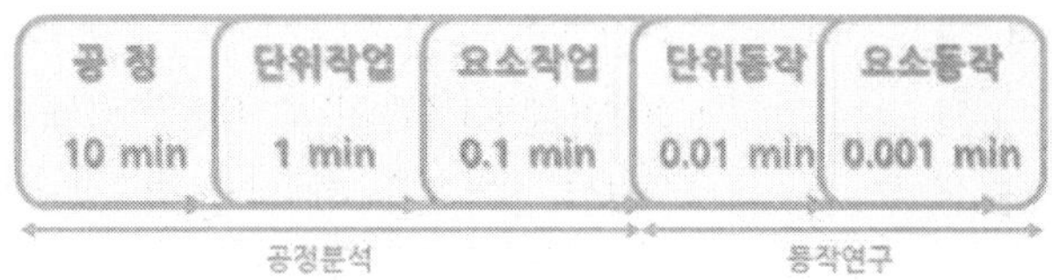
</td></tr>
</table>

03 | 작업관리의 방법연구

작업관리의 방법연구의 개요는 작업연구의 구성, 작업연구의 효과, 방법연구(Motion Study), 작업측정 등 〈표 3-4〉와 같다.

〈표 3-4〉 작업관리 제 기법 정리

<table>
<tr><td>작업연구의 구성</td><td>작업연구의 구성 = 방법연구 + 작업측정</td></tr>
<tr><td>작업연구의 효과</td><td>작업성 향상 → 작업시간 단축 → 제조비용 절감 → 품질 균질화 → 작업능률 향상</td></tr>
<tr><td rowspan="2">방법연구
(Motion Study)</td><td>방법연구는 공정작업, 작업분석, 동작분석을 연구하여 작업을 개선하여 표준화하는 것</td></tr>
<tr><td>방법연구 = 공정분석 + 작업분석 + 동작분석 + 문제해결</td></tr>
<tr><td>작업측정</td><td>작업측정 = 가동측정 + 표준시간</td></tr>
</table>

1. 공정설계

생산작업 및 흐름이 합리적으로 진행될 수 있도록 효율적인 관계를 가질 수 있게 〈표 3-5〉와 같이 조직화한 것이다.

〈표 3-5〉 공정설계

공정설계의 단계	• 단계의 결정 • 대안설정 • 예비선정 • 면밀한 분석 • 최종확정
공정분석	• 생산공정이나 작업방법의 내용을 공정순서에 따라 각 공정의 조건(발생순서, 가공조건, 경과시간, 이동거리 등)을 분석 · 조사 · 검토하여 공정계열의 합리화(생산시간의 단축, 재공품의 절감, 생산공정의 표준화)를 모색하는 것이다. • 공정에 대한 이해를 돕고 개선하기 위해 공정분석도표를 이용한다.
공정분석의 목적	• 생산공정의 개선 및 설계 • 공장 Layout의 개선 및 설계 • 공정관리시스템의 개선 및 설계 • 생산공정의 표준화 • 생산기간의 단축 • 재공품의 절감
공정분석 도표	• 조립도표 • 작업공정표 • 흐름공정표 • 공정경로표
공정분석 기호	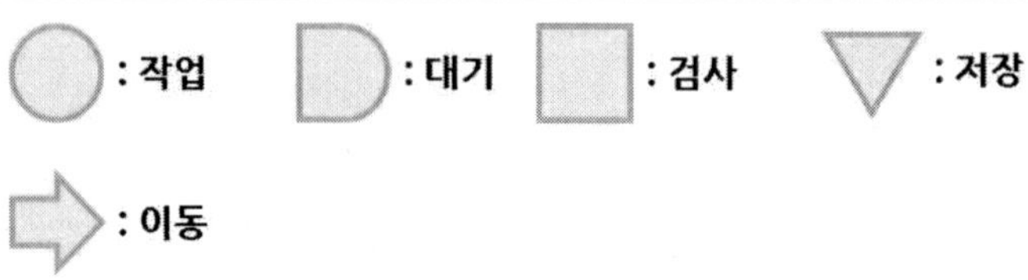

공정분석의 종류	공정분석
	― 단순 공정분석
	― 세밀 공정분석
	  ― 작업자 공정분석
	  ― 제품 공정분석
	  ― 연합 작업분석

공정도의 종류	제품(부품) 공정도: 단일부품의 제작공정이 원자재가 제품화되는 과정을 상세히 분석 · 기록하기 위해 사용되며, 작업(가

<table>
<tr><td rowspan="2">(Product Process Chart)</td><td colspan="2">공) · 운반 · 저장 · 정체 · 검사의 공정도시기호를 사용한다.</td></tr>
<tr><td>제품 공정도의 분석 절차</td><td>• 분석단위 수량(로트수량)의 결정
• 자료의 수집(반드시 현장에서 물품 본위로 한다)
• 분석표의 작성
• 요약표 작성
• 과제의 설정</td></tr>
<tr><td rowspan="2">작업공정도 (Operation Process Chart)</td><td colspan="2">공정계열의 개요를 파악하기 위해서 또는 가공, 검사공정만의 순서나 시간을 알기 위해 활용되는 공정도이다.</td></tr>
<tr><td>작업 공정도의 분석 절차</td><td>• 분석 대상자의 범위 결정
• 분석실시(작업자 공적 분석표를 이용)
• 분석결과 정리
• 과제설정(흐름선도를 작성)
• 효과확인(개선 전, 후를 비교)</td></tr>
<tr><td>조립공정도 (Assembly Process Chart)</td><td colspan="2">Gozinto Chart라고도 하며, 작업, 검사 두 개의 기호를 사용하는 공정도로서 많은 부품 혹은 원재료를 조립, 분해 또는 화학적인 변화를 일으키는 사항을 나타낸다.</td></tr>
<tr><td rowspan="3">흐름공정도 (Flow Process Chart)</td><td colspan="2">• 보통 단일부품에만 사용되며, 작업 · 운반 · 저장 · 정체 · 검사의 공정도시기호를 사용하나 기입할 필요없이 해당 기호에 색칠을 해주면 되며, 유통공정도라고도 한다.
• Material Handling, Plant Layout, 정체 및 수대기 상황, 재고문제 등의 사항을 검토하는데 적합하다.</td></tr>
<tr><td>흐름공정도의 개선원칙</td><td>• 배제
• 결합
• 교환
• 간소화</td></tr>
<tr><td>흐름공정도 작업개선의</td><td>• 레이아웃 원칙
• Material Handling</td></tr>
</table>

적용되는 원칙	• 동작경제의 원칙
Plant Layout의 진행방법	• 입지 • 기본배치계획 • 세부배치계획 • 건설 및 설치
Plant Layout의 원칙	• 총합의 원칙 • 단거리의 원칙 • 유동의 원칙 • 일체의 원칙 • 안전 및 만족감의 원칙 • 융통성의 원칙

제품공정 분석기호

제품공정분석표에 사용되는 도시기호

공정의 종류	공정 기호	공정의 보조	공정 기호	비고(일반적으로 널리 사용되는 기호)
가공	○	관리 구분	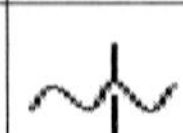	△ 원재료 저장 ▽ 반제품 또는 제품의 저장 ◇ 질만의 검사 ◇ 양과 질의 동시검사(양이 주) 양과 질의 동시검사(질이 주) 양의 검사와 가공(양이 주) 가공과 질의 검사(가공이 주) ▽ 공정 간에 있어서의 정체 작업 중의 정체
운반	○ 또는 → ⇨	담당 구분	+	
저장 또는 정체	▽ 또는 D	공정 도시 생략	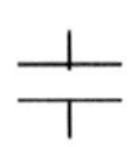	
검사	□	폐기		

작성요령		
작성요령	가공시간표시	$\frac{\text{1개 가공시간×로트크기}}{\text{1로트의 총 가공시간}}$
	운반거리표시	$\frac{\text{1회 운반거리 × 운반횟수}}{\text{1로트의 총 운반거리}}$

2. 작업분석

생산주체인 작업자의 활동을 중심으로 생산 대상물을 움직이게 하는 과정을 검토 · 분석하는 것으로서 〈표 3-6〉과 같이 작업개선을 위하여 작업의 모든 생산적 · 비생산적 요인을 분석하여 단위당 생산량을 증가시키고 단위당 비용을 감소시키기 위한 기법이다.

〈표 3-6〉 작업분석

작업분석의 목표	• 작업방법의 개선 • 작업절차와 운반 · 관리 단순화 • 작업 여건의 개선과 작업자의 피로 감소 • 품질보증 • 능률향상 • 생산량의 증가와 단위비용의 감소
작업분석의 순서	• 문제점의 명확화 • 작업방법을 해석하여 사실을 포착 • 개선을 하기 위한 원칙을 적용하여 개선안을 도출 • 개선안 선정 및 실시 • 후속 조치

3. 동작분석

하나의 고정된 장소에서 행해지는 작업자의 동작내용을 도표화하여 분석하고 움직임의 낭비를 없애고 피로가 보다 적은 동작의 순서나 합리적인 동작을 마련하기 위한 기법이다. 동작분석의 최대 가치는 작업을 '동작'이라 하는 것으로 시각화함에 있다.

동작은 미세작업 요소를 세분해서 필요한 요소와 불필요한 요소를 식별해서 조그만 낭비 요소에도 소홀함이 없는 소양을 모션 마인드(Motion mind)라고 한다. 〈표 3-7〉과 같이 모션 마인드의 관점으로부터 일체의 사물을 관찰하는 것이 동작분석의 목적이다.

〈표 3-7〉 동작분석

<table>
<tr><td colspan="2">동작분석의 목표</td><td>• 작업동작의 각 요소의 분석과 능률향상
• 작업동작과 인간공학의 관계분석에 의한 동작개선
• 작업동작의 표준화
• 최저동작의 구성</td></tr>
<tr><td rowspan="2">동작 분석의 종류</td><td>목시동작분석</td><td>• 서블릭분석(미동작 분석)
• 동작경제의 원칙</td></tr>
<tr><td>미세동작분석</td><td>• Film 분석
• VTR 분석 등</td></tr>
<tr><td colspan="2">동작경제의 원칙</td><td>동작경제의 원칙은 유효한 업무량을 늘리기 위해 피로를 적게하고, 인적 에너지를 유효하게 활용하는 방법에 관한 경험적인 법칙이다. 길브레스가 처음 사용하고, 반스(Barnes)가 개량 · 보완하였다.
<table>
<tr><td>신체의 사용에 관한 원칙</td><td>• 양손이 동시에 시작하고 동시에 끝나도록 한다.
• 휴식시간을 제외하고 양손이 동시에 쉬어서는 안 된다.
• 양팔은 반대방향, 대칭적인 방향으로 동시에 행한다.</td></tr>
<tr><td>작업역의 배치에 관한 원칙</td><td>• 공구와 재료는 지정된 위치에 놓여 있어야 한다.
• 가능하다면 낙하식 운반방법을 사용하여야 한다.
• 시각에 가장 적당한 조명을 만들어 주어야 한다.</td></tr>
<tr><td>공구류 및 설비의 설계에 관한 원칙</td><td>• 손 이외의 신체부분을 이용하여 손의 노력을 경감시켜야 한다.
• 가능하다면 두 개 이상의 기능이 있는 공구를 사용한다.
• 도구와 재료는 가능한 한 다음에 사용하기 쉽게 놓아야 한다.</td></tr>
</table>
동작경제의 원칙은 22개의 항목으로 구분되어 있는데 이는 모든 작업에 적용은 불가능 하지만 어떠한 종류의 작업에도 적용이 가능하다.</td></tr>
<tr><td colspan="2">서블릭(Therblig) 분석</td><td>• 인간의 동작을 기본요소로 분할하여 개별로 또다른 요소와 관련지으면서 분석하여 보다 효율적인 방법의 설정수법이다.
• 서블릭분석의 대부분은 손 동작이고 일부는 운동을 동반하지 않는 동작이거나 심리적 · 관념적인 부분도 있다.</td></tr>
</table>

	명칭	기호		설명
서블릭 (Therblig) 기호	찾는다(Search)		SH	눈으로 물건을 찾는 모양
	선택한다(Select)		ST	목적을 가르키는 화살표 모양
	잡는다(Grasp)		G	물건을 쥐는 모양
	빈손이동(Transport Empty)		TE	빈손 모양
	운반하다(Transport Loaded)		TL	손바닥에 물건을 놓는 모양
	쥐고 있다(Hold)		H	자석에 물건을 붙인 모양
	놓는다(Release Load)		RL	손바닥을 거꾸로 한 모양
	자리잡다(Position)		P	무게가 손 끝에 있는 모양
	준비하다 (Pre-Position)		PP	볼링핀을 세운 모양
	조사하다(Inspect)		I	렌즈 모양
	조합하다(Assemble)		A	결합한 모양
	분해하다 (Disassemble)		DA	결합된 물건에서 일부분을 뺀 모양
	사용하다(Use)		U	Use의 첫글자
	피할 수 없는 지연 (Unavoidable Delay)		UD	사람이 넘어지는 모양
	피할 수 있는 지연 (Avoidable Delay)		AD	사람이 자고 있는 모양
	생각하다(Plan)		PN	이마에 손을 얹고 있는 모양
	휴식(Rest of over coming fatigue)		R	사람이 의자에 앉아 쉬고 있는 모양

4. 연합작업

작업분석은 생산활동의 주체인 작업자와 기계설비의 활동과정을 분석하는 것이며, 작업자 작업분석과 연합작업분석으로 대별한다. 〈표 3-8〉과 같이 연합작업 분석은 인간과 기계 또는 2인 이상의 인간이 연합하여 행하는 작업이며 연합작업의 프로세스를 최적화하기 위한 분석법이다.

〈표 3-8〉 연합작업

구분	내용
연합작업 분석의 목적	• 인간 - 기계의 연체작업의 연합효율을 높이기 위해 • 조 작업의 편성 또는 개선을 하여 연합효율을 높이기 위해 • 기계의 담당 대수를 검토할 때 • 효과적인 기계화 자동화를 의도할 때 • 기계의 정지시간을 단축할 때 • 준비작업 및 뒷마무리 작업의 합리적인 조합을 검토할 때
연합작업 분석 기호	• ■ 가공 또는 가동 • ▨ 대기, 유휴, 운반, 준비 또는 비가동
연합작업 분석의 종류	• 연합작업 분석의 5가지 종류 - 작업자 : 기계 분석표(Man and Machine Chart) - 작업자 : 복수기계 분석표(Man - Multimachine Chart) - 복수작업자 분석표(Multiman Chart) - 복수작업자 : 기계 분석표(Multiman - Machine Chart) - 복수작업자 : 복수기계 분석표(Multiman - Multimachine Chart)

5. 양수작업

작업자의 양수동작의 프로세스를 양자의 관련성을 고려하면서 분석, 개선하는 수법이다.

6. 유동작업

각 공정의 시간이 균일하고, 각 작업 공간들이 공정 순서대로 배치되어 있는 것이 〈표 3-9〉와 같이 시간적, 공간적 조건을 만족시키는 것이다.

〈표 3-9〉 유동작업

완전 유동작업의 조건	• 각 공정의 작업시간이 균일 • 각 공정의 작업시간이 안정 • 각 공정의 작업공간이 순서대로 배치 접근 • 1공정 1작업 공간 • 이동 Lot Size는 한 개일 것
유동작업의 장점	• 공정관리의 철저함 • 품질관리 철저 • 간접작업의 제거 • 작업면적의 집중 • 공정관리 사무의 간소화 • 분업화 및 전문화 • 훈련 용이화 • 제작시간 감소
유동작업의 단점	• 융통성 감소 • 가도율 저하 • 일제히 정지 • 배치제한 • 만능 숙련공 양성 곤란
유동작업의 편성순서	• Pitch Time의 결정 • 유동 작업화를 위한 공정분석(단순 공정 분석) • 작업분석 및 시간측정 • 작업내용의 분할, 합성(Line Balance)
유동작업 편성의 개선 검토 기준	• Pitch Time 결성 • 유동작업을 위한 공정분석 • 작업분석 및 시간측정 • 작업내용 분할 및 합성
피치타임 (Pitch Time)	• 최종 공정으로부터 완성품이 되어 나오는 시간적 간격, 즉 1일 생산 목표량을 달성하기 위한 제품 단위당 소요 제작시간이다.

<table>
<tr>
<td></td>
<td>• 버스나 트럭 등과 같은 대형 제품을 생산하는 공정에서는 이 시간을 택트 타임(Tact Time)이라고 한다.

$P = \frac{td}{nd}$
- P : Pitch Time, td : 1일 정미 가동시간
- nd : 1일 생산량
- $P = \frac{\text{직장가동시간} \quad Line\,stop\ \text{시간}}{\text{일 생산량} \div \text{불량율}}$
$= \frac{\text{피치 마크}}{\text{피치 타임}} \quad V : \text{큰베어 속도}$</td>
</tr>
<tr>
<td>Balanced의 효율</td>
<td>- Balanced의 효율 $= \frac{\sum_{i=1}^{N} ti}{n \times tmax} \times 100[\%]$
- Balanced Loss율 = 1 - Balanced 효율
$= \frac{(n \times tmax) - \sum_{i=1}^{N} ti}{\sum_{i=1}^{N} ti} \times 100$
- n : 공정수 / ti : 각 공정의 소요시간
- tmax : 최대 소요 시간(Neck 공정의 소요시간)</td>
</tr>
</table>

7. ABC 분석

문제 분석체계에서 중요도, 즉 얼마나 더 중요한가에 대한 가치에 따라 A, B, C등급으로 나누고, 이것을 바탕으로 그에 맞는 수준으로 효과적인 관리를 할 수 있는 방법이다. 즉 기업에서 1년간 구입하거나 재고 또는 사용하는 자재에 대하여 금액면에서 조사해 보면 고액의 자재는 품목 수가 극히 적은 반면 금액이 작은 것의 품목 수는 매우 많음을 알 수 있다. 〈표 3-10〉과 같이 ABC 분석이라는 호칭 외에도 X, Y, Z 관리방식 또는 적·황·청의 3색 관리방식이라고도 한다.

〈표 3-10〉 ABC 분석

<table>
<tr><td>ABC
분석의 영역</td><td colspan="3">• A : 70~80[%]
• B : 15~20[%]
• C : 5~10[%]
ABC 분석은 그리 복잡하지 않으며, 몇 단계의 절차를 통해 쉽고 효과적으로 정리할 수 있다.</td></tr>
<tr><td rowspan="4">ABC
분석의 특성
및 관리방법</td><td></td><td>품목집단의 특성</td><td>관리방법</td></tr>
<tr><td>A급</td><td>• 중요 품목으로 연간 사용량이 많은 것
• 고가 품목으로 연간 사용금액이 큰 것
• 사용빈도가 높고 연간 사용금액이 큰 품목</td><td>• 정기발주 방식
→ 정기적인 필요량 및 재고량의 검토
• just - in - time 방식</td></tr>
<tr><td>B급</td><td>• 중가(中價)의 품목</td><td>• 정량발주 방식
• (s, S) 방식</td></tr>
<tr><td>C급</td><td>• 사용빈도가 극히 낮고 연간 사용금액이 작은 품목
• 연간 사용량이 극히 적고 값싼 품목</td><td>• 안전재고를 충분히 고려한 일괄 구입방식</td></tr>
</table>

8. VE(가치공학, Value Engineering)

기능의 분석과 기능의 평가를 체계적으로 행하여 고객의 욕구를 실현시키는 방법이다. VE에서의 원가 절감사고는 종래의 개념과 달리 기능분석을 통해 불요기능과 설계 착상에 의한 2차 기능을 제거함으로써 불필요한 낭비를 제거하는 것이다. 〈표 3-11〉과 같이 최저의 라이프 사이클 원가로 필요한 기능을 확실히 하기 위해 제품 또는 서비스의 기능적 연구에 주력하는 조직적 노력이다.

〈표 3-11〉 VE(가치공학, Value Engineering)

<table>
<tr><td>VE와 연구대상의 평가</td><td>• 필요성이 큰 것
• 효과가 큰 것
• 투입 노력이 적은 것
• 실현성이 확실한 것</td></tr>
<tr><td>VE 가치방정식</td><td>• 원하는 기능(Function)을 얻기 위해 투입된 비용(Cost)의 비율을 가치(Value)로 하는 것이다.
• 똑같은 기능을 수행하기 위해 투입되는 비용(Cost)이 낮다면 가치가 높다.
$V(\text{가치}, Value) = \dfrac{F(\text{기능}, Function)}{C(\text{비용}, Cost)}$</td></tr>
<tr><td>VE의 체계</td><td>• 기능의 정의
• 기능의 평가
• 대체안 작성</td></tr>
<tr><td>VE의 Job Plan</td><td>분석
― ① 대상의 선정 ― ㉠ 방침계획, ㉡ 대상 선정, ㉢ Project의 계획
― ② 기능의 평가 ― ㉠ 정보수집, ㉡ 기능의 정의
― ③ 기능평가 ― ㉠ 기능의 평가, ㉡ 기능에 코스트 배분, ㉢ 가치평가
종합
― ④ Idea 발상
평가
― ⑤ Idea 구체화 ― ㉠ Idea 구체화, ㉡ 테스트와 평가
― ⑥ 제안 ― ㉠ 제안, ㉡ 심사
― ⑦ 실시</td></tr>
</table>

9. 표준작업

생산현장에서 제품을 만드는 기준으로 가장 효율적인 생산을 유도하는 방법이며 〈표 3-12〉와 같다.

〈표 3-12〉 표준작업

<table>
<tr><td rowspan="3">표준작업의 3요소</td><td>Tact Time</td><td>제품 1개의 생산에 배정할 수 있는 시간으로 일일 가동 시간을 일일 필요 생산수량으로 나눈 시간</td></tr>
<tr><td>작업순서</td><td>작업자가 물건을 운반하여 기계에 장착 혹은 부품을 조립하거나 가공해 가는 순서</td></tr>
<tr><td>표준제공</td><td>동일하게 작업을 반복할 수 있도록 할 수 있는 최소한의 제품 보유량</td></tr>
<tr><td>표준작업의 전제</td><td colspan="2">• 사람의 동작을 중심으로 설비조건에 영향을 받지 않으며 작업동작의 낭비가 없도록 작업
• 작업을 표준화를 진행하기 위해서는 작업이 반복적이여야 하지만 개선 및 동기화가 가능
• 현장 감독자가 표준화를 진행하고 직원들에게 시범을 보이고 지도 및 준수를 진행</td></tr>
<tr><td rowspan="2">개선방법</td><td>작업개선</td><td>• 물건의 흐름체제 개선(Lot의 소형화)
• 작업세분화의 개선(다공정담당화)
• 작업동작의 개선(동작의 낭비 배제)
• 작업의 규칙화(작업 표준화)</td></tr>
<tr><td>설비개선</td><td>• 설비를 작업에 맞게 개선(설비의 소형화)
• 사람과 기계의 분리(무인화)
• 불량률이 적은기계로 개선(Fool Proof 장치)</td></tr>
<tr><td rowspan="4">표준작업 설정표</td><td>공정별 능력표</td><td>각 공정에서 부품을 가공시 공정 내의 생산능력을 나타내며 표준작업 편성표 작성의 기준으로 구성라인의 Neck 공정의 발견에 사용</td></tr>
<tr><td>표준작업 편성표</td><td>Tact Time을 기준으로 사람과 기계의 움직임을 조정하여 작업자의 작업담당 범위 및 작업순서 결정에 사용</td></tr>
<tr><td>표준작업 지도서</td><td>현장작업의 표준서로 현장작업자에게 작업을 정확히 지도하는 기준</td></tr>
<tr><td>작업요령서</td><td>각 설비나 공구의 조작방법을 정확하고 낭비없이 효율적으로 행할 수 있도록 순서를 정한 것</td></tr>
</table>

제2장 작업시간연구

작업 및 관리의 과학화에 필요한 제 정보를 얻기 위하여 작업자가 행하는 제 활동과 시간을 기초로 하여 작업시간을 측정하는 것이다. 작업시간연구(작업측정)의 제 기법은 최종적으로는 표준시간을 설정하는데 그 목적이 있으며 종류는 〈표 3-13〉과 같다.

〈표 3-13〉 작업시간연구의 개요

시간연구법	• Stop Watch법	• 촬영법
PTS법	• MTM법	• WF법
WS법	관측비율로 각 항목의 표준시간을 산정한다.	
표준자료법	유사작업을 파악하여 작업조건의 변경에 따른 작업시간 변화를 분석하여 표준시간을 산정한다.	

01 작업측정

측정상대 직업을 구성단위(요소작업)로 분할하여 시간의 척도로서 측정, 평가 및 설계를 개선하는 것으로 〈표 3-14〉와 같다.

〈표 3-14〉 작업측정

작업측정의 목적	• 작업시스템의 개선 • 작업시스템의 설계 • 과업관리

관측대상의 결정	• 기계 • 사람 • 제품
작업의 요소분할이 필요한 이유	• 작업방법의 세부를 명확히 하기 위해 • 작업방법의 작은 변화라도 찾아 개선하기 위해 • 다른 작업에도 공통되는 요소가 있으면 비교 혹은 표준화하기 위해 • 레이팅을 보다 정확히 하기 위해
작업평정의 종류	• 속도평정 • 노력평정 • 페이스 평정 • 오브젝트 평정 • 평준화법
과업관리	• 과업의 설정 • 작업조건의 표준화 • 차별적 성과급제 도입 • 과업 미달성 시 → 저임금 지급 / 과업 달성 시 → 고임금 지급 등

1. 표준시간

소정의 표준작업에 정성이 있고 습득된 작업자가 양호한 작업환경, 소정의 표준 작업조건과 필요한 여유 및 적절한 감독자(숙련된 작업자) 아래서 〈표 3-15〉와 같이 정상적인 속도로 소정의 작업을 미리 정해진 방법에 따라 수행하기 위해 필요한 시간이다.

〈표 3-15〉 표준시간(Standard Time)

표준시간	표준시간(ST) = 준비작업시간 + 주 작업시간 = 정미시간(NT) + 여유시간(AT) = 정미시간×(1+여유율)(정미시간은 정상시간이라고도 한다.)
표준시간 산출식	8시간의 정상작업을 기준으로 한다. $\text{표준시간} = \text{관측시간} \times (1 \div \frac{\text{레이팅계수}}{100}) \times (1 \div \frac{\text{정상페이스속도}}{100}) \times (1 \div \frac{\text{여유율}}{100})$ $= \text{정미시간} \times (1 \div \frac{\text{여유율}}{100})$

<table>
<tr><td rowspan="2">표준시간의 산출 여유율 산출식</td><td>외경법(여유율은 정미시간에 대한 비율)

- 여유율 = $\frac{\text{여유시간}}{\text{정미시간}}$ ⇒ 여유시간 = 정미시간 × $\frac{\text{여유율}}{1-\text{여유율}}$
- 정미시간 = 관측시간 × (정상화계수)
- 단위당 가공시간 = $\frac{\text{준비작업시간}}{\text{로트수}}$ + [정미시간 × (1 + 여유율)]
- 표준시간 = 정상시간 × (1 + 여유율) - 외경법</td></tr>
<tr><td>내경법(여유율은 실동시간에 대한 비율)

- 여유율 = $\frac{\text{여유시간}}{\text{정미시간}+\text{여유시간}}$ ⇒ 여유시간 = 정미시간 × $\frac{\text{여유율}}{1-\text{여유율}}$
- 정미시간 = 관측시간 × (정상화계수)
- 표준시간 = 정상시간 × $\frac{1}{1-\text{여유율}}$ - 내경법</td></tr>
<tr><td>표준시간의 목적과 기능</td><td>• 어떤 계획에 필요한 시간의 예측치에 대한 기초자료
• 표준에 대응한 작업을 완수했을 때 그 작업의 실적(성과)확인의 지표의 자료, 즉 표준시간은 모든 관리의 모든 활동에서 계획과 실적(성과) 확인이라는 두 가지 목적을 가지고 있다.

- 어느 시간에 얼마만큼의 시간이 걸릴 것인가
- 얼마만큼의 시간을 투자할 것인가라는 것을 나타내는 것</td></tr>
<tr><td>표준시간을 활용하기 위해서 고려해야 하는 세가지 특성</td><td>
<table>
<tr><td>정당성</td><td>활용목적에 대해 적당할 것 : 과학적인 수법을 기초로 해 앞서 말한 각종 요건이 검토되어, 명확화되어 관리자와 작업자를 충분히 납득시키는 신뢰를 받는 것으로 이러한 표준시간이 올바른 표준시간이며, 이를 표준시간의 정당성이라 한다.</td></tr>
<tr><td>일관성</td><td>대상작업장, 공장간의 차가 없이 공평 할 것 : 표준시간은 부문간 또는 공장간에 느리거나 빠른 굴곡이 있어서는 안된다. 그 이유는 경영관리 시스템은 회사공통의 것으로 어느 작업장이나 부문의 대한 고유의 것이 아니기 때문이다.</td></tr>
<tr><td>보편성</td><td>일반적으로 적용되는 개념에서 표준시간의 위치만 부여되어 있어야 한다.</td></tr>
</table>
</td></tr>
</table>

표준시간의 산출절차	측정준비 → 관측수치 산출 → 정미시간 산출 → 표준시간 산출과정과 같다	
	측정준비	• 작업내용을 검토하고 표준작업 방법을 정의한다. • 수량, 생산, 작업환경 및 조건등을 고려한다. • 어떤 방법으로 측정 할 것인가를 정한다. • 정해진 방법에 필요한 각종 자료나 장비들을 준비한다.
	관측수치 산출	• 정한 방법에 따라 관측시간치의 산술평균값이나 작업시간의 추정치를 구한다. • 분할된 작업들에 대하여 작업측정 및 분석과정이나 표준자료의 적용 등을 통하여 시간치를 산출한다.
	정미시간 산출	• 관측이나 표준자료 등으로 레이팅을 고려하여 정미시간을 정한다. • 관측시간치의 평균에 해당하는 값을 보통 속도로 변환한다.

2. 여유시간

작업을 진행하는데 인적 · 물적으로 필요한 요소나 발생방법이 불규칙적 · 우발적인 것으로 편의상 그 발생의 평균시간 등을 조사 측정하여 이것을 〈표 3-16〉과 같이 정미 시간에 부가하는 형식으로 보상하는 시간치로 기본적 사고방법을 충분히 이해한 후에 실시해야 한다.

〈표 3-16〉 여유시간의 구성

여유시간의 구성요인	여유시간 ─ 일반여유 ─ 물적여유 　　　　　　　　　　└ 인적여유 　　　　└ 특수여유 ─ 인적여유 　　　　　　　　　　├ 조 여유 　　　　　　　　　　├ 소로토여유 　　　　　　　　　　└ 기계간섭여유

<table>
<tr><td rowspan="3">일반여유</td><td>인적여유
(Person Allowances)</td><td>화장실가기, 물마시기 등</td></tr>
<tr><td>피로여유
(Fatigue Allowances)</td><td>육체적, 정신적 피로를 회복시키기 위한 여유</td></tr>
<tr><td>불가피한 지연여유
(Unavoidable Allowances)</td><td>기계의 정비 설비의 유지보수, 조장의 작업지시 등 작업자와 관련 없이 발생</td></tr>
<tr><td rowspan="3">특수여유</td><td>기계간섭 여유</td><td>한 명의 작업자가 동일한 기계를 여러 대를 담당할 경우에 발생하는 기계 유휴에 의한 생산량 감소를 보상하기 위한 여유</td></tr>
<tr><td>소로트 여유</td><td>작업능률이 100[%]에 도달하기 위해 필요한 물량에 미달이 되어 물량을 생산하는 경우 부여하는 여유</td></tr>
<tr><td>조 여유</td><td>조 작업의 경우 작업자 상호간의 보조를 맞추기 위한 지연을 보상 하는 여유</td></tr>
<tr><td>피로여유의 평가</td><td colspan="2">• 합계 여유율은 육체적 노력과 정신적 노력을 구하는 것과 같음

합계 여유율 = (A + B) × C + D

• A : 육체적 노력에 대한 여유율
• B : 정신적 노력에 대한 여유율
• C : 유휴(Idle)시간에 대한 회복계수
• D : 단조감에 대한 여유</td></tr>
<tr><td>에너지 대사율
(Relative Metaboli Rate)</td><td colspan="2">에너지 대사율은 인간이 기본적인 생명을 유지하는데 필요한 기초대사량, 즉 가장 기본적인 에너지 소비량과 특정 작업시 소비된 에너지의 비율을 에너지 대사율이라 한다.

에너지 대사율(Relative Metaboli Rate)
$= \frac{\text{작업대사량} - \text{안정시 대사량}}{\text{기초대사량}}$</td></tr>
</table>

3. 기계 간섭율

1명의 작업자가 동시에 2대 이상의 기계를 조작 할 경우 기계간섭이 발생하므로서 생산량이 감소하는 것을 〈표 3-17〉과 같이 보상하기 위한 것이다.

〈표 3-17〉 기계 간섭율의 구성

기계 간섭율 공식	기계 간섭율 = $50\left[\sqrt{(1+X-N)2+2N-(1+X-N)}\right]$ I : 手 취급시간(t)에 대한 기계 간섭율, N : 작업자 1인당 담당 기계 대수 X : 기계 운전시간 / 手 취급시간 = T/t T : 기계 운전시간 t : 手 취급시간, I : 기계 간섭시간($i = t \times I/100$)
기계 간섭의 종류	• 정기적 간섭 • 부정기적 간섭

4. 편차계수

편차계수는 편차계수와 관측수로 계산하는 〈표 3-18〉과 같다.

〈표 3-18〉 편차계수

편차계수	• 표준편차를 표본평균이나 모 평균 등 산술평균으로 나눈 것과 같다. 편차계수(S) = tv/tvmin ∴ tv : 시간치의 기술평균 tvmin : 최소시간치
관측수(n)	• 관측수(n) = 관측대상수 × 1 일의 관측 횟수 × 일수 $\sqrt{P(1-P)/N}$ ---------- ① P : 출현비율(생기율) ↗ e : 절대오차 오차(e) = $\frac{u(a)}{a=5[\%]}$ ℓ : 상대오차 ↘ × 1 (0.05) = 1.96 P ± μ (d) × P × (1 - P) ① 식에서 n = { μ (α)/e }^{2} × P × (1 - P) ---------- ② n = { μ (α)/ℓ }^{2} × (1 - P) / P ----------- ③

5. 정미시간의 구성

- 주요시간 + 부수시간
- 가공시간 + 중간시간
- 실동시간 + 수대기시간

6. 정상화 작업(Normalizing, Rating, Leveling)

시간관측자가 관측 중에 작업자의 작업속도와 표준속도를 비교하여 〈표 3-19〉와 같이 작업자의 작업속도를 정상 속도화하는 것이다.

〈표 3-19〉 정상화 작업(Normalizing, Rating, Leveling)

레이팅	정상페이스와 관측대상 작업의 페이스를 비교 판단하여 관측 시간치를 정상시간치로 수정하는 것이다.
레이팅 계수	정상화 작업이라고도 하며, 관측 중에 있는 작업자의 작업속도와 관측자가 가지고 있는 표준 페이스를 비교하는 것이다. 레이팅 계수 = 페이스 레이팅 계수(1 + 난이도 조정계수)
수정 정미시간	수정 정미시간 = 관측시간 × (평정치 / 정상작업페이스)
작업속도의 변동 요인(평준계수)	• 숙련도(Skill) • 노력도(Effort) • 환경조건(Condition) • 일치성(Consistency)

02 | 작업시간 측정방법

1. Stop Watch

테일러(F.W Taylor)에 의해 처음 도입된 방법으로 잘 훈련된 자격을 갖춘 작업자가 정상적인 속도로 완료하는 특정한 작업을 직접 측정하여 이로부터 표준시간을 설정하는 방법으로 반복적이고 짧은 주기의 작업에 적합하나 〈표 3-20〉과 같이 작업자에 대한 심리적 영향을 가장 많이 주는 측정방법이다.

〈표 3-20〉 Stop Watch

Stop Watch 장점	• 어떠한 작업에도 적용이 간단하고 가장 널리 보급되어 있는 방법이다. • 요소 작업단위에 작업순서 · 내용이 명시되므로 작업훈련용 지도로서 안성맞춤이다. • 레이팅을 제외하면 측정자의 교육훈련이 쉽다.
Stop Watch 단점	• 레이팅(측정한 시간을 기준속도로 바꾸는 조작)이 필요하다. 레이팅은 관측자의 주관적인 생각에 의지하는 부분이기에 고도의 훈련을 경험한 스탭이 요구된다. • 작업이 실시된 후가 아니라면 표준시간의 설정이 불가능하다. • 극히 짧은 사이클 타임의 작업에서 표준시간으로 동작까지의 순서 · 내용 · 시간을 명시하려는 경우에는 스톱워치법으로는 곤란하다. • 반복성과 안정성이 낮은 작업의 시간측정이 곤란하다.
Stop Watch의 시간단위	시간치 측정단위는 1/100분(1DM = 0.6초 : Decimal Minute)을 사용한다.
Stop Watch 관측방법의 분류	• 반복법 • 계속법 • 누적법 • 순환법

2. 기정시간표준법(PTS)

① 표준 자료법보다 더 세분화 하였으며, 아직 수행 전인 작업에도 적용이 가능하다.

② 긴 주기를 갖고, 비반복적인 작업에도 가능하다.

③ 기본 동작요소의 시간(TMU)이다.

3. 워크샘플링법

통계적인 샘플링 방법을 이용하여 〈표 3-21〉과 같이 작업자의 활동, 기계의 활동, 물건의 시간적 추이 등의 관측대상을 순간적으로 관측(Snap Reading)하는 통계적 · 계수적인 작업측정의 한 기법으로 영국의 통계학자 L.H.C Tippet에 의해 최초로 고안되었다.

〈표 3-21〉 워크샘플링(Work Sampling)법

구분	내용
워크샘플링 장점	• 노력이 적게 든다. • 사이클 타임이 긴 작업에도 적용이 가능하다. • 한 사람이 다수의 작업자를 관측할 수 있다. • 대상자가 의식적으로 행동하는 일이 적으므로 결과의 신뢰도가 높다.
워크샘플링 단점	• 통계수법은 어렵고 이해가 힘들어, 현장에서는 경원하기 쉽다. • 레이팅이 필요하다. • 반복성과 안정성이 높은 작업에는 알맞지 않다. • 특정한 한 개의 작업에 대한 표준시간 설정에는 워크샘플링이 오히려 비싸다. • 관측하는 순간 작업자가 다른 행동을 하게 되면 다른 결과를 얻는다. • 작업순서를 명시할 수 없다.
워크샘플링 용도	• 안긴, 기계재료에 관한 문제점을 집어낼 때 사용한다. • 작업자의 가동률 혹은 작업내용의 구성비율을 파악하고 계산할 때 사용한다. • 기계설비의 가동률이나 원인별로 기계정지율을 파악하고 계산할 때 사용한다. • 표준시간의 설정에 사용한다. • 표준시간에 포함될 수 있는 부대 작업이나 여유율 측정에 사용한다. • 사무작업의 애용분석 및 개선에 사용한다.
관측시각 결정방법	• 확률적인 표본 추출 • 등 시간간격 샘플링 • 집중시간 샘플링

<table>
<tr><td>워크샘플링 시간치 평균 공식</td><td colspan="2">$$A \times \frac{B'}{B} \div C$$
• A : 워크샘플링 조사 기간중의 총 투입 공수
• B : 워크샘플링 총 점검(관측점수의 합계)
• B' : 대상작업이 관측된 횟수(레이팅에 의해 비중이 주어져 수정된 점수를 사용함)
• C : 조사기간중의 대상작업의 발생빈도
• T : 대상작업의 1회당 평균공수</td></tr>
<tr><td rowspan="6">워크샘플링 실행 순서</td><td>문제를 정의</td><td>• 조사목적(무엇을 조사할 것인가?)을 명확히 한다.
• 활동내용의 분류원칙을 명확히 한다.
• 정도에 대한 요구와 신뢰도를 고려한다.</td></tr>
<tr><td>책임자의 승인과 협력을 얻음</td><td>연구대상 작업장과 책임자의 승인을 얻은 후 동시에 작업자에게 연구의 취지를 설명해 협력을 얻도록 한다.</td></tr>
<tr><td>예비관측을 실시</td><td>• 조사목적 고려, 활동내용을 구체적으로 어떻게 분류할 것인가를 결정하기 위해
• 관측 대상을 어떻게 층별할 것인가를 결정하기 위해</td></tr>
<tr><td>관측계획을 세움</td><td>-</td></tr>
<tr><td>관측을 실시</td><td>• 계획에 따라 실시한다.
• 피관측자가 연출하는 특정순간을 관측용지에 기록한다.</td></tr>
<tr><td>결과 집계</td><td>• 매일의 관측데이터를 정리해 계산한다.
• 안정된 결과가 얻어진 정도를 체크하고 관측을 멈춘다.</td></tr>
</table>

4. 표준자료법

작업요소별로 관측된 표준자료(Standard Date)가 존재하는 경우, 이들 작업 요소별 표준자료들을 합성한 후 다중회귀분석을 활용하여 정미시간을 구하고, 여유시간을 반영하여 표준시간을 설정하는 방법으로 그 때마다 측정을 하지 않고 그 자료를 사용하여 표준시간 측정한다. 〈표 3-22〉와 같이 주로 다품종 소량생산이나 소로트 생산에 이용된다.

〈표 3-22〉 표준자료법

표준자료법 특징	• 레이팅이 필요없다. • 작업의 표준화가 유지 · 촉진된다. • 누구라도 일관성 있게 표준시간을 산정하기 쉽고, 적용이 간편하다. • 제조원가의 사전견적이 가능하며, 현장에서 데이터를 직접 측정하지 않아도 된다.
표준자료의 결정단위	• 요소작업 단위(要素 作業 單位) • 단위작업 단위(單位 作業 單位) • 공정단위(工程 單位) • 제품단위(製品 單位)
표준자료의 표현형식	• 등식(Equations) • 커브(Cuves) • 테이블(Table or Chart) • 계산도표(Nomographs or Alignment Charts) • 조합커브(Family of Cuves) • 다변수표(Multi - Variable Chart) • 프리 레이트 시트(Pre - Rate Sheet)
표준자료 구분 결정의 고려사항	• 시간치의 요구 정도(精度) • 대상작업수의 다소(多少) 및 유사정도(類似精度) • 변동요소의 다소 • 시간 자료를 정리할 때의 용이성 • 자료 이용시의 조건(자료의 매수, 정리방법, 설정의 신속) • 표현 형식의 적합성

5. PTS법(Predeterminde Time Standards, 기정시간 자료법)

사람이 행하는 작업 또는 작업방법을 기본적으로 분석하고, 각 기본동작에 대하여 그 성질과 조건에 따라 이미 정해진(Predetermined) 기초동작치(Time Standards)를 사용하여 알고자 하는 작업동작 또는 운동의 시간치를 구하고 〈표 3-23〉과 같이 집계하여 작업의 정미시간을 구하는 방법이다.

〈표 3-23〉 PTS법

PTS법 장점	• 짧은 사이클 동작이 많고, 반복성이 높은 작업의 표준시간 설정에 적합하다. • 작업내용을 동작단위로 구분하여 정도높은 시간을 포함하여 명시하므로 작업지도로써 최적인 동시에 높은 레벨의 표준시간 설정이 가능하다. • WF(Work Factor)와 MTM(Method Time Measurementd)은 권위 있는 표준시간 설정 수법으로 세계적으로 널리 보급되어 있다. • 사전에 작업방법이 결정되면 작업실시에 앞서 표준시간의 결정이 가능하다. • 레이팅이 필요없고, 동작시간이 기준속도와 일치한다.
PTS의 종류	• MTA • WF • MTM • BTM • DTM • MODAPTS

6 WF법

사람이 행하는 작업을 요소동작으로 분석하고, 각 요소동작에 대하여 그 성질과 조건에 따라 WF법의 규정을 적용하여 WF 동작시간표로부터 시간치를 구하고 집계하여 〈표 3-24〉와 같이 작업의 정미시간을 구하는 방법이다.

〈표 3-24〉 WF법

WF법의 특징	• WF 시간치는 정미시간이다(시간단위로는 1WFU = 1/10,000분을 사용한다). • 정확성과 일관성이 증대한다. • 동작개선에 기여한다.
WF법의 주요 변수	• 사용되는 신체부위(손가락, 손, 앞 팔 선회, 팔, 몸통, 다리, 발) • 동작거리 • 중량 또는 저항(Weight, Resistance) • 동작의 곤란성(Work - Factors) - 일시정지(Definite Stop) : D - 방향조절(Steering) : S - 주의(Precaution) : P - 방향 변경(Change of Direction) : U

<table>
<tr><td rowspan="4">WF법의 종류</td><td>상세법(Detailed Work - Factor / DWF)</td><td>작업주기가 0.15분 이하인 매우 짧은 작업 및 대량 생산 작업에 적합</td></tr>
<tr><td>간이법(Simplified Work - Factor / SWF)</td><td>작업주기가 0.15분 ~ 12분 사이의 반복 작업에 적합</td></tr>
<tr><td>레디법(Ready Work - Factor / RWF)</td><td>작업주기가 6분 이상인 작업에 적합 (단, 2분 이하인 작업은 불가, 1RU = 0.001분, 0.0006분, 0.036분)</td></tr>
<tr><td>간략법(Abbreviated Work - Factor / AWF)</td><td>작업주기가 1분 이상인 작업에 적합</td></tr>
<tr><td>작업방법 분석으로 작업 시간 측정</td><td colspan="2">각 동작의 성질과 조건에 의해 미리 정해진 예정시간을 통해 기본 가정에 동작의 설정과 동작이 행해지는 조건에 의해 일정한 기본동작의 시간치를 주고, 각 작업의 실제 작업시간에 따른 자료를 분석하고 기본동작과 이동거리를 분류하고 기본동작에 대한 시간자료를 구함</td></tr>
</table>

7. MTM(Method Time Measurement)법

① 인간이 행하는 작업을 기본동작으로 분석하고, 각 기본동작은 그 성질과 조건에 따라 미리 정해진 시간치를 적용, 정미시간을 구하는 방법이지만 시간표에서 각 요소 동작을 케이스(작업 조건의 곤란성)와 탑입(상태, 속도)에 따라 더 세분화 되고, 각각의 동작의 크기(거리,각도)마다 시간차를 표시한다.

② 기초자료는 실제작업에서 구해지며, 표준작업 시간을 시간표에서 얻은 구성요소 시간의 합성으로 산출방법은 WF분석법과 같이 구한다.

③ MTM법은 작업 방법과 시간에 중점을 둔 측정법으로 〈표 3-25〉와 같이 작업 사이클이 짧은 작업에 사용한다.

〈표 3-25〉 MTM법

<table>
<tr><td rowspan="2">MTM법</td><td>MTM법 의시간치</td><td>• 1TUM = 0.00001시간 = 0.0006분
= 0.036초, 1초 = 27.8TUM
• 1분 = 1,666.7TUM 1시간 = 100,000TUM
• TUM : Time Measurement Unit</td></tr>
<tr><td>MTM법 의 이점</td><td>• 레벨링이나 레이팅 등으로 수행도의 평가할 필요가 없다.
• 작업연구원으로서는 시간치보다 작업방법에 의식을 집중할 수 있다.</td></tr>
</table>

	MTM 종류	특 성
MTM법의 종류	MTM-1	• 레벨링, 수행도의 평가가 필요 없음 • 1분이상의 싸이클 분석에서 9[%]이상의 신뢰도(±5[%] 상대오차) • 기계, 정신적 작업등의 육체적으로 제한된 동작에 스톱워치 부분적용 • 가장 정확하지만 시간이 많이소요 되기에 변화가 많은 작업에 적용 제한 - 장점 : 작업을 가장 정확하고 세밀하게 분석 - 단점 : 작업분석에 가장 많은 시간이 소요
	MTM-2	• MTM-1의 느린 분석 시간을 보완하기위해 개발(분석 속도가 MTM-1보다 2배이상 빠름) • 10개의 범주와 15개의 코드로 구성 • 1분 이내의 작업 시간, 동작이 복합적, 광범위하고 반복적인 작업에는 제한된다 - 반복성이 적고 소요시간이 1분이상인 작업에 유용 - 정확성은 떨어지나 분석시간은 1/3정도
	MTM-3	• 분석 속도가 MTM-1보다 7배이상 빠름 • 상세 방법이 적게 필요한 작업에 유용 • 10회 이상의 눈의 연속동작, 반복성이 높은 신체부위의 동작에는 제한된다. • 주기가 길고 조업이 짧은 작업을 위해 개발 • MTM 시스템 중 가장 단순 • 분석시간 MTM-2의 1/2, MTM-1의 1/7
	MTM-GPD (General Purpose Data)	기본동작 1개에만 시간치가 부여되어 쉬움

<table>
<tr>
<td>MTM의 요소</td>
<td>
<table>
<tr><th>명 칭</th><th>설 명</th><th>변 수</th></tr>
<tr><td>운반
(M : Move)</td><td>목적물 또는 특정 구역에 손이나 손가락을 이동하는 동작</td><td>• 이동거리
• 중량 혹은 저항</td></tr>
<tr><td>회전
(T : Turn)</td><td>팔의 길이 방향을 축으로한 회전 동작</td><td>• 회전각도
• 중량 혹은 저항</td></tr>
<tr><td>누름(AP : Apply Pressure)</td><td>힘을 가하여 대상물을 압도하는 동작</td><td>다시 쥠(Regrap)에 따라 Case1, 2로 나뉨</td></tr>
<tr><td>잡음
(G : Grab)</td><td>손가락이나 손으로 대상물을 쥐는 동작</td><td>대상물의 상태 및 크기</td></tr>
<tr><td>정치
(P : Position)</td><td>대상물을 다른 물체와 결합시키기 위한 동작</td><td>• 결합 난이도
• 취급 난이도</td></tr>
<tr><td>방치
(R : Release)</td><td>손가락 또는 손으로 잡고 있던 물체를 놓는 동작</td><td>보통방치와 접촉방치로 나뉨</td></tr>
<tr><td>분리
(D : Disengage)</td><td>접촉하고 있는 2 물체를 떼어내는 동작</td><td>• 맞춤 정도
• 취급 난이도</td></tr>
<tr><td>크랭크
(C : Crank)</td><td>팔꿈치를 축으로 손가락, 손 및 아래 팔을 회전시키는 동작</td><td>• 직경
• 회전수
• 목적물의 저항</td></tr>
<tr><td>눈 이동
(ET : Eye Travel)</td><td>한 곳에서 다른 곳으로 투시축을 변경하는 눈동작</td><td>눈의 이동거리</td></tr>
</table>
</td>
</tr>
<tr>
<td>MTM 동작구분</td>
<td>• 연속동작 : 중복되지 않고 순차적으로 1번의 1동작씩 수행하는 경우
• 결합동작 : 동일 신체부위에서 동시에 행해지는 동작의 경우
• 동시동작 : 신체부위가 동작하면서 동시에 다른 신체부위도 동작하는 경우
• 복합동작 : 동시동작과 결합동작이 결합된 동작</td>
</tr>
</table>

제3장 설비보전

기계설비는 사용함에 따라 마모 · 마손 · 부식 또는 파손 등으로 열화현상이 일어난다. 열화의 진도는 수리나 정비, 즉 보전을 적당히 행함으로써 시간적으로 다소 지연시킬 수 있다. 즉 열화의 진도를 가급적 적게하여 기계설비를 경제적이며 가장 유용하게 활용하도록 하는 것이 설비보전의 임무이다.

01 | 설비보전방식

설비보전(생산보전업무 : Productive Maintenance)방식은 〈표 3-26〉과 같이 보전예방, 예방보전, 개량보전, 사후보전 등이다.

〈표 3-26〉 설비보전(생산보전업무 : Productive Maintenance)방식

구분	내용
보전예방 (MP : Maintenance Prevention)	새로운 설비를 계획 할 때에 PM 생산보존을 고려하여 고장나지 않고(신뢰성이 좋은) 보전하기 쉬운(보전성이 좋은) 설비를 설계하거나 선택하는 것이다. Maintenance Free 또는 No Maintenance라고도 한다.
예방보전 (PM : Preventive Maintenance)	설비의 건강상태를 유지하고 고장이 일어나지 않도록 열화를 방지하기 위한 일상보전, 열화를 측정하기 위한 정기검사 또는 설비진단, 열화를 조기에 복원시키기 위한 정비 등을 하는 것이다.

	〈예방의학과 예방보전의 관계〉 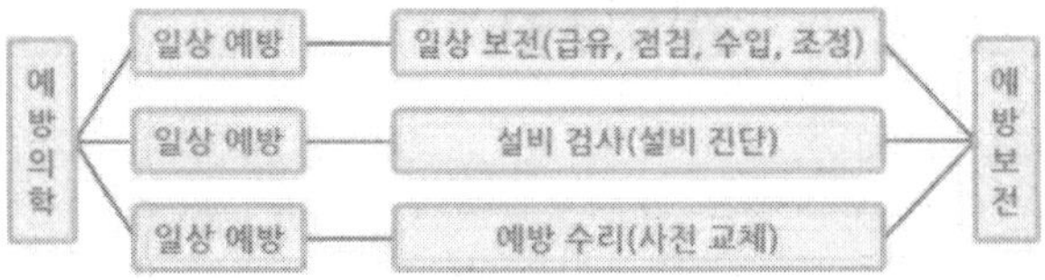
개량보전 (CM : Correctine Maintenance)	보전비용이 적게 들도록 재료를 개선하거나 보다 용이한 부품 교체가 가능하도록 설비의 체질을 개선해서 수명연장, 열화방지 등의 효과를 높이는 보전활동으로서 개량보전을 위하여 고장상태를 잘 알 수 있도록 설비를 사용하는 사람이 기록을 하고, 고장재발을 방지하기 위해 개선제안을 적극적으로 한다.
사후보전 (BM : Breakdown Maintenance)	고장, 정지 또는 유해한 성능저하를 초래한 뒤 수리를 하는 보전 방법이다.

02 | 보전조직의 형태

보전조직의 형태는 〈표 3-27〉과 같이 집중보전, 지역보전, 부문보전, 절충보전 등이 있다.

〈표 3-27〉 보전조직의 형태

집중보전	보전요원이 특정관리자 밑에 상주하면서 보전활동을 실시(보전요원에게 집중됨)
지역보전	특정지역에 분산배치되어 보전활동을 실시
부문보전	각 부서별 · 부문별로 보전요원을 배치하여 보전활동을 실시(보전작업자는 조직상 각 제조부문의 감독자 밑에 둠)

	구분	장점	단점
절충보전	집중보전	• 인원배치의 유연성 • 노동력의 유효이용 • 보전 설비공구의 유효이용	• 운전부문과의 일체감 부족 • 현장감독의 곤란성 • 현장왕복시간 증대
	지역보전	• 운전부문과의 일체감 • 현장감독의 용이성 • 현장왕복시간 단축	• 노동력의 유효이용 곤란 • 인원배치의 유연성 제약 • 보전용 설비공구의 중복
	부문보전	• 지역보전과 유사	• 생산우선에 의한 보전경시 • 보전기술 향상의 곤란성 • 보전책임의 분할

03 | TPM(Total Productine Maintenance)

TPM의 기본이념과 TPM의 기본방침을 〈표 3-28〉과 같다.

〈표 3-28〉 보전조직의 형태

TPM의 기본이념	돈을 버는 기업체질 조성	• 경제성 추구 • 재해 Zero • 불량 Zero • 고장 Zero
	예방철학	• 예방보전(PM) • 보전예방(MP) • 개량보전(CM)
	전원참가	• 참여경영 • 인간존중
	현장 · 현물주의	• 바람직한 상태의 설비 • 눈으로 보는 관리 • 쾌적한 직장 조성
	자동화 · 무인화 시스템	• 근로자의 안전과 근로시간의 단축

<table>
<tr><td rowspan="6">TPM의 기본방침</td><td>TPM의 기본방침</td><td colspan="2">• 전원참가의 활동으로 고장, 불량, 재해 Zero를 지향
• 자주보전을 통한 자주보전능력의 향상과 활기찬 현장을 구축
• 보전기술을 습득하고 설비에 강한 인재를 육성
• 생산성 높은 설비상태를 유지하고, 설비의 효율화를 꾀함</td></tr>
<tr><td>TPM의 5가지 기본활동</td><td colspan="2">• 프로젝트팀에 의한 설비효율화, 개별개선활동
• 설비운전 · 사용부문의 자주보전활동
• 설비보전부문의 계획보전활동
• 운전자 · 보전자의 기능 · 기술향상 교육훈련활동
• 설비계획부문의 설비 초기관리체제 확립활동</td></tr>
<tr><td rowspan="3">TPM 추진단계</td><td>준비 단계</td><td>• Top의 도입결의 선언
• TPM의 도입교육 및 홍보
• 추진조직편성
• 기본방침과 목표설정
• TPM 전개의 Master Plan 작성</td></tr>
<tr><td>실시 단계</td><td>• 생산효율화 체제구축
• 보전예방 활동 및 초기관리체제 확립
• 품질보전체제 확립
• 간접부문의 업무효율화
• 안전 · 위생 · 환경의 관리체제 확립</td></tr>
<tr><td>정착 단계</td><td>•TPM의 완전실사와 Level – Up</td></tr>
<tr><td>TPM의 활동</td><td colspan="2">• 3정5S 활동
<table><tr><th>3정</th><th>정의</th></tr><tr><td>정품</td><td>재료 규격에서 설정된 재료, 부품을 구매해 사용하고 작업표준을 준수하여 제품규격에 맞게 제품을 생산하는 것</td></tr><tr><td>정량</td><td>필요한 수량만큼의 재료, 부품구매 또는 재료, 부품을 생산하여 보관하는 것</td></tr><tr><td>정위치</td><td>사용한 재료, 부품, 완제품, 지그 및 공구를 정해진 위치에서 보관하는 것</td></tr></table></td></tr>
</table>

• 5행(行)[5S]

5S	정의
정리(Seiri)	필요한 것과 불필요한 것을 구분하여 불필요한 것은 없애는 것
정돈(Seiton)	필요한 것을 언제든지 필요한 때에 꺼내 쓸 수 있는 상태로 하는 것
청소(Seisou)	쓰레기와 더러움이 없는 상태로 만드는 것
청결(Seiketsu)	정리, 정돈, 청소의 상태를 유지하는 것
습관화(Shitsuke)	정해진 일을 올바르게 지키는 습관을 생활화하는 것

제4장 예상 및 기출문제

01. 다음 중 작업방법 개선의 기본 4원칙을 표현한 것은? [기능장 13년, 18년]

① 층별 - 랜덤 - 재배열 - 표준화

② 층별 - 랜덤 - 표준화 - 단순화

③ 배제 - 결합 - 랜덤 - 표준화

④ 배제 - 결합 - 재배열 - 단순화

풀이 작업방법 개선의 기본 4원칙(ECRS 원칙)
㉠ 불필요한 작업의 배제(Eliminate)
㉡ 작업 및 작업요소의 결합(Combine)
㉢ 작업순서의 변경(Rearrange)
㉣ 필요한 작업의 단순화(Simplify)

02. 다음 중 보기의 단조로운 작업의 결함을 제거하기 위해 채택되는 직무설계방법이 아닌 것은? [기능장 11년]

컨베이어 작업과 같이 단조로운 작업은 작업자에게 무력감과 구속감을 주고, 생산량에 대한 책임감을 저하시키는 등 폐단이 있다.

① 직무확대, 직무충실화 등의 방법을 활용한다.

② 하나의 연속작업시간을 길게 한다.

③ 작업자 스스로가 직무를 설계하도록 한다.

④ 자율경영팀 활동을 권장한다.

풀이 컨베이어 작업과 같은 단조로운 작업을 계속한다면 정신적, 육체적으로 문제가 발생하므로 하나의 연속 작업시간은 되도록 짧게 하는 것이 좋다.

정답 ‖ 01.④ 02.②

03. 다음 중 로트(Lot)수를 제일 올바르게 설명한 것은? [기능장 03년]

① 1회 생산수량을 의미한다.

② 생산목표량을 공정수로 나눈것 이다.

③ 생산목표량을 기계대수로 나눈 것이다.

④ 일정한 제조회수를 표시하는 개념이다.

풀이 ① 로트의 수
② 각 공정별 생산목표량
③ 1대당 생산목표량
④ 로트의 수

04. 다음 중 작업개선을 위한 공정분석에 속하지 않는 것은? [기능장 10년]

① 직장공정분석 ② 사무공정분석

③ 제품공정분석 ④ 작업자공정분석

풀이 ㉠ 공정설계(Process Design) : 생산작업을 효율적으로 진행 하기위한 방법으로 공정선택(Process Selection)과 공정분석(Process Analysis)이 있다.
㉡ 공정설계(Process Design) 종류
ⓐ 제품공정분석
ⓑ 사무공정분석
ⓒ 작업자공정분석
ⓓ 기타 부대분석

05. 다음 중 원재료가 제품화 되어가는 과정 즉 가공, 검사, 운반, 지연, 저장에 관한 정보를 수집하여 분석하고 검토하는 것은? [기능장 05년]

① 사무공정분석표 ② 제품공정분석표

③ 작업자공정분석표 ④ 연합작업분석표

풀이 제품(부품)공정도(Product Process Chart) : 단일부품의 제작공정이 원자재가 제품화되는 과정을 상세히 분석 · 기록하기 위해 사용되며, 작업(가공) · 운반 · 저장 · 정체 · 검사의 공정도시기호를 사용한다.

정답 ‖ 03.④ 04.① 05.②

06. 다음 중 작업자가 장소를 이동하면서 작업을 수행하는 경우에 그 과정을 가공, 검사, 운반, 저장 등의 기호를 사용하여 분석하는 것은? [기능장 07년, 20년]

① 작업자 공정분석
② 작업자 동작분석
③ 작업자 미세분석
④ 작업자 연합작업분석

풀이 작업자 공정분석(Operator Process Chart) : 작업자가 어떠한 장소에서 다른 장소로 이동하면서 수행하는 업무의 범위와 경로 등을 계통적으로 조사 · 기록 · 검토하는 분석 방법으로 작업(가공) · 운반 · 저장 · 정체 · 검사의 공정 도시 기호를 사용한다.

07. 다음 공정 중에 발생하는 모든 작업, 검사, 운반, 저장, 정체 등이 도식화된 것이며, 또한 분석에 필요하다고 생각되는 소요시간, 운반거리 등의 정보가 기재된 것은? [기능장 13년]

① 작업분석(Operation Analysis)
② 유통공정도(Flow Process Chart)
③ 사무공정분석(Form Process Chart)
④ 다중활동분석표(Multiple Activity Chart)

풀이 ㉠ 사무공정분석(Form Process Chart) : 공정 중에 발생하는 모든 작업, 검사, 운반, 저장, 정체 등이 도식화 된 것이며 또한 분석에 필요하다고 생각되는 소요시간, 운반거리 등의 정보가 기재된다.
㉡ 흐름공정도(Flow Process Chart) : 보통 단일부품에만 사용되며, 작업 · 운반 · 저장 · 정체 · 검사의 공정도시기호를 사용하나 기입할 필요 없이 해당 기호에 색칠을 해주면 되며, 유통공정도라고 한다.

08. 다음 중 제품공정도를 작성할 때 사용되는 요소(명칭)가 아닌 것은? [기능장 13년, 19년, 20년]

① 가공
② 검사
③ 여유
④ 정체

풀이 공정도시기호
㉠ 작업(가공) : ○
㉡ 운반(이동) : ⇨
㉢ 개시(정체) : D
㉣ 검사 : □

정답 ▎06.① 07.③ 08.③

09. 다음 중 공정분석 기호 중 □는 무엇을 의미하는가? [기능장 06년]

① 정체　　② 가공
③ 검사　　④ 저장

풀이 ㉠ 정체 : D
㉡ 작업(가공) : ○
㉢ 검사 : □
㉣ 저장 : ▽

10. 다음 ASME(American Society of Mechanical Engineers)에서 정의하고 있는 제품공정분석표에 사용되는 기호 중 "저장(Storage)"을 표현한 것은? [기능장 09년, 15년, 19년]

① ○　　② □
③ ▽　　④ ⇨

풀이 ㉠ 작업(가공) : ○
㉡ 검사 : □
㉢ 저장 : ▽
㉣ 운반(이동) : ⇨

<table>
<tr><th colspan="5">제품공정 분석표에 사용되는 도시기호</th></tr>
<tr><th>공정의 종류</th><th>공정 기호</th><th>공정의 보조</th><th>공정 기호</th><th>비고(일반적으로 널리 사용되는 기호)</th></tr>
<tr><td>가공</td><td>○</td><td>관리 구분</td><td>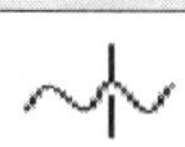</td><td rowspan="4">△ 원재료 저장
▽ 반제품 또는 제품의 저장
◇ 질만의 검사
◇(□ 안) 양과 질의 동시검사(양이 주)
양과 질의 동시검사(질이 주)
양의 검사와 가공(양이 주)
가공과 질의 검사(가공이 주)
▽(이중) 공정 간에 있어서의 정체
작업 중의 정체</td></tr>
<tr><td>운반</td><td>○
또는
→
⇨</td><td>담당 구분</td><td>+</td></tr>
<tr><td>저장 또는 정체</td><td>▽
또는
D</td><td>공정 도시 생략</td><td></td></tr>
<tr><td>검사</td><td>□</td><td>폐기</td><td></td></tr>
<tr><td colspan="2" rowspan="2">작성 요령</td><td colspan="2">가공시간표시</td><td>$\frac{1개\ 가공시간 \times 로트크기}{1로트의\ 총\ 가공시간}$</td></tr>
<tr><td colspan="2">운반거리표시</td><td>$\frac{1회\ 운반거리 \times 운반횟수}{1로트의\ 총\ 운반거리}$</td></tr>
</table>

11. 다음 제품공정 분석표용 도식기호 중 정체공정(Delay) 기호는? [기능장 06년]

① ○ ② D

③ ⇨ ④ □

풀이 ㉠ 작업(가공) : ○
㉡ 정체 : D
㉢ 운반(이동) : ⇨
㉣ 검사 : □

12. 다음 중 제품공정 분석표(Product Process Chart) 작성시 가공시간 기입법으로 가장 올바른 것은? [기능장 07년]

① $\dfrac{\text{1개당 가공시간} \times \text{1로트의 시간}}{\text{1로트의 총 가공시간}}$

② $\dfrac{\text{1개당의 가공시간}}{\text{1로트의 총 가공시간} \times \text{1로트의 수량}}$

③ $\dfrac{\text{1개당 가공시간} \times \text{1로트의 총 가공시간}}{\text{1로트의 수량}}$

④ $\dfrac{\text{1개당 총 가공시간}}{\text{1로트의 가공시간} \times \text{1로트의 수량}}$

풀이 ㉠ 가공시간 : $\dfrac{\text{1개당 가공시간} \times \text{1로트의 시간}}{\text{1로트의 총 가공시간}}$

㉡ 운반시간 : $\dfrac{\text{1회 운반시간} \times \text{운반 횟수}}{\text{1로트의 총 운반시간}}$

㉢ 운반거리 : $\dfrac{\text{1회 운반거리} \times \text{운반 횟수}}{\text{1로트의 총 운반거리}}$

㉣ 검사시간 : $\dfrac{\text{1회 검사시간} \times \text{로트크기}}{\text{1로트의 총 검사시간}}$

13. 다음 제품공정 분석표에 사용되는 기호 중 공정 간의 정체를 나타내는 기호는? [기능장 04년]

①  ② ▽

③  ④ △

정답 ‖ 11.② 12.① 13.②

풀이 ㉠ 수량검사 위주의 작업(가공) :

㉡ (로트)대기(정체) 또는 공정 간의 정체 : ▽

㉢ (일시적) 정체 :

㉣ 원재료 저장 : △

14. 다음 공정도시기호 중 공정계열의 일부를 생략할 경우에 사용되는 보조도시 기호는?

[기능장 03년]

① 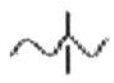　　② 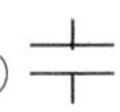

③ +　　④

풀이 ㉠ 관리구분 : 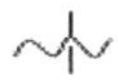

㉡ 생략 : 

㉢ 담당자 구분 : +

㉣ 폐기 :

15. 다음 중 서블릭(Therblig) 기호는 어떤 분석에 주로 이용되는가? [기능장 02년]

① 연합작업분석　　② 동작분석

③ 공정분석　　④ 작업분석

풀이 동작분석의 종류

㉠ 목시동작분석 : 서블릭분석, 동작경제의 원칙

㉡ 미세동작분석 : Film 분석, VTR 분석 등

16. 다음 중 반스(Ralph M. Barnes)가 제시한 동작경제의 원칙에 해당하지 않는 것은?

[기능장 09년, 14년]

① 표준작업의 원칙　　② 신체의 사용에 관한 원칙

③ 작업장 배치에 관한 원칙　　④ 공구 및 설비의 디자인에 관한 원칙

풀이 동작경제의 원칙

㉠ 신체사용에 관한 원칙

정답 | 14.② 15.② 16.①

ⓛ 작업장의 배치에 관한 원칙
ⓒ 공구 및 설비의 디자인에 관한 원칙

17. 다음 중 반스(Ralph M. Barnes)교수가 제시한 동작경제의 원칙 중 작업장 배치에 관한 원칙(Arrangement of The Workplace)에 해당되지 않는 것은? [기능장 11년, 18년]

① 가급적이면 낙하식 운반방법을 이용한다.
② 모든 공구나 재료는 지정된 위치에 있도록 한다.
③ 가급적 용이하고 자연스런 리듬을 타고 일할 수 있도록 작업을 구성하여야 한다.
④ 충분한 조명을 하여 작업자가 잘 볼수 있도록 작업을 구성하여야 한다.

풀이 동작경제의 원칙
㉠ 작업장 배치에 관한 원칙 : 가급적이면 낙하식 운반방법을 이용하고, 가급적 용이하고 자연스런 리듬을 타고 일할 수 있도록 작업을 구성하여야 한다.
ⓛ 공구류 및 설비의 설계에 관한 원칙 : 모든 공구나 재료는 지정된 위치에 있도록 한다.
ⓒ 신체의 사용에 관한 원칙 : 충분한 조명을 하여 작업자가 잘 볼수 있도록 작업을 구성하여야 한다.

18. 다음 중 작업자가 어떠한 장소에서 다른 장소로 이동하면서 수행하는 업무의 범위와 경로 등을 계통적으로 조사 · 기록 · 검토하는 분석방법으로 작업(가공) · 운반 · 저장 · 정체 · 검사의 공정도시기호를 사용하며, 운반계 · 창고계 · 보전계 · 감독자 등의 행동분석 등에 사용되는 분석방법은?

① 제품공정분석 ② 작업자 공정분석
③ 사무공정분석 ④ 세밀공정분석

풀이 ㉠ 공정설계(Process Design) : 생산작업을 효율적으로 진행 하기위한 방법으로 공정선택(Process Selection) 공정분석(Process Analysis)이 있다.
ⓛ 공정설계(Process Design)종류
ⓐ 제품공정분석
ⓑ 사무공정분석
ⓒ 작업자공정분석
ⓓ 기타 부대분석

정답 ‖ 17.③ 18.②

19. 다음 중 작업측정의 목적이 아닌 것은? [기능장 16년]

① 요소작업 분할 ② 표준시간 설정
③ 과업관리 ④ 작업개선

풀이 요소작업 분할 : 작업측정의 목적이 아니라 작업측정을 위한 방법이다.

20. 다음 중 표준시간을 내경법으로 구하는 수식은? [기능장 06년, 17년]

① 표준시간 = 정미시간 + 여유시간
② 표준시간 = 정미시간 × (1 + 여유율)
③ 표준시간 = 정미시간 × $\frac{1}{(1-\text{여유율})}$
④ 표준시간 = 정미시간 × $\frac{1}{(1+\text{여유율})}$

풀이 표준시간 공식
㉠ 외경법 : 표준시간 = 관측시간 × (1 + 여유율)
㉡ 내경법 : 표준시간 = 관측시간 × $\frac{1}{(1-\text{여유율})}$

21. 다음 중 여유시간이 5분, 정미시간이 40분일 경유내경법으로 여유율은 약 몇 %인가? [기능장 12년, 19년, 20년]

① 6.33[%] ② 9.05[%]
③ 11.11[%] ④ 12.50[%]

풀이 ㉠ 표준시간 = 정상시간× $\frac{1}{1-\text{여유율}}$: 내경법
㉡ 표준시간 = 정상시간×(1+여유율) : 외경법
㉢ 여유율 계산(내경법)
(40분 + 5분) = 40분 $\frac{1}{1-\text{여유율}}$ 에서 여유율 = 1- $\frac{40}{45}$
≒ 0.11111(약`11.11[%])
㉣ 여유율 계산(내경법)
여유율 $= \frac{\text{여유시간}}{\text{정미시간} + \text{여유시간}} = \frac{5}{40+5}$ =0.1111(11.11[%])

정답 ‖ 19.① 20.③ 21.③

22. 다음 중 준비작업시간 100분, 개당 정미작업시간 15분, 로트 크기 20일 때 1개당 소요작업시간은? (단, 여유시간은 없다고 가정한다) [기능장 12년, 18년, 19년]

① 20분 ② 25분
③ 35분 ④ 45분

풀이 ㉠ 표준시간 = 정상시간 × (1 + 여유율) = $15분 \times (1 + \frac{100}{15 \times 20})$
= 19.999 ≒ 20분
㉡ 소요작업시간 / 개 = 준비작업시간 / 개 + 정미작업시간 / 개
= $\frac{준비작업시간}{로트크기}$ + 정미작업시간 / 개
= $\frac{100}{20} + 15 = 20분$

23. 다음 중 로트수가 10이고 준비작업시간이 20분이며, 로트별 정미작업시간이 60분이라면 1로트당 작업시간은? [기능장 04년]

① 13분 ② 33분
③ 56분 ④ 62분

풀이 1로트당 작업시간 = $\frac{준비작업시간}{로트수}$ + 로트별 정미작업시간 = $\frac{20}{10} + 60 = 62(분)$

24. 다음 중 준비작업시간이 5분, 정미작업시간이 20분, Lot수 5, 정미작업시간에 대한 여유율이 0.2라면, 가공시간은? [기능장 02년]

① 150분 ② 145분
③ 125분 ④ 105분

풀이 표준시간 계산(외경법)
㉠ 표준시간 = 준비시간 + 정미시간 × (1 + 여유율) = 5 + 5 × 20 × (1 + 0.2)
= 125

정답 ‖ 22.① 23.④ 24.③

25. 다음 중 테일러(F. W. Taylor)에 의해 처음 도입된 방법으로 작업시간을 직접 관측하여 표준시간을 설정하는 표준시간 설정기법은? [기능장 13년]

① 스톱워치법 ② 실적자료법
③ 표준자료법 ④ PTS법

풀이 스톱워치법 : 테일러(F. W. Taylor)에 의해 처음 도입된 방법으로 잘 훈련된 자격을 갖춘 작업자가 정상적인 속도로 완료하는 특정한 작업을 직접 측정하여 이로부터 표준시간을 설정하는 방법이다. 또한 반복적이고 짧은 주기의 작업에 적합하나 작업자에 대한 심리적 영향을 가장 많이 주는 측정방법이다.

26. 다음 중 작업시간 측정방법 중 직접측정법은? [기능장 05년, 12년, 19년]

① PTS법 ② 스톱워치법
③ 표준자료법 ④ 경험견적법

풀이 스톱워치법
㉠ 테일러(F. W. Taylor)에 의해 처음 도입된 방법으로 작업시간을 직접 관측하여 표준시간을 설정하는 표준시간 설정기법이다.
㉡ 테일러(F. W. Taylor)는 차별적 성과급제도를 도입하였으며, 이는 작업자의 작업시간을 직접 관측(스톱워치)하여 표준시간을 설정하는 스톱워치법이라한다.

27. 다음 중 작업자에 대한 심리적 영향을 가장 많이 주는 작업측정의 기법은? [기능장 05년]

① PTS법 ② 워크샘플링법
③ 스톱워치법 ④ WF법

풀이 스톱워치법 : 짧은 주기의 작업에 적합하나 작업자에 대한 심리적 영향을 가장 많이 주는 측정방법이다.

28. 다음 중 워크샘플링에 관한 설명이 아닌 것은? [기능장 17년]

① 워크샘플링은 일명 스냅리딩(Snap Reading)이라 한다.
② 워크샘플링은 스톱워치를 사용하여 관측대상을 순간적으로 관측하는 것이다.
③ 워크샘플링은 영국의 통계학자 L. H. C. Tippet가 가동률 조사를 위해 창안한 것이다.

정답 ‖ 25.① 26.② 27.③

④ 워크샘플링은 사람의 상태나 기계의 가동상태 및 작업의 종류 등을 순간적으로 관측하는 것이다.

풀이 워크샘플링법[Work Sampling, 스냅리딩(Snap Reading)] : 통계적인 샘플링 방법을 이용하여 작업자의 활동, 기계의 활동, 물건의 시간적 추이 등의 관측 대상을 순간적으로 관측(Snap Reading)하는 통계적 · 계수적인 작업측정의 한 기법으로 영국의 통계학자인 L. H. C. Tippet에 의해 최초로 고안되었다.

29. 다음의 워크샘플링에 대한 설명이 아닌 것은? [기능장 03년]

① 한 사람의 관측자가 1인 또는 1대의 기계만을 측정한다.
② 업무나 활동의 비율을 알 수 있다.
③ 기초이론은 확률이다.
④ 관측대상의 작업을 모집단으로 하고 임의의 시점에서 작업내용을 샘플로 한다.

풀이 워크샘플링법의 특징 중 하나가 한 사람이 다수의 작업자를 관측할 수 있다

30. 다음 중 모든 작업을 기본동작으로 분해하고, 각 기본동작에 대하여 성질과 조건에 따라 미리 정해 놓은 시간치를 적용하여 정미시간을 산정하는 방법은?

[기능장 02년, 08년, 15년, 18년, 21년]

① 스톱워치법　② WS(Work Sampling)법
③ PTS법　④ 실적기록(자료)법

풀이 ㉠ PTS법(Predetermined Time Standards)
ⓐ 사람이 행하는 작업 또는 작업 방법을 기본적으로 분석하고, 각 기본동작에 대하여 그 성질과 조건에 따라 이미 정해진(Predetermined) 기초 동작치(Time Standards)를 사용하여 알고자 하는 작업 동작 또는 운동의 시간치를 구하고 이를 집계하여 작업의 정미시간을 구하는 방법이다.
ⓑ 모든 작업을 기본동작으로 분해하고, 각 기본 동작에 대해 성질과 조건에 따라 미리 정해 놓은시간차를 적용하여 정미시간을 산정하는 방법을 PTS법이라고 한다.
㉡ 시간산정기법
ⓐ 스톱워치법　ⓑ Work Sampling법　ⓒ PTS법　ⓓ 레이팅법 등

정답 Ⅰ 28.② 29.① 30.③

31. 다음 방법시간측정법(MTM : Method Time Measurement)에서 사용되는 1TMU(Time Measurement Unit)는 몇 시간인가? [기능장 08년, 14년, 21년]

① 36/1,000시간
② 1/10,000시간
③ 6/100,000시간
④ 1/100,000시간

풀이 MTM(Method Time Measurement)법의 시간치
1TMU(Time Measurement Unit)
= 0.00001[시간] = 1/100,000[시간] = 0.0006[분] = 0.036[초], 1[초]
= 27.8[TMU]

32. 다음 중 표준시간 설정시 미리 정해진 표를 활용하여 작업자의 동작에 대해 시간을 산정하는 시간연구법은? [기능장 16년, 18년]

① 스톱워치법
② PTS법
③ 워크샘플링법
④ 실적자료법

풀이 PTS법(Predetermined Time Standards) : 사람이 행하는 작업 또는 작업방법을 기본적으로 분석하고, 각 기본동작에 대하여 그 성질과 조건에 따라 이미 정해진(Predetermined) 기초동작치(Time Standards)를 사용하여 알고자 하는 작업동작 또는 운동의 시간치를 구하고, 이를 집계하여 작업의 정미시간을 구하는 방법이다.

33. 다음 중 인위적 조절이 필요한 상황에 사용될 수 있는 워크팩터(Work Factor)의 기호가 아닌 것은? [기능장 10년]

① D
② P
③ K
④ S

풀이 동작의 곤란성(WF : Work - Factor) : PTS법(기정시간표준법)의 대표적인 사례이며, 표시기호는 다음과 같다.
㉠ 일시정지(Definite Stop) : D
㉡ 방향조절(Steering) : S
㉢ 주의(Precaution) : P
㉣ 방향 변경(Change of Direction) : U

정답 ‖ 31.④ 32.② 33.③

34. 다음 중 레이팅(Rating)할 때 주의해야 할 사항이 아닌 것은?

① 관측시간으로서 업무시작 시점, 점심 전후, 업무종료 시점은 부적당하다.

② 관측 즉시 그 자리에서 평가해서는 안 된다.

③ 평가한 결과를 임의로 변경해서는 안 된다.

④ 평가에 의문이 있으면 그 작업에 대하여 다시 평가하는 것이 좋다.

풀이 ② 관측 즉시 그 자리에서 평가하는 것이 가장 바람직하다.

35. 다음 중 MTM법에서 1초는 몇 TMU인가?

① 10 ② 16.7

③ 27.8 ④ 36.0

풀이 1TUM=0.00001시간=0.0006분=0.36초이므로, 1초= $\frac{1}{0.036}$ =27.778(TMU)

36. 다음 중 MTM법에서 90초는 약 몇 TMU인가?

① 908 ② 2,500

③ 4,176 ④ 15,000

풀이 90초=90 × 27.8TMU = 2,502(TMU)

37. 다음 중 설비의 구식화에 의한 열화는? [기능장 02년]

① 기술적 열화 ② 경제적 열화

③ 상대적 열화 ④ 절대적 열화

풀이 설비의 열화

㉠ 상대적 열화(구식화) ⇒ 경제적 열화(가치감소) : 갱신

㉡ 절대적 열화(노후화) ⇒ 기술적 열화(성능저하) : 복원/개선

정답 ❙ 34.② 35.③ 36.② 37.③

38. 다음 중 생산보전(PM : Productive Maintenance)의 내용이 아닌 것은? [기능장 05년, 15년]

① 안전보전 ② 보전예방
③ 예방보전 ④ 개량보전

풀이 생산보전(PM : Productive Maintenance)
㉠ 보전예방(MP : Maintenance Prevention)
㉡ 예방보전(PM : Preventive Maintenance)
㉢ 개량보전(CM : Corrective Maintenance)
㉣ 사후보전(BM : Breakdown Maintenance)

39. 다음 중 예방보전(Preventive Maintenance)의 효과가 아닌 것은? [기능장 10년, 13년, 19년]

① 기계의 수리비용이 감소한다.
② 생산시스템의 신뢰도가 향상된다.
③ 고장으로 인한 중단시간이 감소한다.
④ 잦은 정비로 인해 제조원가 단위가 증가한다.

풀이 ㉠ 예방보전(PM : Preventive Maintenance) : 설비의 건강상태를 유지하고 고장이 일어나지 않도록 열화를 방지하기 위한 일상보전 · 열화를 측정하기 위한 정기검사 또는 설비진단, 열화를 조기에 복원시키기 위한 정비 등을 하는 것이다.
㉡ 일상보전 : 주유 · 청소 · 조절 · 점검 등이 있고, 열화를 측정하여 열화를 회복시켜 줌으로써 잦은 정비가 불필요하고, 예비기계를 보유해야 할 필요성이 없어짐으로 인해 제조원 단위는 감소한다.

40. 다음 중 예방보전의 기능이 아닌 것은? [기능장 03년]

① 취급되어야 할 대상설비의 결정
② 정비작업에서 점검시기의 결정
③ 대상설비의 외주이용도 결정
④ 대상설비 점검개소의 결정

풀이 예방보전(PM : Preventive Maintenance) : 취급되어야 할 대상설비의 결정, 정비작업에서 점검시기의 결정, 대상설비 점검개소의 결정 등이 필요하지만, 대상설비의 외주이용도는 필요가 없다.

정답 ‖ 38.① 39.④ 40.③

41. 다음 중 TPM 활동의 기본을 이루는 3정 5S 활동에서 3정에 해당하는 것은? [기능장 06년]

① 정량 ② 정돈
③ 정리 ④ 정시간

풀이 3정(定)
㉠ 정량 ㉡ 정품 ㉢ 정위치

42. 다음 중 예방보전(PM : Preventive Maintenance)의 효과가 아닌 것은? [기능장 10년]

① 예비기계를 보유해야 할 필요성이 증가한다.
② 생산시스템의 신뢰도가 향상된다.
③ 고장으로 인한 중단시간이 감소한다.
④ 기계의 수리비용이 감소한다.

풀이 예방보전(PM : Preventive Maintenance) : 취급되어야 할 대상설비의 결정, 정비작업에서 점검시기의 결정, 대상설비 점검개소의 결정 등이 필요하지만, 대상설비의 외주이용도는 필요가 없다.

43. 다음 중 설비보전 조직 중 지역보전(Area Maintenance)의 장점이 아닌 것은? [기능장 17년, 19년]

① 같은 사람이 같은 설비를 담당하므로 설비를 잘알며, 충분한 서비스를 할 수 있다.
② 조업요원과 지역보전요원과의 관계가 밀접해진다.
③ 보전요원이 현장에 있으므로 생산본위가 되며, 생산의욕을 가진다.
④ 현장 왕복시간이 증가한다.

풀이 지역보전

장점	단점
• 현장감독의 용이성 • 현장왕복시간 단축 • 운전부문과의 일체감	• 보전용 설비공구의 중복 • 노동력의 유효이용 곤란 • 인원배치의 유연성 제약

정답 ‖ 41.① 42.① 43.④

44. 다음 내용은 설비보전조직에 대한 설명이다. 어떤 조직의 형태에 관한 설명인가?
[기능장 05년, 16년]

- 보전작업자는 조직상 각 제조부문의 감독자 밑에 둔다.
- 장점 : 운전자와 일체감 및 현장감독의 용이성이 있다.
- 단점 : 생산우선에 의한 보전작업 경시, 보전기술 향상의 곤란성이 있다.

① 집중보전 ② 부문보전
③ 지역보전 ④ 절충보전

풀이 **부문보전** : 각 부서별 · 부문별로 보전요원을 배치하여 보전활동을 실시(보전작업자는 조직상 각 제조부문의 감독자 밑에 둔다.

장점	단점
• 현장왕복시간 단축 • 운전부문과의 일체감 • 현장감독의 용이성	• 보전기술 향상의 곤란성 • 보전책임의 분할 • 생산우선에 의한 보전작업 경시

45. 다음 중 TPM 활동체제 구축을 위한 5가지 기둥이 아닌 것은? [기능장 15년]

① 설비경제성 검토를 위한 설비투자 분석활동
② 설비효율화의 개별개선활동
③ 운전과 보전의 스킬 업 훈련활동
④ 설비초기관리체제 구축활동

풀이 TPM의 5가지 기둥(기본활동) : 5S(정리, 정돈, 청결, 청소, 습관화)를 통한 시스템 효율의 극대화 추구
㉠ 설비보전문의 계획보전활동
㉡ 프로젝트팀에 의한 설비효율화 개별개선동(설비효율화의 개별개선활동)
㉢ 설비계획문의 설비 초기 관리제 확립활동(설비초기관리체제 구축활동)
㉣ 운전자 · 보전자의 기능 · 기술향상 교육훈련활동(운전과 보전의 스킬업 훈련활동)
㉤ 설비운전사용 부문의 자주보전활동

정답 ‖ 44.② 45.①

46. 다음 중 ABC분석의 특성 중 A급의 특성이 아닌 것은?

① 고가품목으로 연간 사용금액이 큰 것

② 연간 사용량이 극히 적고, 값 싼 품목

③ 중요 품목으로 연간 사용량이 많은 것

④ 사용빈도가 높고, 연간 사용금액이 큰 품목

풀이 A급의 특성
㉠ 고가품목으로 연간 사용금액이 큰 것
㉡ 사용빈도가 높고 연간 사용금액이 큰 품목
㉢ 중요 품목으로 연간 사용량이 많은 것

47. 다음 중 유동작업의 단점이 아닌 것은?

① 가도율 저하 ② 만능 숙련공 양성 곤란

③ 품질관리 철저 ④ 배치제한

풀이 유동작업의 단점
㉠ 융통성 감소 ㉡ 가도율 저하 ㉢ 일제히 정지
㉣ 배치 제한 ㉤ 만능 숙련공 양성 곤란

48. 다음 중 서블릭 기호가 아닌 것은?

① 놓는다 :  ② 휴식 : 

③ 피할 수 없는 지연 :  ④ 운반하다 : 

풀이 ㉠ :  운반하다(Transport Loaded): 손바닥에 물건을 놓는 모양
㉡ :  빈손이동(Transport Empty) : 빈손 모양

49. 다음 중 스탑워치(Stop Watch)에 대한 장점은?

① 반복성과 안정성이 낮은 작업의 시간측정이 곤란하다.

② 레이팅을 제외하면 측정자의 교육훈련이 쉽다.

정답 ‖ 46.② 47.③ 48.④

③ 작업이 실시된 후가 아니라면 표준시간의 설정이 불가능하다.

④ 극히 짧은 사이클 타임의 작업에서 표준시간으로 동작까지의 순서 · 내용 · 시간을 명시하려는 경우에는 스톱워치법으로는 곤란하다.

풀이 스탑워치의 장점

㉠ 어떠한 작업에도 적용이 간단하고 가장 널리 보급되어 있는 방법이다.

㉡ 요소 작업단위에 작업순서 · 내용이 명시되므로 작업 훈련용 지도로서 안성맞춤이다.

㉢ 레이팅을 제외하면 측정자의 교육훈련이 쉽다.

50. 다음 중 연합작업 분석의 종류가 아닌 것은?

① 작업자 : 기계 분석표(Man and Machine Chart)

② 기계 : 복수기계 분석표(Machine - Multimachine Chart)

③ 복수작업자 : 복수기계 분석표(Multiman - Multimachine Chart)

④ 복수작업자 : 기계 분석표(Multiman - Machine Chart)

풀이 연합작업분석의 종류

㉠ 작업자 : 기계 분석표(Man and Machine Chart)

㉡ 작업자 : 복수기계 분석표(Man - Multimachine Chart)

㉢ 복수작업자 분석표(Multiman Chart)

㉣ 복수작업자 : 기계 분석표(Multiman - Machine Chart)

㉤ 복수작업자 : 복수기계 분석표(Multiman - Multimachine Chart)

51. 다음 중 TPM의 활동 중 5행(行)이 아닌 것은?

① 청소 : 쓰레기와 더러움이 없는 상태로 만드는 것

② 습관화 : 정해진 일을 올바르게 지키는 습관을 생활화하는 것

③ 정리 : 필요한 것과 불필요한 것을 구분하여 불필요한 것은 없애는 것

④ 반복화 : 올바르고 규칙적인 행동을 반복하여 행실을 바르게 하는 것

풀이 TPM 활동의 5행(行)

㉠ 정리(Seiri) : 필요한 것과 불필요한 것을 구분하여, 불필요한 것은 없애는 것

㉡ 정돈(Seiton) : 필요한 것을 언제든지 필요한 때에 꺼내 쓸 수 있는 상태로 하는 것

정답 ▮ 49.② 50.② 51.④

ⓒ 청소(Seisou) : 쓰레기와 더러움이 없는 상태로 만드는 것
ⓓ 청결(Seiketsu) : 정리, 정돈, 청소의 상태를 유지하는 것
ⓔ 습관화(Shitsuke) : 정해진 일을 올바르게 지키는 습관을 생활화하는 것

52. 다음 중 공정도의 종류 중 다른 하나는?

① 제품공정도(Product Process Chart)
② 작업공정도(Operation Process Chart)
③ 조립공정도(Assembly Process Chart)
④ 기계공정도(Machine Process Chart)

풀이 흐름공정도(유통 공정도, Flow Process Chart)
ⓐ 보통 단일부품에만 사용되며, 작업 · 운반 · 저장 · 정체 · 검사의 공정도시기호를 사용하나 기입할 필요 없이 해당 기호에 색칠을 해주면 된다.
ⓑ Material Handling, Plant Layout, 정체 및 수대기 상황, 재고문제 등의 사항을 검토 하는데 적합하다.

53. 다음 중 WF법(Work Factor)의 종류 중 다른 하나는?

① 조립법(Assembly Work - Factor/AWF)
② 레디법(Ready Work - Factor/RWF)
③ 간이법(Simplified Work - Factor/SWF)
④ 상세법(Detailed Work - Factor/DWF)

풀이 WF법의 종류
ⓐ 상세법(Detailed Work - Factor/DWF) : 작업주기가 0.15분 이하인 매우 짧은 작업 및 대량 생산작업에 적합
ⓑ 간이법(Simplified Work - Factor/SWF) : 작업주기가 0.15분 ~ 12분 사이의 반복 작업에 적합
ⓒ 레디법(Ready Work - Factor/RWF) : 작업주기가 6분 이상인 작업에 적합, 단, 2분 이하인 작업은 불가
ⓓ 간략법(Abbreviated Work - Factor/AWF) : 작업주기가 1분 이상인 작업에 적합

정답 | 52.④ 53.①

54. 다음 중 표준시간의 산출 절차의 순서는?

① 측정준비 → 표준시간 산출 → 관측수치 산출 → 정미시간 산출
② 측정준비 → 여유시간 산출 → 정미시간 산출 → 표준시간 산출
③ 측정준비 → 관측수치 산출 → 정미시간 산출 → 표준시간 산출
④ 측정준비 → 여유시간 산출 → 표준시간 산출 → 정미시간 산출

풀이 표준시간의 산출 절차 순서
측정준비 → 관측수치 산출 → 정미시간 산출 → 표준시간 산출

55. 다음 중 설비보전방식 중 예방보전의 설명은?

① 고장, 정지 또는 유해한 성능저하를 초래한 뒤 수리를 하는 보전방법이다.
② 설비의 건강상태를 유지하고 고장이 일어나지 않도록 열화를 방지하기 위한 일상보전, 열화를 측정하기 위한 정기 검사 또는 설비진단, 열화를 조기에 복원시키기 위한 정비 등을 하는 것이다.
③ 고장나지 않고(신뢰성이 좋은) 보전하기 쉬운(보전성이 좋은) 설비를 설계하거나 선택하는 것이다. Maintenance Free 또는 No Maintenance라고도 한다.
④ 보전비용이 적게 들도록 재료를 개선하거나, 보다 용이한 부품 교체가 가능하도록 설비의 체질을 개선해서 수명연장, 열화방지 등의 효과를 높이는 보전활동이다.

풀이 설비보전방식
㉠ 사후보전 ㉡ 예방보전 ㉢ 보전예방 ㉣ 개량보전

56. 다음 중 작업개선(문제점 해결)의 진행절차의 순서는?

① 문제점 발견 → 현상분석 → 개선안 수립 → 실시 → 평가
② 현상분석 → 문제점 발견 → 개선안 수립 → 실시 → 평가
③ 개선안 수립 → 현상분석 → 문제점 발견 → 실시 → 평가
④ 현상분석 → 개선안 수립 → 문제점 발견 → 실시 → 평가

풀이 작업개선(문제점 해결)의 진행절차
문제점 발견 → 현상분석 → 개선안 수립 → 실시 → 평가

정답 ‖ 54.③ 55.② 56.①

57. 다음 중 1명의 작업자가 동시에 2대 이상의 기계를 조작 할 경우 기계간섭이 발생함으로써 생산량이 감소하는 것을 보상하기 위한 것은?

① 작업측정 ② VE
③ 공정분석 ④ 기계 간섭율

풀이 ㉠ 측정상대 직업을 구성단위(요소작업)로 분할하여 시간의 척도로서 측정, 평가 및 설계를 개선하는 것이다.
㉡ 최저의 라이프 사이클 원가로 필요한 기능을 확실히 하기 위해 제품 또는 서비스의 기능적 연구에 주력하는 조직적 노력이다.
㉢ 생산공정이나 작업방법의 내용을 공정순서에 따라 각 공정의 조건(발생순서, 가공조건, 경과시간, 이동거리 등)을 분석 · 조사 · 검토하여 공정계열의 합리화(생산시간의 단축, 재공품의 절감, 생산공정의 표준화)를 모색하는 것이다.

58. 다음 중 특수여유와 그에 대한 설명이 아닌 것은?

① 기계간섭여유 : 한 명의 작업자가 동일한 기계를 여러 대를 담당할 경우에 발생하는 기계유휴에 의한 생산량 감소를 보상
② 불가피한 지연여유 : 기계의 정기, 설비의 유지보수, 조장의 작업지시 등 작업자와 관련 없이 발생
③ 조여유 : 조작업의 경우 작업자 상호간의 보조를 맞추기 위한 지연을 보상
④ 소로트 여유 : 작업능률이 100[%]에 도달하기 위해 필요한 물량에 미달이 되어 물량을 생산하는 경우 부여

풀이 불가피한 지연여유(Unavoidable Allowances)는 일반여유에 속한다.

59. 다음 중 동작분석의 목표가 아닌 것은?

① 최저 동작의 구성
② 작업동작과 인간공학의 관계분석에 의한 동작개선
③ 작업동작의 각 요소의 분석과 능률향상
④ 레이팅이 필요없고, 동작시간이 기준속도와 일치

풀이 동작분석의 목표

정답 ‖ 57.④ 58.② 59.④

㉠ 작업동작의 각 요소의 분석과 능률향상
㉡ 작업동작과 인간공학의 관계분석에 의한 동작개선
㉢ 작업동작의 표준화
㉣ 최저동작의 구성
㉤ PTS법의 장점

60. 다음 중 제품공정분석 기호 중 옳은 것은?

① 검사 :
② 양과 질의 동시검사 : □
③ 작업 중의 정체 : ◇⃞
④ 공정도시 생략 : 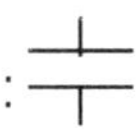

풀이 제품공정분석 기호
㉠ 검사 : □
㉡ 양과 질의 동시검사 : ◇⃞
㉢ 작업 중의 정체 :

61. 다음 중 제품공정분석 기호가 아닌 것은?

① 폐기 : 
② 운반 : △
③ 관리구분 : 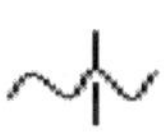
④ 저장 : ▽

풀이 제품공정분석 기호
㉠ 원재료 저장 : △
㉡ 운반 : ○

62. 다음 중 WF법(Work Factor)의 주요변수가 아닌 것은?

① 중량 또는 저항
② 목소리
③ 동작거리
④ 사용되는 신체부위

풀이 WF법의 주요 변수
㉠ 사용되는 신체부위(손가락, 손, 앞 팔 선회, 팔, 몸통, 다리, 발)
㉡ 동작거리

정답 ‖ 60.④ 61.② 62.②

ⓒ 중량 또는 저항(Weight, Resistance)

ⓔ 동작의 곤란성(Work - Factors)

ⓐ 일시정지(Definite Stop) : D

ⓑ 방향조절(Steering) : S

ⓒ 주의(Precaution) : P

ⓓ 방향 변경(Change of Direction) : U

63. 다음 중 표준시간을 활용하기 위해서 고려해야 하는 세가지 특성이 아닌 것은?

① 보편성 ② 정당성

③ 실용성 ④ 일관성

풀이 표준시간을 활용하기 위해서 고려해야 하는 세 가지 특성

㉠ 정당성(활용목적에 대해 적당할 것) : 과학적인 수법을 기초로 해 앞서 말한 각종 요건이 검토 · 명확화되어 관리자와 작업자를 충분히 납득시키는 신뢰를 받는 것으로, 이러한 표준시간이 올바른 표준시간이며, 이를 표준시간의 정당성이라 한다.

㉡ 일관성(대상작업장, 공장간의 차이가 없이 공평 할 것) : 표준시간은 부문간 또는 공장간에 느리거나 빠른 굴곡이 있어서는 안 된다. 그 이유는 경영관리 시스템은 회사공통의 것으로 어느 작업장이나 부문의 대한 고유의 것이 아니기 때문이다.

㉢ 보편성 : 일반적으로 적용되는 개념에서 표준시간의 위치만 부여되어 있어야 한다.

㉥ 소재 1개당 자동절삭시간 18분, 手 취급시간 2분을 필요로 하는 자동기계를 12대 담당하고 있는 경우의 기계간섭여유 및 표준작업시간을 구하라. (단, 소재 1개당 부품 15개가 취해지고 일반 여유를 18[%]를 주고 있다.)

[풀이] T = 18, t = 2, X = T/ t = 9, N = 12, I = ?

㉠ Wight 공식

$$I = 50[\sqrt{(1+9-12)^2 + 2x12} - (1+9-12)] = 365[\%]$$

㉡ 기계 간섭시간(i) : i = t × I/100 = 2 × 3.65 = 7.3분

㉢ 표준 작업시간 = (T + t + I) × (1 + 여유율) = (18 + 2 + 7.3) × (1 + 0.18) = 32.2분 ------- 소재 12개당

㉣ 한 개의 소재에서 부품 15개가 취해지므로 1000개당 표준시간 : 32.2 × (1000)/(15 × 12) ÷ 60 = 2,98시간

정답 ‖ 63.③

64. 다음 중 기계간섭율 공식은?

① $50[\sqrt{(1+X-N)2+2N-(1+X-N)}]$

② $\dfrac{작업대사량 - 안정시 대사량}{기초대사량}$

③ 합계 여유율 = (A + B) × C + D

④ 여유율 = $\dfrac{여유시간}{정미시간}$ ⇒ 여유시간 = 정미시간 × $\dfrac{여유율}{1-여유율}$

풀이 ㉠ : ② 에너지 대사율(Relative Metaboli Rate)

㉡ : ③ 피로여유의 평가

㉢ : ④ 외경법

㉣ P가 30[%]로 예상될 때 신뢰도는 95[%]로, 그 절대오차를 3[%]로 하고 싶을 때의 n은

ⓐ n = $\{\mu(\alpha)/e\}^2$ × P × (1 − P)에 의해 n = {1.96 / 0.03} 20.3 (1 − 0.3) = 896

ⓑ 상대오차 : 0.03 / 0.30 = 0.10이 되므로 n = $\{\mu(\alpha)/\ell\}^2$ × (1 − P) / P에 의해 n = {1.96 / 0.10} 2 (1 − 0.3) / 0.3 = 896 이 된다.

65. 다음 중 TPM의 기본이념이 아닌 것은?

① 전원참가 ② 돈을 버는 기업체질 조성

③ 예방철학 ④ 휴식

풀이 TPM의 기본이념

㉠ 돈을 버는 기업체질 조성 : 경제성 추구, 재해 Zero, 불량 Zero, 고장 Zero

㉡ 예방철학 : 예방보전(PM), 보전예방(MP), 개량보전(CM)

㉢ 전원참가 : 참여경영, 인간존중

㉣ 현장 · 현물주의 : 바람직한 상태의 설비, 눈으로 보는 관리, 쾌적한 직장 조성

정답 ‖ 64.① 65.④

참고문헌

1. 기능장 시험 대비 공업경영, 예문사, 배극윤, 2021.
2. 전기기능장필기, 성안당, 김영복, 2016.
3. 전기기능장과년도 기출문제, 건기원 · 최기호, 2022.
4. 전기기능장, 대광서림, 나승권 · 최기호
5. 신 생산관리 과정 1-4, 한국공업표준협회
6. 누구나 가능한 현장개선 실천 사항, 한국공업표준협회
7. 글로벌시대의 초일류 기업을 위한 생산관리, 형설출판사, 이상문
8. 21세기기업경쟁력 강화를 위한 품질경영, 박영사, 안영진
9. Minitab을 이용 관리도 설계 및 활용, 이레테크, 이상복
10. 품질혁신 중소기업진흥공단 연수원교재

저자약력

나 승 권

- 한국폴리텍대학교 원주캠퍼스 의료공학과 교수(현)
- 서울청량초교, 경희중, 한양공업고등학교 졸업
- 한국폴리텍대학 동부산캠퍼스 전기, 전자과 2년 수료
- 한국폴리텍대학 인천캠퍼스 전기과 기능장 과정 졸업
- 세명대학교 대학원 전기전자학과 졸업(의공학 및 전력전자응용전공, 공학박사)
- 삼육부산병원 의공기사, 한국수자원공사 전기기사 근무
- 의공기사, 의공산업기사, 병원코디네이터(Hospital Coordinator)사, 의료정보관리사
- ISO13485:2016심사원, ISO9001:2015국제심사원, 의료기기상품기획사
- 전기·전자기술지도사, 전기기기기능장, 전기공사기능장, 산업안전기사
- 한국전력기술인특급기술자, 한국전력기술인특급감리사, 전기공사특급기술자
- 한국전력기술인설계사면허, 전자산업기사 외 20개의 자격증과 면허취득
- 한국산업인력공단 의공(산업)기사, 의료전자기능사 이론, 실기(출제, 검토, 채점)위원(현)
- 강원특별자치도 교육청 인정도서심의회 심의위원장(현)
- 강원특별자치도 인적자원개발위원회 자문위원 및 평가위원(현)
- 대한석탄공사, 한국보훈복지의료공단 감사자문위원 및 안전평가위원(현)
- 식품의약품안전처 의료기기자문위원 및 평가위원(현)
- (재)원주의료기기테크노밸리, (사)강원의료기기산업협회 의료기기 자문위원 및 평가위원(현)
- 한국산업단지공단 원주단지혁신클러스터추진단 기술과제 평가위원(현)
- 국가직무능력표준(NCS) 훈련과정편성 주강사, 직업능력심사평가원 개발훈련사업심사, 평가의원(현)
- 강원특별자치도 경제진흥원 강원지식재산 전문위원 및 평가위원(현)
- 강원테크노파크 기술개발사업선정(의료기기) 평가위원(현)
- 한국방송통신전파진흥원 강원본부 ICT산학동반성장협의회 자문위원(현)
- 강원일보, 원주투데이, 메디저널, 매월 의료기기기술 및 포럼기고(현)
- ㈜메디아나, ㈜리스템, ㈜씨유메디칼시스템, ㈜태연메디칼, ㈜미라클헬스케어, ㈜네오닥터, ㈜조양디엠, ㈜메디코넷, 엔트리인증원 의료기술 자문위원(현)
- 대한의용생체공학회 교육이사, 한국모바일학회 총무부회장, 한국컴퓨터정보학회이사, 한국통신학회 학술이사, 대한의공협회 · 한국산업기술재단 · 한국산학기술학회 · 한국항행학회 회원

공업경영

2025년 1월 25일 1판 1쇄 발행

저 자 나 승 권
발행인 남 승 우

발행처 도서출판 상尙 학學 당堂

서울특별시 동작구 사당로9가길 6
TEL : 02) 595-1692~4
FAX : 02) 595-1394
E-mail : shdbooks@naver.com
신고 : 2-155호 (1968. 11. 29)

정가 23,000원

ISBN 978-89-6587-265-8 13320

〈디자인〉 편집 엄해숙 / 표지 토틀컴